# 区域建港环境影响研究
## ——以广州港建设为例

王　宁　陈　怡　寿幼平　赵英杰　赵俊杰　著

人民交通出版社股份有限公司
北　京

## 内 容 提 要


本书以广州港为例，凭借交通运输部天津水运工程科学研究所多年在港口环境影响方面的研究经验，结合广州港建设过程的历史数据进行趋势分析，阐述了港口建设过程对水动力、冲淤、海水水质、海洋沉积物、海洋生态、大气、风险等要素的影响，是后续港口规划及项目建设的环境影响和风险评估的重要参考。

本书适合于从事港口规划设计、港口环境影响评价及港口城市污染成因解析的科研人员。



**图书在版编目(CIP)数据**

区域建港环境影响研究：以广州港建设为例 / 王宁等著. — 北京：人民交通出版社股份有限公司，2023.5

ISBN 978-7-114-18650-9

Ⅰ.①区… Ⅱ.①王… Ⅲ.①港口—交通运输史—研究—广州 Ⅳ.①F552.9

中国国家版本馆 CIP 数据核字(2023)第 038047 号

Quyu Jiangang Huanjing Yingxiang Yanjiu——yi Guangzhou Gang Jianshe Weili

**书　　名**：区域建港环境影响研究——以广州港建设为例
**著 作 者**：王　宁　陈　怡　寿幼平　赵英杰　赵俊杰
**责任编辑**：崔　建
**责任校对**：孙国靖　刘　璇
**责任印制**：张　凯
**出版发行**：人民交通出版社股份有限公司
**地　　址**：(100011)北京市朝阳区安定门外外馆斜街 3 号
**网　　址**：http://www.ccpcl.com.cn
**销售电话**：(010)59757973
**总 经 销**：人民交通出版社股份有限公司发行部
**经　　销**：各地新华书店
**印　　刷**：北京虎彩文化传播有限公司
**开　　本**：720×960　1/16
**印　　张**：14.25
**字　　数**：251 千
**版　　次**：2023 年 5 月　第 1 版
**印　　次**：2023 年 5 月　第 1 次印刷
**书　　号**：ISBN 978-7-114-18650-9
**定　　价**：58.00 元

# 编　委　会

# 前言

广州港(Guangzhou Port),地处珠江入海口和珠江三角洲地区中心地带,濒临南海,毗邻香港和澳门,东江、西江、北江在此汇流入海。广州从3世纪30年代起已成为海上丝绸之路的主港,唐宋时期成为中国第一大港,是世界著名的东方大港。明清两代,广州成为中国唯一的对外贸易大港,是世界海上交通史上唯一一座2000多年长盛不衰的大港,可以称为“历久不衰的海上丝绸之路东方发祥地”。现在,广州港是珠江三角洲最大的港口,是华南地区最大的综合性主枢纽港和集装箱干线港口,现已开通国际集装箱班轮航线131条,2020年完成货物吞吐量6.36亿t,货物吞吐量位居全球第四。

本书对广州港发展历程进行回顾,结合各发展阶段的环境监测资料,对广州港建设的环境影响进行研究,得到如下结论:

(1)广州港规划实施对水动力环境的影响主要来自南沙作业区(龙穴岛)填海造陆工程,龙穴岛围填海实施后未改变伶仃洋涨落潮流往复流性质,涨落潮段平均流速变化基本在±0.10m/s以内。

(2)广州港建设对地形地貌与冲淤环境的影响主要来自南沙作业区(龙穴岛)填海造陆和航道工程,围填海工程实施前后该海域水深地形整体变化不大。

(3)航道拓宽工程对所在水域的浮游植物、浮游动物、底栖生物密度及种类影响不大。

(4)广州港内港港区以客运为主,黄埔港区、新沙港区对既有码头进行了多次技术改造,取得了良好的抑尘效果,南沙港区新建项目采取了物料封闭及干、湿除尘相结合的方式,有效减少了大气污染物排放。分析多年来港口所在区域环境空气常规监测数据,多数监测因子呈现出逐渐下降的趋势,说明港区运营对环境空气质量基本无影响。

(5)港口易发生风险事故的区域主要位于码头区、航道区、锚地区、陆域储罐区等，事故类型主要有溢油、火灾和爆炸等。对于广州港后续实施项目，除了关注码头、航道及锚地可能发生的溢油风险外，还应重点关注LNG(液化天然气)加注码头、LNG应急调峰站及配套码头、危险品集装箱运输可能带来的泄漏、火灾及爆炸风险。

本书的出版得到了交通运输部天津水运工程科学研究所领导和同事的支持和帮助，在此表示衷心的感谢！

限于作者的学识及写作水平，书中的错误和疏漏在所难免，请读者不吝赐教。

作者于天津滨海新区

**2022年10月18日**

# 目录

# 1 研究背景和技术方法

广州港历史悠久，是我国沿海主要港口之一，位于广东省中部，广州市境内，濒临南海，珠江经此南下入海，已形成包括内港港区、黄埔港区、新沙港区和南沙港区及作业锚地的总体布局，对华南地区经济和交通运输发展发挥了重要作用。

为优化港口的规划布局，合理、有效地开发港口资源，促进港口与城市、腹地协调发展，充分发挥主枢纽港的作用，1999 年原广州港务局委托交通部规划研究院开始编制《广州港总体规划》，于 2006 年 2 月通过了交通部和广东省人民政府审批。

规划实施过程中，由于港区后方相继建成大型粮油加工区和五矿（麻涌）钢铁物流园，粮油、杂货海运需求旺盛，亟需配套建设大型通用码头，广州港务局在 2014 年已开始着手新沙港区南部作业区规划调整工作，将新沙港区南部码头区逐步调整为以服务后方临港产业为主，主要开展散粮、食用油、件杂货等物资运输，兼顾集装箱转驳运输的综合性码头区，并于 2016 年得到了交通运输部和广东省的联合批复。

自 2006 年以来，南沙港区规划方案做过二次调整，第一次调整是在 2016 年，主要调整内容如下：一、将南沙港区芦湾作业区南部原规划的 1400m“旅游和城市景观”岸线和 200m“客运码头”岸线调整为“邮轮和客运码头”岸线；二、将南沙港区南沙作业区中部挖入式港池口门西侧原规划的“钢铁、散杂泊位”岸线调整为“集装箱码头”岸线；三、将南沙港区南沙作业区南部顺岸南沙三期下游原规划的 1483m“集装箱码头和散货码头”岸线调整为“通用码头”岸线。此次调整于 2016 年得到了交通运输部和广东省的联合批复。第二次调整是在 2021 年，主要调整内容是将小虎作业区原粤海石化码头的港口岸线功能调整为 LNG 应急调峰运输功能。此次调整于 2021 年得到广州市的批复。

广州港在建设过程中，会环境会产生一定的影响，本书通过收集 2009—2020 年的开发建设现状、水文、泥沙、环境质量现状等，采用对比分析法、数学模型法、生态制图和生态机理分析法、矩阵法、叠图法，开展广州港建设对区域环境影响研究工作。具体研究方法如下：

1)对比分析法

将2009—2020年期间评价范围内水文、泥沙、环境质量状况进行对比,评估港区建设的环境影响。将数值预测环境影响同实际情况对比,分析造成不同的原因,为今后的港区建设及保护措施方案确定提供依据。

2)数学模型法

用数字形式定量表示系统的时空变化过程和变化规律,包括水文水动力模型及水质模型。定量描述环境因子和环境影响的相互作用及因果关系,充分反映环境扰动的空间位置和密度。

3)矩阵法

将评价指标以及建设方案与环境因素作为矩阵的行与列,在相应位置填写用以表示行为与环境因素之间的因果关系。用于完善环境影响识别、累积环境影响评价等多个环节。

4)叠图法

将研究区域包括自然条件、社会背景、生态地图叠放在一起,形成综合反映环境影响的空间特征地图。用于评价区域现状的综合分析,环境影响识别以及累积影响评价。

# 2 广州港概述

## 2.1 广州港发展概况

### 2.1.1 港口经营

近年来，广州港港航生产稳定增长，国际枢纽地位稳步提升，基础设施建设快速推进，港航辐射能力显著增强。根据2009—2020年广州国际航运枢纽发展报告统计得出广州港近年来港航生产、基础设施等各项指标，见表2.1-1。

广州港发展情况指标统计表　　表2.1-1

| 数据来源 | 年份（年） | 货物吞吐量（亿t） | 集装箱吞吐量（万TEU） | 旅客吞吐量（万人次） | 码头泊位（个） | 码头总长度（m） | 生产泊位（个） | 生产泊位长度（m） |
|---|---|---|---|---|---|---|---|---|
| 实际运行数据 | 2014 | 4.79 | 1663 | 71 | 863 | 69040 | 686 | 57586 |
| | 2015 | 4.97 | 1762 | 61 | 870 | 70240 | 692 | 58506 |
| | 2016 | 5.18 | 1886 | 87 | 807 | 70229 | 631 | 58535 |
| | 2017 | 5.65 | 2037 | 92 | 807 | 70229 | 631 | 58535 |
| | 2018 | 5.86 | 2192 | 101 | 807 | 70229 | 631 | 58535 |
| | 2019 | 5.91 | 2324 | 78 | 809 | 70999 | 633 | 59305 |
| | 2020 | 5.98 | 2351 | — | 724 | 72748 | 627 | 59942 |
| 规划预测 | 2020 | 5.94 | 2500 | 300 | — | — | — | — |
| 实际与规划数据对比分析 | | ↑ | ↓ | ↓ | — | — | — | — |

由表2.1-1可知，广州港2020年实际货物吞吐量和集装箱吞吐量与规划预测2020年较为相近，实际旅客吞吐量与规划预测出现较大偏差。

广州港货物吞吐量年际变化情况如图2.1-1所示。

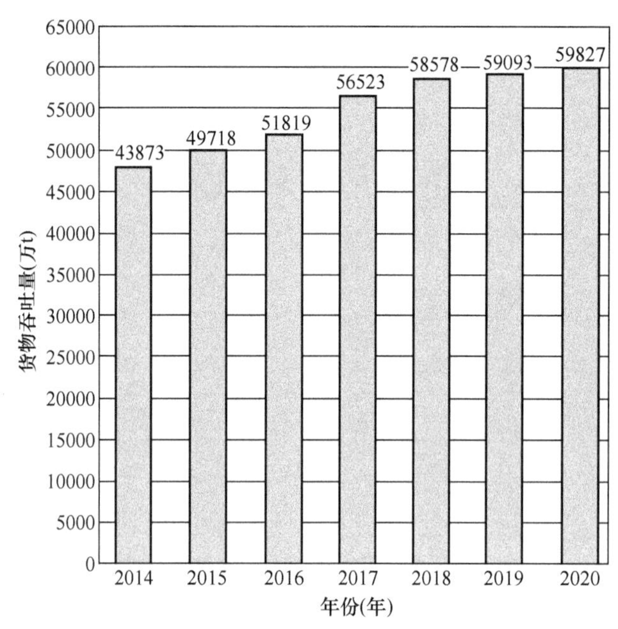


图 2. 1-1　广州港货物吞吐量年际变化情况

### 2.1.2　港口建设

广州港规划执行期间,在港口建设方面,各个港区各有侧重,作为 2010 年广州亚运会开幕式配套项目,内港港区在 2010 年新建和改造了一批客运码头,黄埔港区主要以码头加固改造为主,新沙港区和南沙港区根据发展需求,新建了一批码头工程,其中新沙港区新建 3 个泊位,其余新建项目均集中在南沙港区。广州港规划执行期间码头及航道施工进展见表 2. 1-2。

**广州港规划执行期间码头及航道施工进展统计**　　表 2. 1-2

| 港区 | 项　　目 | 建设年份(年) | | | | | | | | | | | | |
|---|---|---|---|---|---|---|---|---|---|---|---|---|---|---|
| | | 2009 | 2010 | 2011 | 2012 | 2013 | 2014 | 2015 | 2016 | 2017 | 2018 | 2019 | 2020 | 2021 |
| 内港港区 | 海心沙码头 | | | | | | | | | | | | | |
| | 新电视塔码头 | | | | | | | | | | | | | |
| | 改建芳村码头 | | | | | | | | | | | | | |
| | 改建洲头咀码头 | | | | | | | | | | | | | |
| | 改建太古仓码头 | | | | | | | | | | | | | |
| | 南埔半岛码头 | | | | | | | | | | | | | |
| | 金沙洲彩滨中路码头 | | | | | | | | | | | | | |

续上表

| 港区 | 项目 | 建设年份(年) | | | | | | | | | | | | |
|---|---|---|---|---|---|---|---|---|---|---|---|---|---|---|
| | | 2009 | 2010 | 2011 | 2012 | 2013 | 2014 | 2015 | 2016 | 2017 | 2018 | 2019 | 2020 | 2021 |
| 黄埔港区 | 广州集装箱码头有限公司驳船码头扩建工程 | | | | | | | | | | | | | |
| | 龙沙船舶基地一期工程 | | | | | | | | | | | | | |
| | 西基港务分公司码头改造 | | | | | | | | | | | | | |
| | 黄埔老港码头泊位结构加固 | | | | | | | | | | | | | |
| | 广州港新港港务分公司码头改造 | | | | | | | | | | | | | |
| | 广州港石油化工港务分公司码头结构加固 | | | | | | | | | | | | | |
| | 广东中外运东江仓码头 | | | | | | | | | | | | | |
| | 中外运黄埔仓码头改造 | | | | | | | | | | | | | |
| | 番龙石油码头加固改造 | | | | | | | | | | | | | |
| 新沙港区 | 新沙港区 11 ~ 12 号通用泊位 | | | | | | | | | | | | | |
| | 新沙港区 13 号泊位 | | | | | | | | | | | | | |

续上表

| 港区 | 项目 | 建设年份(年) | | | | | | | | | | | | |
|---|---|---|---|---|---|---|---|---|---|---|---|---|---|---|
| | | 2009 | 2010 | 2011 | 2012 | 2013 | 2014 | 2015 | 2016 | 2017 | 2018 | 2019 | 2020 | 2021 |
| 南沙港区 | 华润电厂码头 | | | | | | | | | | | | | |
| | 鸿业码化码头工程 | | | | | | | | | | | | | |
| | 南沙港区粮食及通用码头工程 | | | | | | | | | | | | | |
| | 中船龙穴造船基地海洋工程区 | | | | | | | | | | | | | |
| | 中船龙穴造船基地一期工程民品造船区项目 | | | | | | | | | | | | | |
| | 南沙港区三期工程 | | | | | | | | | | | | | |
| | 珠江电厂煤码头扩建工程 | | | | | | | | | | | | | |
| | 南沙港区四期工程 | | | | | | | | | | | | | |
| | 南沙港区粮食及通用码头扩建工程 | | | | | | | | | | | | | |
| | 南沙国际邮轮码头 | | | | | | | | | | | | | |
| | 海嘉汽车滚装码头 | | | | | | | | | | | | | |
| | 近洋码头工程 | | | | | | | | | | | | | |
| | 广州 LNG 应急调峰站码头工程 | | | | | | | | | | | | | |
| 航道 | 出海航道三期工程 | | | | | | | | | | | | | |
| | 深水航道拓宽工程 | | | | | | | | | | | | | |
| | 环大虎岛公用航道工程 | | | | | | | | | | | | | |

注：　　表示建设年份。

## 2.2 广州港分港区建设情况

### 2.2.1 内港港区建设情况

1)内港港区现状

内港港区位于广州市中心老城区。广州港内港港区大多为客运码头和老旧货运码头，主要为广州市及珠江三角洲地区提供能源、原材料、粮食等的装卸及旅客运输服务。据统计,内港港区共有客运码头 32 个、货运码头 24 个。货运码头中,仍保持生产状态的有 16 个,其余 8 个码头为停产或注销状态。

内港港区经营单位统计表见表 2.2-1。

内港港区经营单位统计表　　表 2.2-1

| 编号 | 项目名称 | 投产时间 | 用途 | 经营单位 | 备注 |
|---|---|---|---|---|---|
| 1 | 白天鹅宾馆码头 | 2015 年 | 客运 | 白天鹅宾馆有限公司 | — |
| 2 | 广州太古仓码头游艇发展有限公司游船游艇码头 | 2012 年 | 客运 | 广州太古仓码头游艇发展有限公司 | — |
| 3 | 大沙头客运码头 | 1956 年 | 客运 | 广州海港商旅有限公司 | — |
| 4 | 沿江客运码头 | 2009 年以前 | 客运 | 广州海港商旅有限公司 | — |
| 5 | 海心沙码头 | 2015 年 | 客运 | 广州公交集团客轮有限公司 | — |
| 6 | 新电视塔码头 | 2014 年改扩建 | 客运 | 广州公交集团客轮有限公司 | — |
| 7 | 西堤客运码头 | 2001 年 | 客运 | 广州公交集团客轮有限公司 | — |
| 8 | 如意坊码头 | 1984 年 | 客运 | 广州公交集团客轮有限公司 | — |
| 9 | 黄沙码头 | 1996 年 | 客运 | 广州公交集团客轮有限公司 | — |
| 10 | 芳村码头 | 2001 年 | 客运 | 广州公交集团客轮有限公司 | — |
| 11 | 鳌洲码头 | 1964 年 | 客运 | 广州公交集团客轮有限公司 | — |
| 12 | 白鹤洞客渡码头 | 2009 年以前 | 客运 | 广州公交集团客轮有限公司 | — |
| 13 | 白蚬壳客渡码头 | 2009 年以前 | 客运 | 广州公交集团客轮有限公司 | — |
| 14 | 大坦尾码头 | 1969 年 | 客运 | 广州公交集团客轮有限公司 | — |
| 15 | 大元帅府码头 | 2009 年以前 | 客运 | 广州公交集团客轮有限公司 | — |
| 16 | 纺织码头 | 1964 年 | 客运 | 广州公交集团客轮有限公司 | — |
| 17 | 广中码头 | 2009 年以前 | 客运 | 广州公交集团客轮有限公司 | — |
| 18 | 海幢码头 | 1964 年 | 客运 | 广州公交集团客轮有限公司 | — |
| 19 | 会展中心码头 | 2002 年 | 客运 | 广州公交集团客轮有限公司 | — |
| 20 | 金沙洲码头 | 2014 年 | 客运 | 广州公交集团客轮有限公司 | — |
| 21 | 莲花山码头 | 2009 年以前 | 客运 | 广州公交集团客轮有限公司 | — |
| 22 | 南浦半岛码头 | 2015 年 | 客运 | 广州公交集团客轮有限公司 | — |
| 23 | 堑口码头 | 2002 年 | 客运 | 广州公交集团客轮有限公司 | — |
| 24 | 深井码头 | 1986 年 | 客运 | 广州公交集团客轮有限公司 | — |
| 25 | 省总码头 | 2009 年以前 | 客运 | 广州公交集团客轮有限公司 | — |
| 26 | 石围塘码头 | 2013 年改造 | 客运 | 广州公交集团客轮有限公司 | — |

续上表

| 编号 | 项 目 名 称 | 投产时间 | 用途 | 经 营 单 位 | 备注 |
|---|---|---|---|---|---|
| 27 | 天字码头 | 2009 年以前 | 客运 | 广州公交集团客轮有限公司 | — |
| 28 | 新洲码头 | 2014 年改造 | 客运 | 广州公交集团客轮有限公司 | — |
| 29 | 永兴街码头 | 2013 年改造 | 客运 | 广州公交集团客轮有限公司 | — |
| 30 | 鱼珠客渡码头 | 2004 年 | 客运 | 广州公交集团客轮有限公司 | — |
| 31 | 长洲客渡码头 | 2009 年以前 | 客运 | 广州公交集团客轮有限公司 | — |
| 32 | 中大码头 | 2002 年 | 客运 | 广州公交集团客轮有限公司 | — |
| 33 | 中国船舶燃料广州有限公司码头 | 1972 年 | 货运 | 中国船舶燃料广州有限公司 | — |
| 34 | 中石化南村油库码头 | 1988 年 | 货运 | 中国石化销售有限公司广东广州石油分公司 | — |
| 35 | 港茂码头 | 1990 年 | 货运 | 广州市番禺港茂石油成品贮存有限公司 | — |
| 36 | 广东省粮油储运公司第一仓库内五码头 | 1996 年 | 货运 | 广东省粮油储运公司第一仓库 | — |
| 37 | 广西对外经济贸易广州公司塞坝口仓库码头 | — | 货运 | 广西对外经济贸易广州公司塞坝口仓库 | — |
| 38 | 石围塘仓库码头 | — | 货运 | 广西对外经济贸易广州公司石围塘仓库 | — |
| 39 | 双桥码头 | 1999 年 | 货运 | 广州双桥股份有限公司 | — |
| 40 | 广州市阜裕贸易有限公司码头 | 1985 年 | 货运 | 广州市阜裕贸易有限公司 | — |
| 41 | 省燃油库码头 | 1996 年 | 货运 | 广东金盛石油化工有限公司 | — |
| 42 | 广州市粮食集团有限责任公司储备分公司海珠码头 | 2004 年 | 货运 | 广州市粮食集团有限责任公司储备分公司 | — |
| 43 | 广东省粮油储运公司第三仓库码头 | — | 货运 | 广东省粮油储运公司第三仓库 | — |
| 44 | 广东省五金矿产进出口集团公司小兰沙码头 | 2002 年 | 货运 | 广州市广钧物流有限公司 | — |
| 45 | 广东省五金矿产进出口集团公司大尾角码头 | 1986 年 | 货运 | 广州市广钧物流有限公司 | — |

续上表

| 编号 | 项 目 名 称 | 投产时间 | 用途 | 经 营 单 位 | 备注 |
|---|---|---|---|---|---|
| 46 | 广州市利基仓储有限公司码头 | 2009 年 | 货运 | 广州市利基仓储有限公司 | — |
| 47 | 新造海运油库码头 | 2000 年 | 货运 | 中石化中海船舶燃料供应有限公司广州燃料分公司 | — |
| 48 | 广州五湖四海水产贸易有限公司码头 | 2007 年 | 货运 | 广州五湖四海水产贸易有限公司 | — |
| 49 | 三高饲料厂码头 | 2001 年 | 货运 | 广州市番禺区新造三高饲料厂 | 停产,待收储 |
| 50 | 五矿大干围码头 | 1984 年 | 货运 | 广东省五金矿产进出口集团有限公司大干围分公司 | 注销 |
| 51 | 时代三围码头 | 2004 年 | 货运 | 广州市时代三围码头有限公司 | 停产 |
| 52 | 医药港码头 | — | 货运 | 广州国际医药港科技信息有限公司 | 停产 |
| 53 | 广东省基础工程集团有限公司码头 | 1980 年 | 货运 | 广东省基础工程集团有限公司 | 注销 |
| 54 | 广东省金属加工厂有限责任公司码头 | 1989 年 | 货运 | 广东省金属加工厂有限责任公司 | 注销 |
| 55 | 发电厂码头 | 1981 年 | 货运 | 广州发电厂有限公司 | 停产 |
| 56 | 广州市南昊糖烟酒有限公司河沙仓库码头 | 2004 年 | 货运 | 广州市南昊糖烟酒有限公司 | 许可证已作废 |

2）内港港区规划实施情况

自《广州港总体规划（2006 年版）》（以下简称 2006 年版规划）环评批复以来，内港港区新建 3 个客运码头，改扩建 1 个客运码头，改建芳村码头、洲头咀码头和太古仓码头等 45 个码头泊位。内港港区 2009—2021 年主要建设工程情况见表 2.2-2。

**内港港区 2009—2021 年主要建设工程情况** 表 2.2-2

| 编号 | 项 目 名 称 | 性质 | 投产时间（年） | 泊位长度（m） | 泊位数量（个） | 设计靠泊能力（吨级） | 主要用途 | 经营单位 |
|---|---|---|---|---|---|---|---|---|
| 1 | 水上巴士海心沙码头 | 新建 | 2015 | 82 | 2 | 300 | 客运泊位 | 广州市客轮公司 |
| 2 | 水上巴士南浦半岛码头 | 新建 | 2015 | 137 | 3 | 500 | | |
| 3 | 金沙洲彩滨中路码头 | 新建 | 2013 | 162 | 3 | 990 | | |
| 4 | 新电视塔码头 | 改扩建 | 2013 | 111 | 2 | 990 | | |

内港港区码头能力偏小,货运泊位个数减少,所以内港港区货物吞吐量占全港货物吞吐量的比例较低,多年来基本维持在2.5%左右(表2.2-3、图2.2-1)。

**内港港区(2014—2021年)货物吞吐量及占比情况** 表2.2-3

| 年份(年) | 2014 | 2015 | 2016 | 2017 | 2018 | 2019 | 2020 | 2021 |
|---|---|---|---|---|---|---|---|---|
| 内港港区吞吐量(万t) | 1292 | 1370 | 1300 | 1218 | 986 | 1388 | 1408 | 1523 |
| 占广州港总吞吐量百分比(%) | 2.70 | 2.76 | 2.51 | 2.15 | 1.68 | 2.35 | 2.35 | 2.49 |

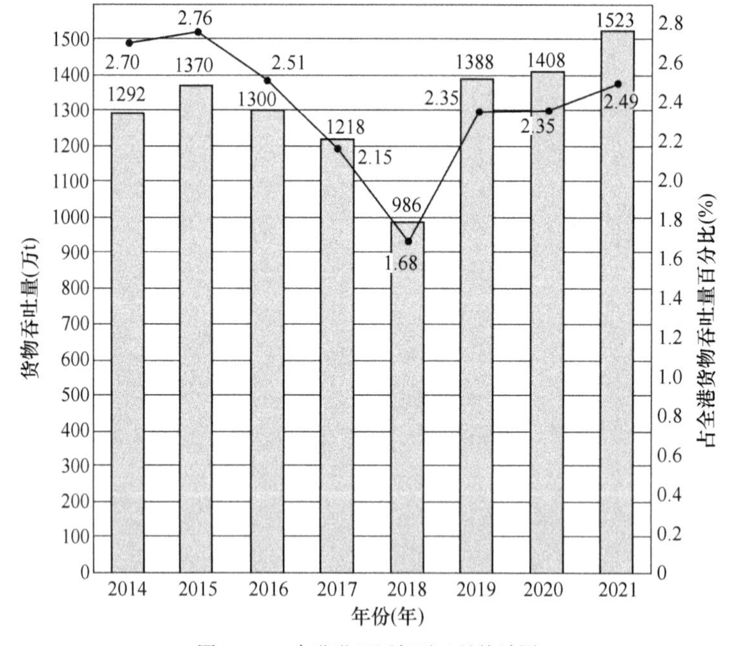


图2.2-1 内港港区历年吞吐量统计图

3)内港港区建设情况分析

自2006年版规划环评批复以来,内港港区规划执行情况与《广州港总体规划(2018年版)》(以下简称2018年版规划)中内港港区的规划内容对比见表2.2-4。从对比分析结果可知,内港港区未新建货运码头,改造了如意坊、黄沙、洲头咀、石围塘等45个码头泊位,符合2018年版规划中提出的“今后随着城市发展及综合开发的需要,部分码头将逐步调整现有功能”的要求。同时,为配合广州市水上巴士公共交通体系建设,缓解陆域交通压力,新建了3个水上巴士码头,占用岸线长度381m,已取得环评批复和环保验收意见。

内港港区规划执行情况与《广州港总体规划》
(2018年版)内容对比　　　　表2.2-4

| 项目 | 规划内容 | 规划执行情况 | 分析结果 | 备注 |
| --- | --- | --- | --- | --- |
| 岸线利用 | 规划岸线(19.5km)已全部开发 | 未新建货运码头;新建3个水上巴士码头,占用岸线长度381m | — | 新建水上巴士码头符合《广州市水上巴士发展规划(2013—2020年)》《广州市水上巴士发展规划近期(2013—2016年)实施工作方案》,已取得环评批复和环保验收意见 |
| | 保留现有港口岸线,远期逐步功能调整 | 内港港区改造45个码头泊位,功能调整为客运、游艇等 | 符合规划 | — |
| 陆域布局 | 内港港区包括如意坊、黄沙、内三、内四、东洛围、汾水头、内一、内二、沥滘海心沙、洲头咀、大沙头、沿江、员村、大干围、石围塘15个码头,主要为广州市及珠江三角洲地区提供能源、原材料、粮食、散杂货和集装箱的装卸及旅客运输服务。随着城市发展及综合开发的需要,今后部分码头将逐步调整现有功能 | 改造了如意坊、黄沙、洲头咀、石围塘等45个码头泊位,功能调整为客运、游艇等 | 符合规划 | — |

### 2.2.2 黄埔港区建设情况

1)黄埔港区现状

(1)黄埔港区码头现状。

黄埔港区包括老港作业区、新港作业区以及莲花山作业区。

老港作业区现有生产性泊位57个,泊位总长5936m,泊位靠泊能力为500~20000吨级,泊位类型主要包括通用件杂货泊位、集装箱泊位、通用散货泊位和多用途泊位。老港作业区主要泊位情况表见表2.2-5。

新港作业区现有生产性泊位56个,泊位总长6552m,泊位靠泊能力为500~50000吨级,泊位类型主要包括多用途泊位、通用件杂货泊位、成品油泊位和散货泊位。新港作业区主要泊位情况表见表2.2-6。

莲花山作业区现有生产性泊位16个,泊位总长1456m,泊位靠泊能力为500~20000吨级,泊位类型主要包括通用件杂货泊位、成品油泊位、集装箱泊位和客运泊位,其中广州市番禺莲花山造纸有限公司2个煤炭泊位、广州市番禺莲花山电力有限公司1个原油泊位、广州番禺番龙石油化工有限公司1个成品油泊位、广州市粤丰仓储有限公司的1个集装箱泊位和1个通用件杂货泊位处于停产状态。莲花山作业区主要泊位情况表见表2.2-7。

老港作业区主要泊位情况表　　表2.2-5

| 码头 | 泊位个数（个） | 泊位类型 | 通过能力 | 泊位长度（m） | 泊位靠泊能力（吨级） | 竣工时间 | 目前状态 |
| --- | --- | --- | --- | --- | --- | --- | --- |
| 黄埔老港码头 | 12 | 通用件杂货泊位 | 436万t | 1516 | 500～20000 | 1号、2号泊位竣工时间1967年，8号泊位竣工时间1960年 | 生产 |
| | 3 | 集装箱泊位 | 36万TEU | 535 | 10000 | 2006年以前 | 生产 |
| | 1 | 通用散货泊位 | 35万t | 173 | 20000 | 1985年 | 生产 |
| 中外运黄埔仓码头 | 4 | 多用途泊位 | 130万t | 450 | 3000 | 1～3号泊位建成于1996年，驳船泊位建成于2005年 | 生产 |
| 嘉利仓码头 | 2 | 多用途泊位 | 170万t | 124 | 3000 | 1999年 | 2019年停产 |
| 黄埔冷冻厂码头 | 3 | 通用散货泊位 | 125万t | 78 | 1000 | 广东太古冷链物流有限公司两个泊位建于1975年（已于2017年注销）、广东省鱼珠林产集团有限公司一个泊位建于1996年（已于2018年停产） | 2017年停产 |
| 鱼珠物流码头 | 4 | 通用件杂货泊位 | 180万t | 450 | 1000～3000 | 2001年由煤场改为杂货码头，1号和2号泊位建于2005年，3号和4号泊位建于2002年 | 生产 |
| 广裕储运码头 | 2 | 多用途泊位 | 45万t/3万TEU | 104 | 1500 | 1994年 | 生产 |
| 鱼珠林产码头 | 1 | 通用件杂货泊位 | 8万t | 55 | 500 | 2005年 | 2018年停产 |
| 广州港集团船务有限公司船厂码头 | 2 | 船厂泊位 | — | 640 | — | — | 生产 |

续上表

| 码头 | 泊位个数（个） | 泊位类型 | 通过能力 | 泊位长度（m） | 泊位靠泊能力（吨级） | 竣工时间 | 目前状态 |
|---|---|---|---|---|---|---|---|
| 穗林码头 | 4 | 通用件杂货泊位 | 135 万 t | 445 | 500 ~ 5000 | 1995 年 | 2018 年停产 |
| 文冲船厂码头 | 15 | 船厂泊位 | — | 1168 | — | 1 号泊位建于 2007 年，其余泊位建于 2006 年前 | 生产 |
| 广浚黄埔码头 | 1 | 通用件杂货 | — | 124 | 3000 | — | — |
| 中远船务码头 | 2 | 船厂泊位 | — | 405 | — | — | — |
| 洪圣沙码头 | 8 | 散杂货 | — | 835 | — | — | 2018 年停产 |

**新港作业区主要泊位情况表** 表 2.2-6

| 码头 | 泊位个数（个） | 泊位类型 | 通过能力 | 泊位长度（m） | 泊位靠泊能力（吨级） | 竣工时间 | 目前状态 |
|---|---|---|---|---|---|---|---|
| 广州港新港港务分公司码头 | 1 | 散装粮食 | 208 万 t | 220 | 35000 | 3 ~5 号泊位于 1976 年 1 月竣工，其他泊位建成 1975 年 | 生产 |
| | 4 | 通用件杂货泊位 | 130 万 t | 717 | 20000 | | |
| | 4 | 通用件杂货泊位 | — | 407 | — | | |
| | 2 | 工作船泊位 | — | 43 | — | | |
| 广州港西基港务分公司码头（原西基码头） | 9 | 煤炭泊位 | 2050 万 t | 927 | 500 ~ 50000 | 1987 年 | 生产 |
| 广浚仓储码头 | 2 | 通用件杂货泊位 | 70 万 t | 229 | 1000 ~ 5000 | 2008 年 | 生产 |
| 珠钢码头 | 2 | 通用件杂货泊位 | 99 万 t | 320 | 5000 | 1999 年 | 生产 |
| 中石化广东公司黄埔油库码头 | 2 | 成品油泊位 | 250 万 t | 335 | 5000 ~ 24000 | 1977 年 | 生产 |
| 集通仓码头 | 1 | 多用途泊位 | 33 万 t | 52 | 3000 | 1996 年 | 生产 |
| 建翔码头 | 3 | 多用途泊位 | 186 万 t | 290 | 5000 | 1996 年 | 2020 年停产 |
| 广电石油储运码头 | 1 | 成品油泊位 | 50 万 t | 144 | 5000 | 1997 年 | 生产 |

续上表

| 码头 | 泊位个数（个） | 泊位类型 | 通过能力 | 泊位长度（m） | 泊位靠泊能力（吨级） | 竣工时间 | 目前状态 |
|---|---|---|---|---|---|---|---|
| 广州集装箱码头 | 3 | 集装箱泊位 | 70 万 TEU | 659 | 25000 ~ 35000 | 1 号泊位建于 1981 年;2 号和 3 号泊位建于 1983 年 | 生产 |
| | 1 | 多用途泊位 | 70 万 t | 151 | 5000 | 2009 年 | |
| | 2 | 工作船泊位 | — | 90.6 | — | — | |
| 东江集装箱仓码头（原穗港码头） | 2 | 多用途泊位 | 100 万 t/10 万 TEU | 340 | 5000 | 建成于 1997 年,2018 年 3 月注销 | 2019 年停产 |
| 广东物资集团码头 | 1 | 多用途泊位 | 8 万 t | 50 | 1000 | 1980 年 | 生产 |
| | 1 | 通用件杂货泊位 | 8 万 t | 50 | 1000 | 1980 年 | 生产 |
| | 1 | 通用件杂货泊位 | 50 万 t | 100 | 2000 | 2008 年 | 生产 |
| 广东中外运东江仓码头 | 5 | 多用途泊位 | 1000 万 t/65 万 TEU | 500 | 3000 | 1 号和 2 号建于 1989 年, 3 ~ 5 号泊位建于 1993 年 | 生产 |
| 广保通码头 | 3 | 多用途泊位 | 65 万 t/12 万 TEU | 212 | 2000 | 1 号和 2 号泊位建于 1994 年;3 号泊位建于 2005 年 | 2022 年注销 |
| 东江口码头 | 2 | 多用途泊位 | 70 万 t/5 万 TEU | 175 | 1000 ~ 3000 | 1984 年 | 生产 |
| 益海粮油码头 | 2 | 成品油泊位 | 30 万 t | 257 | 5000 | 2007 年 | 生产 |
| 埃尔夫润滑油码头 | 1 | 通用件杂货泊位 | 20 万 t | 128 | 5000 | 1997 年 | 生产 |
| 金之河物业码头 | 1 | 通用件杂货泊位 | 8 万 t | 150 | 2000 | — | 2019 年停产 |
| 广州港石油化工港务分公司码头 | 1 | 成品油泊位 | 220 万 t | 145 | 24000 | 1977 年 | 生产 |
| | 1 | 液体化工泊位 | 130 万 t | 145 | 24000 | | 生产 |
| 菠萝庙船厂 | 2 | 多用途 | — | 591 | — | — | — |

莲花山作业区主要泊位情况表　　表2.2-7

| 码头 | 泊位个数(个) | 泊位类型 | 通过能力 | 泊位长度(m) | 泊位靠泊能力(吨级) | 竣工时间 | 目前状态 |
|---|---|---|---|---|---|---|---|
| 莲花山港客运码头 | 1 | 客运泊位 | 100万人 | 83 | — | 1985年 | 生产 |
| 龙沙一期 | 2 | 件杂货泊位 | 450万t | 420 | 20000 | 2011年 | 生产 |
| 广州市番禺莲花山电力有限公司 | 1 | 原油泊位 | 10万t | 61 | 1000 | 1989年 | 停产 |
| 番龙石油码头 | 1 | 成品油泊位 | 100万t | 130 | 3000 | 2001年 | 停产<br>拟改建成一个3000吨级散货泊位,装卸散装水泥 |
| 中油油品码头 | 1 | 成品油泊位 | 30万t | 95 | 1000 | 1999年 | 停产 |
| 番港货运码头 | 4 | 集装箱泊位 | 15万TEU | 276 | 1000~2000 | 1号和2号泊位建于1988年;3号和4号泊位建于1995年 | 生产 |
| | 1 | 通用件杂货泊位 | 20万t | 34 | 500 | 1988年 | 生产 |
| | 1 | 通用散货泊位 | 20万t | 60 | 2000 | 1996年 | 生产 |
| 粤丰仓储码头 | 1 | 通用件杂货泊位 | 10万TEU | 100 | 3000 | — | 停产 |
| | 1 | 通用件杂货泊位 | 65万t | 100 | 5000 | — | |
| 打捞码头 | 1 | 公务泊位 | — | 350 | 1000 | — | 生产 |
| 海警码头 | 1 | 公务泊位 | — | 100 | 1000 | — | 生产 |

(2)黄埔港区岸线利用现状。

①老港作业区。

老港作业区为黄埔穗林码头至黄埔大桥岸线以及洪圣沙码头岸线。黄埔穗林码头至黄埔大桥岸线,自然岸线总长度约8.4km,其中已建港口设施占用岸线长度约5937m;洪圣沙码头自然岸线总长度约2.4km,已建港口设施占用岸线835m,洪圣沙码头已于2018年底退出货运功能。

②新港作业区。

新港作业区为黄埔大桥至东江口的东江大桥岸线,自然岸线总长度约

9.0km,已开发利用6.762km。

③莲花山作业区。

莲花山作业区为四沙涌口至沙湾水道口岸线以及海鸥岛岸线,自然岸线总长度约50.6km(其中四沙涌口至沙湾水道口段岸线长度21.2km,海鸥岛段岸线长度29.4km),已建港口岸线长度约2.015km。其中龙沙岸线位于赤沙水道右岸、黄埔大桥下游,目前已建有龙沙一期码头,使用港口岸线420m。浮莲岗水道岸线已建莲花山客运、番港货运、番龙石油及粤丰仓储等码头岸线1050m。海鸥岛南部岸线已建海上救助及打捞基地码头350m,海警码头100m,西北部已建中油油品码头岸线95m,现已退出油品货运功能。莲花山作业区岸线尚未纳入2006年版规划具体港区范围内。

(3)2006年版规划范围内黄埔港区现状情况。

目前,黄埔港区规划包括老港作业区、新港作业区和莲花山作业区。与上一轮规划相比,莲花山作业区为新增作业区,老港作业区和新港作业区的规划范围也比原规划有所增加。

在2006年版规划范围内,黄埔港区现有生产性泊位40个,泊位总长5446m。黄埔港区主要泊位情况表见表2.2-8。

黄埔港区主要泊位情况表　　表2.2-8

| 作业区 | 码头 | 泊位个数(个) | 泊位类型 | 泊位长度(m) | 泊位靠泊能力(吨级) | 经营单位 |
|---|---|---|---|---|---|---|
| 老港作业区 | 黄埔老港码头 | 12 | 通用件杂货泊位 | 1516 | 500~20000 | 广州港股份有限公司黄埔港务分公司 |
| | | 3 | 集装箱泊位 | 535 | 10000 | |
| | | 1 | 通用散货泊位 | 173 | 20000 | |
| 新港作业区 | 广州港新港港务分公司码头 | 5 | 散装粮食 | 492 | 2500~35000 | 广州港股份有限公司新港港务分公司 |
| | | 4 | 通用件杂货泊位 | 718 | 20000 | |
| | 广州集装箱码头 | 3 | 集装箱泊位 | 646 | 25000~35000 | 广州集装箱码头有限公司 |
| | | 1 | 多用途泊位 | 151 | 5000 | |
| | 广州港石油化工港务分公司码头 | 1 | 成品油泊位 | 144 | 24000 | 广州港股份有限公司石油化工港务分公司 |
| | | 1 | 液体化工泊位 | 144 | 24000 | |
| | 广州港西基港务分公司码头(原西基码头) | 9 | 煤炭泊位 | 927 | 500~50000 | 广州港西基港务分公司 |
| 合计 | — | 40 | — | 5446 | — | — |

2)黄埔港区建设情况

(1)黄埔港区建设情况。

黄埔港区老港作业区和新港作业区各泊位均在上一轮规划环评批复以前建成,自2009年以来,规划范围内无新建项目,仅部分泊位进行了码头结构加固和技术改造,还有部分泊位处于停产状态。

莲花山作业区在2006年版规划中未纳入广州港,但其大部分泊位在2006年版规划时已建成,自2009年以来,仅龙沙船舶基地码头和番龙石油码头实施了码头结构加固改造,部分泊位目前处于停产状态。

为满足环保、缓解交通拥堵等要求,老港作业区各码头运营公司做了大量工作,不仅积极主动退出干散货种的码头装卸作业,还严格执行各项减排措施等。当前,老港作业基本以集装箱、钢材等清洁货种为主。

黄埔港区2009—2021年主要改造工程情况见表2.2-9。黄埔港区自2009年以来停产工程情况见表2.2-10。

**黄埔港区2009—2021年主要改造工程情况** 表2.2-9

| 码头名称 | 工程内容 | 改造前 | 改造后 | 施工时间(年) |
|---|---|---|---|---|
| 黄埔老港码头 | 1号、2号和8号泊位结构加固 | 1号、2号——10000吨级散货泊位;<br>8号——10000吨级散、杂货泊位 | 1号、2号——减载靠泊3.5万吨级散货船或3万吨级杂货船;<br>8号——减载靠泊3.5万吨级散货船或2万吨级集装箱船 | 2013 |
| 中外运黄埔仓码头 | 码头前沿停泊水域疏浚,疏浚面积1.75万$m^2$,疏浚量3.5万$m^3$;码头结构修复;配套设施改造完善 | 3个3000吨级泊位 | 2个15000吨级泊位 | 2019 |

续上表

| 码头名称 | 工程内容 | 改造前 | 改造后 | 施工时间（年） |
|---|---|---|---|---|
| 广州港新港港务分公司码头 | 结构加固改造 | 3～5号——20000吨级通用泊位 | 减载靠泊5万吨级及以下超原设计能力的散、杂货船舶 | 2013 |
| | 洗车槽及污水处理设施工程 | — | 新建洗车设施1套，配备设计处理能力为120t/d的污水处理设施1套 | 2012 |
| | 防风抑尘墙工程 | — | 5号泊位后方新建298m防风抑尘墙 | 2018 |
| | 4号、5号泊位散矿作业区环保改造工程 | — | 对道路和堆场地面进行改造，加高铺设新地基；新建75m³/h污水处理站一座 | 2018 |
| 西基港务分公司码头 | 抑风挡尘墙630m | — | 新建抑风挡尘墙630m | 2011 |
| | 防风抑尘墙二期长796.4m，高18m | — | 新建抑风挡尘墙796.4m | 2019 |
| | 煤污水处理系统升级改造（含工艺改造） | 调蓄能力3241m³；处理能力2000t/d | 调蓄能力9960m³；处理能力4800t/d。出水标准：《广东省水污染排放限值》中第二时段一级标准 | 2019 |
| 广东中外运东江仓码头 | 一、二期泊位结构加固改造 | 3个3000吨级泊位 | 2个10000吨级，1个3000吨级 | 2014 |
| 益海粮油码头 | 码头结构加固改造工程 | 2个5000吨级泊位 | 2个5000吨级泊位，可布置1个20000吨级泊位 | — |
| | 港池及支航道疏浚 | 港池10.6m | 港池12.4m | — |
| 广州港石油化工港务分公司码头 | 结构加固改造，泊位长度不变，码头结构平台加宽3.8m；码头水域浚深 | 2个2.4万吨级船舶泊位 | 减载靠泊5万吨级船舶 | 2014 |

续上表

| 码头名称 | 工程内容 | 改造前 | 改造后 | 施工时间（年） |
| --- | --- | --- | --- | --- |
| 龙沙船舶基地码头 | 结构加固改造，码头前沿停泊水域拓宽、浚深 | 3个5000吨级泊位 | 2个20000吨级泊位 | 2013 |
| 番龙石油码头 | 码头维修、加固、改造 | 1个3000吨级成品油泊位 | 1个3000吨级散货泊位 | 2019 |

**黄埔港区自2009年以来停产工程情况表** 表2.2-10

| 作业区 | 码头名称 | 企业名称 | 备注 |
| --- | --- | --- | --- |
| 老港作业区 | 嘉利仓码头 | 广州市嘉利仓码有限公司 | 停产 |
| | 鱼珠林产码头 | 广东省鱼珠林产集团有限公司 | 停产 |
| | 黄埔冷冻厂码头 | 广东省食品进出口集团公司黄埔冷冻厂 | 停产 |
| | 穗林码头 | 广州市穗林码头经营有限公司 | 停产 |
| | 洪圣沙码头 | — | 停产 |
| 新港作业区 | 建翔码头 | 广州建翔码头有限公司 | 停产 |
| | 东江集装箱仓码头（原穗港码头） | 广州经济技术开发区东江集装箱仓码有限公司（穗港码头）（广州经济技术开发区东江口岸发展有限公司） | 停产 |
| | 金之河物业码头 | — | 停产 |
| | 广保通码头 | 广州保税区广保通码头储运有限公司 | 已注销 |
| 莲花山作业区 | 广州市番禺莲花山电力有限公司码头 | 广州市番禺莲花山电力有限公司 | 停产 |
| | 番龙石油码头 | 信强公司 | 停产，拟改建成散货码头，装卸货物为散装水泥 |
| | 中油油品码头 | — | 停产 |
| | 粤丰仓储码头 | 广州市番禺区拆船轧钢公司 | 停产 |

（2）黄埔港区吞吐量变化情况。

黄埔港区货物吞吐量及占全港货物吞吐量比例见表2.2-11和图2.2-2。从图表中可知,2014—2018 年黄埔港区货物吞吐量总体维持在 1.5 亿 t 左右,2019 年以来有所增加。

**黄埔港区(2014—2021 年)货物吞吐量统计及占比情况** 表 2.2-11

| 年份(年) | 2014 | 2015 | 2016 | 2017 | 2018 | 2019 | 2020 | 2021 |
| --- | --- | --- | --- | --- | --- | --- | --- | --- |
| 黄埔港区货物吞吐量(万 t) | 14748 | 13649 | 13559 | 15216 | 15316 | 18387 | 18072 | 17656 |
| 占全港货物吞吐量百分比(%) | 30.81 | 27.45 | 26.17 | 26.92 | 26.15 | 31.12 | 30.21 | 28.90 |

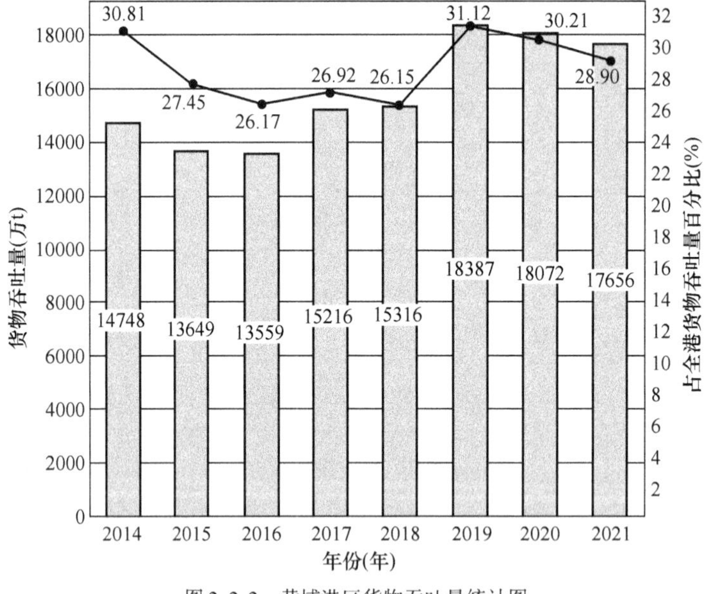


图 2.2-2 黄埔港区货物吞吐量统计图

3)黄埔港区建设情况分析

自 2006 年版规划环评批复以来,黄埔港区规划执行情况与 2018 年版规划中黄埔港区的规划内容对比见表 2.2-12。从对比分析结果可知,黄埔港区老港作业区在规划执行过程中,规划落实情况良好,执行内容都能够遵循规划要求,有的项目在环保方面甚至优于规划要求;新港作业区执行内容基本能够遵循规划要求,除新港油码头为适应船舶大型化需要将码头结构等级提高以及 2 号泊位为适应市场需要将散化肥专用泊位改为通用泊位外,其余项目均能够遵循规划要求,规划落实情况较好,且项目均按照政府部门有关工程建设规定办理了相关审批、开工等手续。

**黄埔港区规划与规划执行情况对比分析表** 表 2.2-12

| 作业区 | 项目 | 规划内容 | 规划执行情况 | 分析结果 | 备注 |
| --- | --- | --- | --- | --- | --- |
| 老港作业区 | 岸线利用 | 规划岸线(5.2km)已全部开发 | 未开发新的岸线 | 符合规划 | 黄埔港区正在进行规划调整，老港作业区的规划范围与原规划相比有所增加，但辖区内所有项目均在2006年版规划环评批复以前建成，无新建项目 |
| | | 保持现状，以改造扩能为主 | 规划范围内无新建项目，部分泊位进行了码头结构加固和技术改造，部分泊位处于停产状态 | 符合规划 | |
| | 陆域布局 | 1号、2号泊位将散货转移出去并改造为杂货泊位 | 2013年对1号、2号泊位进行技术改造，改造后运输货种以件杂货为主 | 符合规划 | — |
| | | 8号泊位改造后近期承担外贸集装箱的驳船喂给运输，随着广州港外贸集装箱直达运输逐步形成规模，将调整为以杂货运输为主的泊位 | 2013年对8号泊位进行技术改造，改造后运输货种以集装箱为主 | 符合规划 | — |
| | | 洪圣沙码头主要承担沿海粮食中转及西江沿线非金属矿石运输，1号泊位主要承担非金属矿石水—水中转作业，码头规模和通过能力维持现有水平，2号、3号泊位技术改造后综合通过能力达250万t | 洪圣沙码头已于2018年底退出货运功能 | 环境影响减小，从环保角度出发，优于规划 | 黄埔港区正在进行规划调整，规划发展港口滨水休闲(部分兼顾应急保障)、客运及游艇功能 |

续上表

| 作业区 | 项目 | 规划内容 | 规划执行情况 | 分析结果 | 备注 |
|---|---|---|---|---|---|
| 新港作业区 | 岸线利用 | 规划岸线(3.8km)已全部开发 | 未开发新的岸线 | 符合规划 | 黄埔港区正在进行规划调整,新港作业区的规划范围与原规划相比有所增加,但辖区内所有项目均在上一轮规划环评批复以前建成,无新建项目 |
| | | 保持现状,以改造扩能为主 | 规划范围内无新建项目,部分泊位进行了码头结构加固和技术改造,部分泊位处于停产状态 | 符合规划 | |
| | 陆域布局 | 新港油码头为2个2.4万吨级泊位,码头规模和平面布局维持现状 | 2013年对码头结构进行加固改造 | 符合规划 | 2012年8月取得广东省交通运输厅批复设计方案(粤交基〔2012〕998号) |
| | | 西基码头是专业化煤炭作业区,维持现状 | 码头结构和功能保持不变,但加强了环保工作,分两期共新建了1426.4m抑尘墙;改造升级了煤污水处理系统,将处理能力由2000t/d升级为4800t/d,调蓄能力由$3241m^3$增加至$9960m^3$ | 符合规划 | — |
| | | 1号泊位为专业化散粮泊位 | 维持原状 | 符合规划 | — |
| | | 2号泊位为散化肥专用泊位 | 现为通用泊位 | 基本符合规划 | 适应市场需要,运输货种有调整 |
| | | 3~5号泊位为杂货泊位 | 2013年对码头结构进行加固改造,由2万吨级升级为减载靠泊5万吨级 | 符合规划 | — |
| | | 6~9号泊位为集装箱专用泊位,其中9号泊位为规划新建泊位 | 6~8号泊位为集装箱专用泊位,维持原状<br>9号泊位未建 | 符合规划 | — |

注:莲花山作业区上一轮未纳入具体港区,因此本表中不对莲花山作业区进行对比分析。

### 2.2.3 新沙港区建设情况

1)新沙港区发展现状

新沙港区为综合性港区,以集装箱、煤炭、矿石、粮食和化肥等物资运输为主。新沙港区目前已建成13个泊位,作为广州港四大港区之一,2020年新沙港区完成货物吞吐量达6080万t,占广州海港的比例约为9.55%。新沙港区泊位现状见表2.2-13。

新沙港区泊位现状　　表2.2-13

<table>
<tr><th>码头名称</th><th>泊位个数(个)</th><th>泊位类型</th><th>核算靠泊能力(吨级)</th><th>泊位长度(m)</th><th>投产时间</th><th>经营单位</th><th>备　注</th></tr>
<tr><td rowspan="4">新沙港区一期工程</td><td>3</td><td>煤炭专用泊位</td><td>70000~100000</td><td rowspan="4">2000</td><td rowspan="4">2009年以前</td><td rowspan="4">广州港新沙港务有限公司</td><td>1号、2号、4号</td></tr>
<tr><td>3</td><td>通用泊位</td><td>70000~100000</td><td>3号、5号、7号</td></tr>
<tr><td>1</td><td>专业化散粮泊位</td><td>70000</td><td>6号</td></tr>
<tr><td>3</td><td>集装箱泊位</td><td>70000</td><td>8~10号</td></tr>
<tr><td>新沙港区11号、12号通用泊位及驳船泊位工程</td><td>2</td><td>通用泊位及驳船泊位</td><td>70000</td><td>522</td><td>已建成,未竣工验收</td><td>广州港新沙港务有限公司</td><td>11~12号</td></tr>
<tr><td>新沙港区13号泊位工程</td><td>1</td><td>粮食泊位</td><td>70000</td><td>302</td><td>已建成,未竣工验收</td><td>中粮贸易(广东)有限公司</td><td>13号</td></tr>
<tr><td>合计</td><td>13</td><td>—</td><td>—</td><td>2824</td><td>—</td><td>—</td><td>—</td></tr>
</table>

2)2006年版规划环评批复以来新沙港区规划实施情况

(1)新沙港区建设情况。

自2009年以来,新沙港区新增3个泊位,即新沙港区11~13号泊位;新增岸线长度824m,码头工程已建成,尚未通过竣工验收。

(2)新沙港区货物吞吐量变化情况。

2014—2021年,新沙港区货物吞吐量稳定在6000万t左右,占全港区货物吞吐量的比例逐年下降。

新沙港区2014—2021年货物吞吐量统计及占比情况见表2.2-14。新沙港区2014—2021年货物吞吐量如图2.2-3所示。

新沙港区 2014—2021 年货物吞吐量统计及占比情况　　表 2.2-14

| 年份(年) | 2014 | 2015 | 2016 | 2017 | 2018 | 2019 | 2020 | 2021 |
|---|---|---|---|---|---|---|---|---|
| 新沙港区吞吐量(万 t) | 6618 | 6538 | 6568 | 6627 | 6631 | 6120 | 6080 | 6411 |
| 占全港吞吐量百分比(%) | 13.82 | 13.15 | 12.67 | 11.72 | 11.32 | 10.36 | 10.16 | 10.49 |

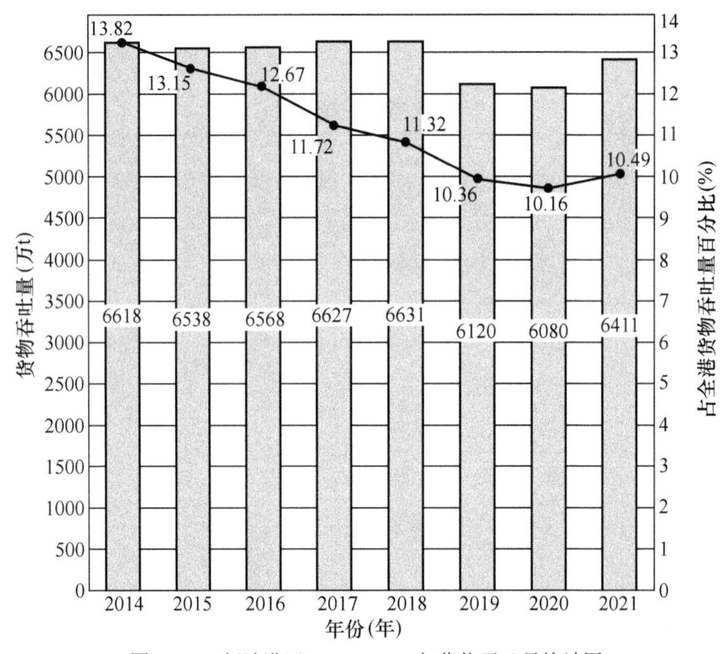


图 2.2-3　新沙港区 2014—2021 年货物吞吐量统计图

3)新沙港区建设情况分析

自 2006 年版规划环评批复以来,由于港区后方相继建成大型粮油加工区和五矿(麻涌)钢铁物流园,粮油、杂货海运需求旺盛,亟须眉配套建设大型通用码头。同时,由于集装箱船舶大型化发展,广州港以南沙港区为重点加快建设 10 万~15 万吨级超大型集装箱码头,新沙港区南部码头区原有的 5 万吨级集装箱码头定位已不适应广州港对其区域集装箱运输的发展布局。因此,广州市港务局在 2014 年已开始着手新沙港区南部作业区规划调整工作,将新沙港区南部码头区逐步调整为以服务后方临港产业为主,主要开展散粮、食用油、件杂货等物资运输,兼顾集装箱转驳运输的综合性码头区,并于 2016 年得到了交通运输部和广东省政府的联合批复(交规划函〔2016〕628 号)。根据 2008 年版规划和《广州港新沙港区南部码头区规划调整方案》,新沙港区规划内容及规划执行情况见表 2.2-15。从对比分析结果可知,新沙港区在规划执行过程中,规划落实情况较好,执行内容能够遵循规划要求。

新沙港区规划内容与规划执行情况 表 2.2-15

| 项目 | 规划内容 | 规划执行情况 | 分析结果 |
|---|---|---|---|
| 岸线利用 | 已开发岸线 2.1km,未开发岸线 1.4km | 新建 11~13 号泊位,目前已开发岸线 2.8km,未超出规划岸线范围 | 符合规划 |
| | 集装箱、散杂货 | 集装箱、散杂货 | 符合规划 |
| | 11~14 号泊位为通用泊位 | 11~13 号为通用泊位 | 符合规划 |
| | | 14 号泊位未建 | — |

### 2.2.4 南沙港区建设情况

1) 南沙港区发展现状

(1) 南沙港区码头建设现状。

南沙港区包括沙仔岛、小虎、芦湾、南沙四个作业区。沙仔岛作业区以汽车滚装、杂货运输为主;小虎作业区以能源、液体化工运输为主;芦湾作业区以杂货运输为主;南沙作业区以外贸集装箱运输为主,相应发展保税、物流、商贸等功能,并结合临港工业开发承担大宗散货的运输。

截至 2020 年底,南沙港区共拥有各类生产用泊位 123 个,码头总长度 20426m,合计泊位设计年通过能力为散装、件杂货物 9279 万 t 及集装箱 866 万 TEU,旅客 714 万人次,滚装商品汽车 1034 万辆。从各类生产用泊位分布看,南沙作业区有 58 个,芦湾作业区有 14 个,沙仔岛作业区有 3 个,小虎作业区有 48 个。从各专业泊位分布看,集装箱泊位及散装粮食全部集中在南沙作业区,成品油及液体化工泊位全部集中在小虎作业区,邮轮、客货滚装及普通客运泊位集中在芦湾及沙仔岛作业区。

2020 年南沙港区各作业区生产用泊位作业能力情况见表 2.2-16。

2020 年南沙港区各作业区生产用泊位作业能力情况 表 2.2-16

| 分作业区泊位 | 泊位长度(m) | 泊位个数(个) | 泊位设计年通过能力 | | | | | |
|---|---|---|---|---|---|---|---|---|
| | | | 散装、件杂货物 | 集装箱 | | 旅客 | 滚装商品汽车 | |
| | | | 万 t | 万 TEU | 万 t | 万人 | 万辆 | 万 t |
| 南沙港区合计 | 20426 | 123 | 9279 | 866 | 7159 | 714 | 1034 | 2068 |
| 南沙作业区小计 | 10175 | 58 | 2330 | 840 | 7159 | 0 | 0 | 0 |
| 其中:集装箱泊位 | 7790 | 43 | 0 | 840 | 7159 | 0 | 0 | 0 |

续上表

| 分作业区泊位 | 泊位长度（m） | 泊位个数（个） | 泊位设计年通过能力 | | | | | |
|---|---|---|---|---|---|---|---|---|
| | | | 散装、件杂货物 | 集装箱 | | 旅客 | 滚装商品汽车 | |
| | | | 万 t | 万 TEU | 万 t | 万人 | 万辆 | 万 t |
| 通用泊位 | 1048 | 4 | 770 | 0 | 0 | 0 | 0 | 0 |
| 散装粮食 | 1156 | 7 | 1560 | 0 | 0 | 0 | 0 | 0 |
| 其他泊位 | 181 | 4 | 0 | 0 | 0 | 0 | 0 | 0 |
| 小虎作业区小计 | 7025 | 48 | 6658 | 0 | 0 | 0 | 0 | 0 |
| 其中:煤炭泊位 | 1006 | 6 | 2638 | 0 | 0 | 0 | 0 | 0 |
| 成品油泊位 | 4013 | 27 | 3339 | 0 | 0 | 0 | 0 | 0 |
| 液体化工泊位 | 1361 | 8 | 681 | 0 | 0 | 0 | 0 | 0 |
| 其他泊位 | 645 | 7 | 0 | 0 | 0 | 0 | 0 | 0 |
| 芦湾作业区小计 | 2605 | 14 | 245 | 26 | 0 | 349 | 1000 | 2000 |
| 客货滚装泊位 | 260 | 4 | 0 | 0 | 0 | 4 | 1000 | 2000 |
| 普通客运泊位 | 849 | 3 | 0 | 0 | 0 | 270 | 0 | 0 |
| 邮轮泊位 | 770 | 2 | 0 | 0 | 0 | 75 | 0 | 0 |
| 多用途泊位 | 301 | 3 | 120 | 26 | 0 | 0 | 0 | 0 |
| 通用件杂货泊位 | 425 | 2 | 125 | 0 | 0 | 0 | 0 | 0 |
| 沙仔岛作业区小计 | 621 | 3 | 46 | 0 | 0 | 365 | 34 | 68 |
| 商品汽车滚装泊位 | 414 | 2 | 0 | 0 | 0 | 0 | 34 | 68 |
| 客货泊位 | 207 | 1 | 46 | 0 | 0 | 365 | 0 | 0 |

注:海嘉码头于2020年建成,本表未将其统计在内。

①南沙港区南沙作业区码头设施现状。

南沙港区南沙作业区(龙穴岛)内已建成的项目主要有广州港南沙港区一期工程、南沙港区二期工程、南沙港区三期工程、南沙港区粮食及通用码头工程、中船龙穴岛修造船基地、南沙港区物流园一期工程等,同时在建的项目还包括南沙港区四期工程、南沙港区粮食及通用码头扩建工程。

南沙港区一期工程:位于龙穴岛中部东顺岸。建设规模为4个5万吨级集装箱泊位,码头岸线长1400m,港区陆域纵深约1260m。

南沙港区二期工程:位于南沙港区一期工程南侧。建设规模为6个5万吨级集装箱泊位,码头岸线长度2100m。

南沙港区三期工程:位于南沙港区二期工程南侧。建设规模为2个7万吨级和4个10万吨级集装箱泊位(结构按靠泊15万吨级集装箱船设计),码头岸线长2218m;24个2000吨级集装箱驳船泊位,岸线总长1660m。

南沙港区粮食及通用码头工程:位于广州龙穴修造船基地南侧。建设规模为1个10万吨级和1个7万吨级粮食卸船泊位,1个7万吨级和3个5万吨级通用泊位,码头岸线长1618m;5个2000吨级粮食装船泊位,码头岸线长587m。

南沙港区四期工程(在建):位于龙穴岛中部挖入式港池内、南沙港区一期工程西侧。建设规模为2个10万吨级和2个5万吨级集装箱泊位(结构均按靠泊10万吨级集装箱船设计),码头岸线长度1460m;配套建设12个2000吨级驳船泊位,驳船码头岸线长度984m。

南沙港区粮食及通用码头扩建工程(在建):位于龙穴岛中部挖入式港池内、口门处北侧岸线,已建的南沙港区粮食及通用码头西南侧。建设规模为2个10万吨级通用泊位和1个4万吨级件杂货泊位,5个5000吨级驳船泊位。码头泊位岸线总长1293.7m,其中858m岸线按10万吨级设计,其余岸线按1万吨级设计。

②南沙港区小虎作业区码头设施现状。

小虎作业区已建成粤海石化、小虎石化、鸿业石化及珠江电厂配套码头等油品、化工、煤炭码头泊位48个。小虎岛已形成集约化、规模化的能源及石化基地。

③南沙港区芦湾作业区码头设施现状。

目前,南沙港区的通用码头主要分布于芦湾作业区,包括南伟码头、东发码头,主要拥有2个2.5万吨级、1个万吨级和3个千吨级泊位,以装卸集装箱、杂货、拆装箱等为主。南部为南沙客运码头、南沙游艇会和南沙国际邮轮码头。其中,南沙客运码头3个泊位,岸线总长200m,设计标准为年客运量160万人次;南沙国际邮轮码头建有1个10万总吨、1个22.5万总吨邮轮泊位及配套设施,岸线总长770m。

④南沙港区沙仔岛作业区码头设施现状。

沙仔岛作业区东侧岸线上,已建成沙仔岛汽车滚装码头3个3万吨级泊位,其中2个为汽车滚装泊位、1个客货泊位,码头总长度621m。其北侧南沙国际汽车物流园滚装码头于2020年建成投产,1个5万总吨及1个1万总吨汽车滚装泊位,码头岸线总长459m;南侧在建南沙港区近洋码头,2个5万吨级通用泊位、6个1000~3000吨级驳船泊位和2个工作船泊位。

(2)南沙港区岸线利用现状。

南沙港区范围覆盖小虎岛至龙穴岛之间岸段,为综合性港区,包括沙仔岛、小虎、芦湾、南沙四个作业区。原规划港口岸线总长度为72.3km,目前已建泊位岸线长20.90km。

其中,小虎、芦湾作业区港口岸线已基本开发完毕,南沙作业区(龙穴岛)是广州港今后可开发的优质港口岸线资源最集中的区域,目前龙穴岛东侧深水岸线开发程度较高。

南沙港区主要泊位建设情况见表2.2-17。

南沙港区主要泊位建设情况表(不包含工作船泊位)　　表 2.2-17

<table>
<tr><th>作业区</th><th colspan="2">码头名称</th><th>泊位个数(个)</th><th>泊位类型</th><th>设计靠泊能力(吨级)</th><th>泊位长度(m)</th><th>投产时间</th><th>经营单位</th><th>备注</th></tr>
<tr><td rowspan="16">南沙作业区</td><td colspan="2" rowspan="2">南沙港区一期码头</td><td>4</td><td>集装箱泊位</td><td>50000</td><td>1400</td><td rowspan="2">2009 年以前</td><td rowspan="2">广州港南沙港务有限公司</td><td>—</td></tr>
<tr><td>5</td><td>集装箱驳船泊位</td><td>2000</td><td>720</td><td>—</td></tr>
<tr><td colspan="2">南沙港区二期码头</td><td>6</td><td>集装箱泊位</td><td>50000</td><td>2100</td><td>2009 年以前</td><td>广州南沙海港集装箱码头有限公司</td><td>—</td></tr>
<tr><td colspan="2" rowspan="2">南沙港区三期码头</td><td>6</td><td>集装箱泊位</td><td>70000 ~ 100000</td><td>2218</td><td rowspan="2">2017 年</td><td rowspan="2">广州港股份有限公司南沙集装箱码头分公司</td><td>—</td></tr>
<tr><td>24</td><td>集装箱驳船泊位</td><td>2000</td><td>1660</td><td>—</td></tr>
<tr><td colspan="2" rowspan="4">粮食及通用码头</td><td>1</td><td>通用件杂货泊位</td><td>50000</td><td>293</td><td rowspan="4">2013 年</td><td rowspan="4">广州港股份有限公司南沙粮食通用码头分公司</td><td>—</td></tr>
<tr><td>3</td><td>通用散货泊位</td><td>50000 ~ 70000</td><td>755</td><td>—</td></tr>
<tr><td>2</td><td>散装粮食泊位</td><td>70000 ~ 100000</td><td>570</td><td>—</td></tr>
<tr><td>5</td><td>散装粮食驳船泊位</td><td>2000</td><td>587</td><td>—</td></tr>
<tr><td colspan="2" rowspan="2">粮食及通用码头扩建工程</td><td>3</td><td>通用件杂货泊位</td><td>40000 ~ 100000</td><td>800</td><td rowspan="2">在建</td><td rowspan="2">广州港股份有限公司</td><td>—</td></tr>
<tr><td>5</td><td>驳船泊位</td><td>5000</td><td>494</td><td>—</td></tr>
<tr><td colspan="2" rowspan="2">南沙港区四期工程</td><td>4</td><td>集装箱泊位</td><td>50000 ~ 100000</td><td>1460</td><td rowspan="2">在建</td><td rowspan="2">广州南沙联合集装箱码头有限公司</td><td>—</td></tr>
<tr><td>12</td><td>集装箱驳船泊位</td><td>2000</td><td>984</td><td>—</td></tr>
<tr><td rowspan="3">龙穴岛造船基地</td><td>文冲船厂</td><td>6</td><td>通用件杂</td><td>50000 ~ 300000</td><td>1739</td><td>2013 ~ 2016 年</td><td>广州文冲船舶修造有限公司</td><td>—</td></tr>
<tr><td>中船龙穴造船基地海洋工程区</td><td>8</td><td>舾装码头</td><td>100000</td><td>4500</td><td>2012 年</td><td>中船黄埔造船有限公司/广州黄船海洋工程有限公司</td><td>—</td></tr>
<tr><td>中船龙穴造船基地一期工程民品造船区项目</td><td>5</td><td>舾装码头</td><td>—</td><td>1380</td><td>2010 年</td><td>广船国际有限公司</td><td>—</td></tr>
</table>

续上表

| 作业区 | 码头名称 | 泊位个数（个） | 泊位类型 | 设计靠泊能力（吨级） | 泊位长度（m） | 投产时间 | 经营单位 | 备注 |
|---|---|---|---|---|---|---|---|---|
| 小虎作业区 | 东方电气码头 | 1 | 金属矿石泊位 | 2000 | 175 | 2009年以前 | 东方电气（广州）重型机器有限公司 | — |
| | 珠江电厂码头 | 3 | 煤炭泊位 | 1000～70000 | 421 | 2015年 | 广州发展燃料港口有限公司 | — |
| | 广州发展燃料码头 | 2 | 煤炭泊位 | 1500～50000 | 355 | 2009年以前 | | — |
| | | 3 | 其他泊位 | 1000～2000 | 202 | | | — |
| | 港发石化码头 | 3 | 成品油泊位 | 500～80000 | 615 | 2009年以前 | 广州港发石油化工码头有限公司 | — |
| | | 1 | 液体化工泊位 | 3000 | 118 | | | — |
| | | 1 | 液化石油气泊位 | 1000 | 105 | | | — |
| | 鸿业码头 | 7 | 成品油泊位 | 2000～80000 | 1069 | 2010年 | 广州港鸿业石化码头有限公司 | — |
| | 建滔码头 | 3 | 液体化工泊位 | 1000～50000 | 471 | 2009年以前 | 广州港建滔国际石油化工码头有限公司 | — |
| | 建滔化工码头 | 1 | 液体化工泊位 | 500 | 68 | 2009年以前 | — | — |
| | 华凯码头 | 1 | 液化石油气泊位 | 3000 | 130 | 2009年以前 | 广州华凯石油燃气有限公司 | — |
| | 小虎石化码头 | 10 | 成品油泊位 | 1000～100000 | 1527 | 2009年以前 | 广州小虎石化码头有限公司 | — |
| | | 1 | 液体化工泊位 | 5000 | 160 | | | — |
| | 忠信世纪码头 | 1 | 通用散货 | 1000(300)以下 | 33 | 2009年以前 | 广州忠信世纪玻纤有限公司 | — |

续上表

| 作业区 | 码头名称 | 泊位个数（个） | 泊位类型 | 设计靠泊能力（吨级） | 泊位长度（m） | 投产时间 | 经营单位 | 备注 |
|---|---|---|---|---|---|---|---|---|
| 小虎作业区 | 粤海码头 | 3 | 成品油泊位 | 500～2000 | 256 | 2009年以前 | 粤海(番禺)石油化工储运开发有限公司 | 粤海码头2019年7月全面停产改造，已拆除完毕，改建为广州LNG应急调峰站码头，布置1个LNG泊位。广州港南沙港区小虎作业区LNG应急调峰站码头规划调整方案已得到广州市批复，文号穗府函〔2021〕221号，项目已于2021年底开工建设 |
| | | 2 | 液体化工泊位 | 20000～30000 | 544 | 2009年以前 | | |
| | 华润电厂码头 | 1 | 煤炭泊位 | 35000 | 230 | 2010年 | 广州华润热电有限公司 | — |
| | 中石化码头 | 4 | 成品油泊位 | 1000～50000 | 546 | 2009年 | 中石化广东石油分公司小虎储备库 | — |

续上表

| 作业区 | 码头名称 | 泊位个数（个） | 泊位类型 | 设计靠泊能力（吨级） | 泊位长度（m） | 投产时间 | 经营单位 | 备注 |
|---|---|---|---|---|---|---|---|---|
| 芦湾作业区 | 南沙邮轮码头 | 2 | 邮轮泊位 | 100000～225000 | 770 | 2019年 | 广州港国际邮轮母港发展有限公司 | — |
| | 南沙客运码头 | 3 | 客运泊位 | 500 | 200 | 2009年以前 | 广州番禺莲花山港客运有限公司（南沙客运港） | — |
| | 虎门渡口码头 | 4 | 客货滚装泊位 | 2000 | 260 | 2009年以前 | 广东南沙虎门汽车渡轮有限公司 | 已停运 |
| | 南沙货运码头 | 1 | 多用途泊位 | 9000 | 181 | 2009年以前 | 广州南沙货运实业有限公司 | — |
| | 南伟码头 | 2 | 件杂货泊位 | 25000 | 425 | 2009年以前 | 广州南沙港口开发有限公司（南伟码头） | — |
| | 东发货运码头 | 2 | 多用途泊位 | 3000 | 120 | 2009年以前 | 广州南沙经济技术开发区东发货运码头有限公司 | — |
| 沙仔岛作业区 | 广州港南沙沙仔岛多用途码头 | 2 | 汽车滚装泊位 | 30000 | 414 | 2009年以前 | 广州港南沙汽车码头有限公司 | — |
| | | 1 | 客货泊位 | 30000 | 207 | | | — |
| | 广州港南沙国际汽车物流产业园配套码头 | 2 | 汽车滚装泊位 | 10000～50000 | 459 | 2020年 | 广州港海嘉汽车码头有限公司 | — |
| | 广州港南沙港区近洋码头 | 3 | 汽车滚装泊位 | 50000～70000 | 546 | 在建 | 广州近洋港口经营有限公司 | — |

2)南沙港区建设情况

(1)南沙港区建设情况。

2009年以后,南沙港区各个作业区均有项目实施,四个作业区共计建设泊位(含已建和在建)102个,泊位长度21729m。2009年以后建设项目具体情况见表2.2-18,2009年以后技术改造项目见表2.2-19。

**2009年至今南沙港区主要泊位建设情况表**(不包含工作船泊位)　表2.2-18

<table>
<tr><th>作业区</th><th colspan="2">码头名称</th><th>泊位个数(个)</th><th>泊位类型</th><th>设计靠泊能力(吨级)</th><th>泊位长度(m)</th><th>投产时间(年)</th><th>经营单位</th></tr>
<tr><td rowspan="13">南沙作业区</td><td colspan="2" rowspan="2">南沙港区三期码头</td><td>6</td><td>集装箱泊位</td><td>70000～100000</td><td>2218</td><td rowspan="2">2017</td><td rowspan="2">广州港股份有限公司南沙集装箱码头分公司</td></tr>
<tr><td>24</td><td>集装箱驳船泊位</td><td>2000</td><td>1660</td></tr>
<tr><td colspan="2" rowspan="4">粮食及通用码头</td><td>1</td><td>通用件杂货泊位</td><td>50000</td><td>293</td><td rowspan="4">2013</td><td rowspan="4">广州港股份有限公司南沙粮食通用码头分公司</td></tr>
<tr><td>3</td><td>通用散货泊位</td><td>50000～70000</td><td>755</td></tr>
<tr><td>2</td><td>散装粮食泊位</td><td>70000－100000</td><td>570</td></tr>
<tr><td>5</td><td>散装粮食驳船泊位</td><td>2000</td><td>587</td></tr>
<tr><td colspan="2" rowspan="2">粮食及通用码头扩建工程</td><td>3</td><td>通用件杂货泊位</td><td>40000～100000</td><td>800</td><td rowspan="2">在建</td><td rowspan="2">广州港股份有限公司</td></tr>
<tr><td>5</td><td>驳船泊位</td><td>5000</td><td>494</td></tr>
<tr><td colspan="2" rowspan="2">南沙港区四期工程</td><td>4</td><td>集装箱泊位</td><td>50000～100000</td><td>1460</td><td rowspan="2">在建</td><td rowspan="2">广州南沙联合集装箱码头有限公司</td></tr>
<tr><td>12</td><td>集装箱驳船泊位</td><td>2000</td><td>984</td></tr>
<tr><td rowspan="3">龙穴岛造船基地</td><td>中船龙穴造船基地海洋工程区</td><td>8</td><td>舾装码头</td><td>100000</td><td>4500</td><td>2012</td><td>中船黄埔造船有限公司/广州黄船海洋工程有限公司</td></tr>
<tr><td>文冲船厂</td><td>6</td><td>通用件杂</td><td>50000～300000</td><td>1739</td><td>2013～2016</td><td>广州文冲船舶修造有限公司</td></tr>
<tr><td>中船龙穴造船基地一期工程民品造船区项目</td><td>5</td><td>舾装码头</td><td>—</td><td>1380</td><td>2010</td><td>广船国际有限公司</td></tr>
</table>

续上表

| 作业区 | 码头名称 | 泊位个数（个） | 泊位类型 | 设计靠泊能力（吨级） | 泊位长度（m） | 投产时间（年） | 经营单位 |
|---|---|---|---|---|---|---|---|
| 小虎作业区 | 珠江电厂码头 | 3 | 煤炭泊位 | 1000～70000 | 421 | 2015 | 广州发展燃料港口有限公司 |
| | 鸿业码头 | 7 | 成品油泊位 | 2000～80000 | 1069 | 2010 | 广州港鸿业石化码头有限公司 |
| | 华润电厂码头 | 1 | 煤炭泊位 | 35000 | 230 | 2010 | 广州华润热电有限公司 |
| | 广州 LNG 应急调峰站码头 | 1 | LNG 泊位 | 近期：14.7 万 $m^3$；远期：18 万 $m^3$ | 330 | 在建 | 粤海石化 |
| 芦湾作业区 | 南沙邮轮码头 | 2 | 邮轮泊位 | 100000～225000 | 770 | 2019 | 广州港国际邮轮母港发展有限公司 |
| 沙仔岛作业区 | 广州港南沙国际汽车物流产业园配套码头 | 2 | 汽车滚装泊位 | 10000～50000 | 459 | 2020 | 广州港海嘉汽车码头有限公司 |
| | 广州港南沙港区近洋码头 | 3 | 汽车滚装泊位 | 50000～70000 | 1340 | 在建 | 广州近洋港口经营有限公司 |
| 合计 | | 97 | — | | 20490 | — | |

南沙港区(2009—2021年)主要改造工程情况表

表2.2-19

| 码头名称 | 改扩建目的 | 工程内容 | 改造前 | 改造后 | 改造时间(年) |
|---|---|---|---|---|---|
| 粤海石化码头 | 改建广州LNG应急调峰站码头 | 拆除原有码头,改建LNG码头 | 3个成品油泊位,2个液体化工泊位 | 1个LNG泊位 | 2019至今 |
| 鸿业码头 | 增加化工品装卸功能 | 增设化工品专用装卸臂和管线 | 装卸货种为成品油 | 装卸货种为成品油和化工品 | 2011—2013 |
| 小虎石化码头 | 增设作业设施 | 增设12个装卸臂,增配16根复合软管及10根输送管道 | 装卸臂23个 | 装卸臂35个 | 2012 |
| | | | 复合软管24根 | 复合软管40根 | |
| | | | 物料输送管道35条 | 物料输送管道45条 | |
| 南沙货运码头 | 结构加固改造 | 码头结构加固<br>停泊水域拓宽 | 泊位长度180.5m | 泊位长度202m | 2016 |
| | | | 停泊水域宽度42m | 停泊水域宽度56m | |
| 粮食及通用码头 | 矿渣粉装卸系统技改项目(一次技改) | 新增3套矿渣粉输送系统 | — | 新增3套矿渣粉输送系统(包括卸船系统、气力输送系统和装船系统) | 2014 |
| | | | | 装卸产生的粉尘抽风收集并经布袋除尘器处理达标后有组织排放 | |

续上表

| 码头名称 | 改扩建目的 | 工程内容 | 改造前 | 改造后 | 改造时间（年） |
|---|---|---|---|---|---|
| 粮食及通用码头 | 水渣粉装卸系统的技术改造（二次技改） | 过驳物料由矿渣粉改成水渣粉对装船系统和卸船系统进行改造 | 矿渣粉装卸 | 水渣粉装卸 | 2017 |
| | | | 卸船系统：门机、料斗、袋式除尘器、料筒 | 卸船系统：2 套轨道移动式螺旋卸船机 | |
| | | | 气力输送系统 | 2 台固定式皮带输送机 | |
| | | | 2 号装船系统：旋风筒、袋式除尘器、装船伸缩罩 | 2 号装船系统：螺旋输送式新增 1 个 500$m^3$ 中途储料罐及附属的提升机 | |
| | 3～9 号仓库建设 | 新建 7 栋仓库 | — | 3 号：钢杂仓库 | 2013—2018 |
| | | | — | 4 号、5 号、6 号、9 号：散粮平仓 | |
| | | | | 7 号、8 号：纸浆仓库 | |
| | 筒仓二期工程 | 新建筒仓 | | 新建设 26.7 万 t 立筒仓，14 万 t 浅圆仓 | 2017 |
| | 道路硬化及污水改造工程 | 破损道路修复、硬化，设置堆场内洗车点，雨水收集处理 | — | 设置两处堆场内洗车点 | 2018 |
| | | | 堆场内无洗车点 | 堆场内径流雨水收集至本项目新建污水处理站处理，达标后回用 | |
| | | | 雨水经雨水管网直接排海 | | |

(2)南沙港区货物吞吐量变化情况。

近年来,南沙港区货物吞吐量保持较快增长态势,占广州港货物吞吐量的一半以上,南沙港区是广州港主要发展的港区。南沙港区(2014—2020年)货物吞吐量统计及占比情况见表2.2-20。

**南沙港区(2014—2020年)货物吞吐量统计及占比情况** 表2.2-20

| 年份(年) | 2014 | 2015 | 2016 | 2017 | 2018 | 2019 | 2020 | 2021 |
|---|---|---|---|---|---|---|---|---|
| 南沙港区货物吞吐量(万t) | 25215 | 28161 | 30392 | 33462 | 35645 | 33198 | 34267 | 35505 |
| 占全港货物吞吐量百分比(%) | 52.67 | 56.64 | 58.65 | 59.20 | 60.85 | 56.18 | 57.28 | 58.11 |

2014—2021年南沙港区货物吞吐量及占广州港货物吞吐量比例变化情况如图2.2-4所示。

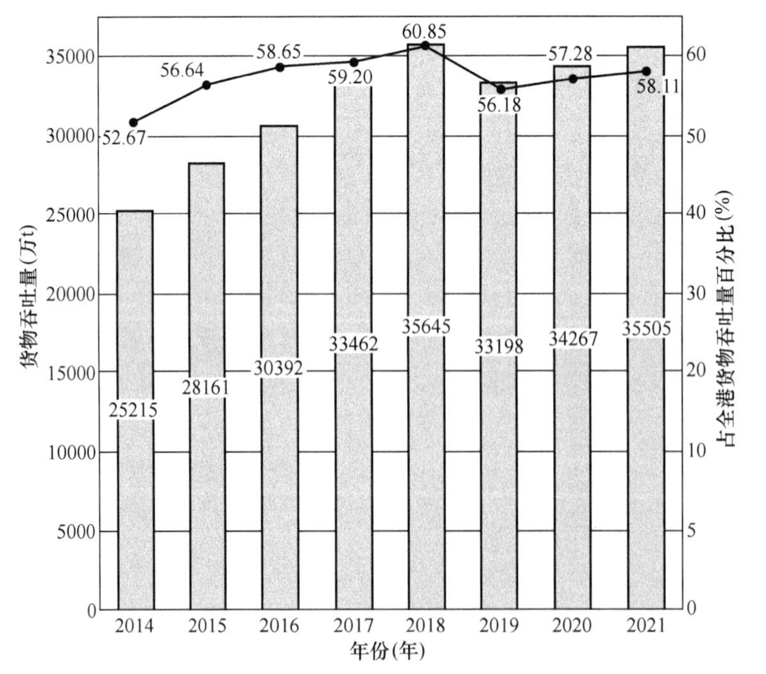


图2.2-4 2014—2021年南沙港区货物吞吐量及占广州港货物吞吐量比例变化情况

3)南沙港区建设情况分析

自2006年版规划环评批复以来,南沙港区规划方案做过两次调整。第一次调整是在2016年,主要调整内容如下:

①将南沙港区芦湾作业区南部原规划的1400m“旅游和城市景观”岸线和200m“客运码头”岸线调整为“邮轮和客运码头”岸线；

②将南沙港区南沙作业区中部挖入式港池口门西侧原规划的“钢铁、散杂泊位”岸线调整为“集装箱码头”岸线；

③将南沙港区南沙作业区南部顺岸南沙三期下游原规划的1483m“集装箱码头和散货码头”岸线调整为“通用码头”岸线。此次调整于2016年得到了交通运输部和广东省政府的联合批复（交规划函〔2016〕627号）。第二次调整是在2021年，主要调整内容是将小虎作业区原粤海石化码头的港口岸线功能调整为LNG应急调峰运输功能。此次调整于2021年得到广州市人民政府的批复（穗府函人民政府〔2021〕221号）。

根据2018年版规划、《广州港南沙港区规划调整方案》和《广州港南沙港区小虎作业区LNG应急调峰站码头规划调整方案》，南沙港区规划内容与规划执行情况见表2.2-21。从表中结果可知，南沙港区在规划执行过程中，规划落实情况良好，执行内容能够遵循规划要求。

### 2.2.5　航道和锚地

1）航道和锚地现状

（1）航道现状。

广州港航道由广州港出海航道和广州港内港航道组成。广州港内港航道指广州港内港港区范围的航道，主要包括西河道、东河道、白沙河、沙贝海、南河道、沥滘航道、东洛围水道、小洲水道、官洲水道、仑头水道、三枝香水道、员岗南水道、新造水道、海心岗水道、汾水头水道、铁桩水道、浮莲岗水道、小虎沥水道、龙穴南水道、凫洲水道等，总长约170km，目前可通航5000吨级以下的船舶。

广州港出海航道自珠江口桂山锚地至黄埔港区，沿经珠海、深圳、中山、东莞等市，全长约153km，包括大濠水道、榕树头水道、伶仃航道、川鼻航道、大虎航道、坭洲航道、莲花山东航道、莲花山西航道、新沙航道、赤沙航道、大濠洲航道和黄埔航道。其中，珠江口至南沙港区的航道有效宽度为255m，底高程－13.0m，可满足5万吨级船舶满载双向乘潮通航、10万吨级集装箱船单向乘潮通航需要。南沙港区以北至西基掉头区航段航道底宽为160m，底高程－13.0m，可满足5万吨级船舶乘潮进港需要；三期工程从南沙往外拓宽至有效宽度385m，底高程－17.0m，可满足10万吨级集装箱船与15万吨级集装箱船（减载）双向通航需要。

南沙港区规划内容与规划执行情况

表 2.2-21

| 项目 | | 规划内容 | 规划执行情况 | 分析结果 | 备注 |
| --- | --- | --- | --- | --- | --- |
| 岸线利用 | 沙仔岛段 | 规划港口岸线 4.1km,已开发岸线 0.6km | 新建南沙国际汽车物流园滚装码头和近洋码头,码头岸线总长 1km,全部位于规划港口岸线内 | 符合规划 | — |
| | 小虎岛东端至虎门渡口段 | 规划港口岸线 4.8km,已开发岸线 2.6km | 新建珠江电厂码头和鸿业码头,均为栈桥式码头,利用已开发岸线 | 符合规划 | — |
| | | | 华润电厂码头位于小虎岛东北岸,码头岸线长 230m,不在规划港口岸线范围内 | — | 广州港务局在 2007 年出具了《关于对广州华润热电有限公司电厂专用煤码头选址意见的复函》(穗港局函〔2007〕30 号) |
| | | | 拆除粤海石化码头,改建广州 LNG 应急调峰站码头 | 符合规划 | — |
| | 虎门渡口至大角咀段 | 规划港口岸线 3.4km,已开发岸线 0.95km;南部原规划的 1400m“旅游和城市景观”岸线和 200m“客运码头”岸线调整为“邮轮和客运码头”岸线 | 新建南沙邮轮码头,码头岸线长 770m,位于规划调整方案中的邮轮和客运码头岸线内 | 符合规划 | — |
| | 龙穴岛段 | 规划港口岸线 52.4km,已开发岸线 1.4km | 新建南沙港区三期、南沙港区四期、粮食及通用码头、粮食及通用码头扩建及龙穴岛造船基地等工程,全部位于规划港口岸线内 | 符合规划 | — |

续上表

| 项目 | | 规划内容 | 规划执行情况 | 分析结果 | 备注 |
|---|---|---|---|---|---|
| 功能 | 沙仔岛作业区 | 以汽车滚装、杂货运输为主 | 新建的南沙国际汽车物流园滚装码头和近洋码头均为汽车滚装泊位 | 符合规划 | — |
| | 小虎作业区 | 以能源、液体化工运输为主 | 以能源、液体化工运输为主 | 符合规划 | — |
| | 芦湾作业区 | 以杂货运输为主 | 以杂货运输为主 | 符合规划 | — |
| | 南沙作业区 | 以外贸集装箱运输为主,相应发展保税、物流、商贸等功能,并结合临港工业开发承担大宗散货的运输 | 以外贸集装箱运输为主,相应发展保税、物流、商贸等功能,并结合临港工业开发承担大宗散货的运输 | 符合规划 | — |
| 陆域布局 | 沙仔岛作业区 | 陆域纵深平均约 800m,规划港区用地 3. 11km$^2$ | 新建的南沙国际汽车物流园滚装码头和近洋码头均位于规划港区范围内 | 符合规划 | — |
| | 小虎作业区 | 在已建粤海石化油码头下游布置 2 个 8 万吨级油码头,码头内侧布置 4 个 1000 ~ 3000 吨级油气化工船泊位 | 粤海石化码头下游建有小虎石化码头和中石化码头。<br>中石化码头有 4 个泊位,5 万吨级泊位 1 个、3000 吨级泊位 1 个、1000 吨级泊位 2 个。<br>小虎石化码头有 10 个泊位,5 万吨级泊位 2 个,2 万吨级泊位 1 个,5000 吨级泊位 1 个,3000 吨级泊位 2 个,1000 吨级泊位 5 个 | 码头功能定位符合规划,泊位等级和数量有调整 | 小虎石化码头共分两期建设,并于 2007 年同期办理竣工环保验收;<br>中石化码头 2009 年办理竣工环保验收 |
| | | 在珠江电厂岸线以北、小虎沥水道出口处规划布置 2 个 5 万吨级油品化工码头,码头与陆地以栈桥相连,码头内侧在栈桥两侧布置小船泊位,港区后方陆域与石化工业区统一布置 | 码头未建,后方陆域为石化工业区 | 符合规划 | — |

续上表

| 项目 | | 规划内容 | 规划执行情况 | 分析结果 | 备注 |
|---|---|---|---|---|---|
| 陆域布局 | 小虎作业区 | 珠江电厂码头至虎门渡口岸线长 1.5 公里,规划为港口岸线 | 该段岸线未开发 | 符合规划 | — |
| | 芦湾作业区 | 规划岸线长 3.2km,陆域纵深约 400 m,规划用地 12.8 万 $m^2$ | 虎门大桥上游段维持原状,虎门大桥下游段新建了南沙邮轮码头 | 符合规划 | — |
| | 南沙作业区 | 龙穴岛围垦区东侧、中部挖入式港池口门以南的 6km 岸线水深条件较好,作为近期发展区 | 南沙港区一期工程、南沙港区二期工程及南沙港区三期工程均利用中部挖入式港池口门以南岸线 | 符合规划 | — |
| | | 北部挖入式港池口门南端至中部挖入式港池口门北端 5.8km 为港口岸线和造船基地岸线,也作为近期发展区 | 该段已建成龙穴岛造船基地和粮食及通用码头 | 符合规划 | — |
| | | 东南端 3km 水深较浅,陆域纵深相对较小,淤积量相对大,规划为远期发展岸线 | 尚未开发 | 符合规划 | — |
| | | 北部和中部挖入式港池内的港口岸线作为规划预留岸线 | 北部挖入式港池内的港口岸线未开发;中部挖入式港池有两个项目在建,分别是南沙粮食及通用码头扩建工程和南沙港区四期工程 | 符合规划 | — |
| | | 顺岸码头和挖入式港池码头前沿线纵深 700~1400m 范围的陆域作为码头作业区,余下的后方纵深作为仓储及物流发展区 | 码头作业区陆域纵深在 700~1400m 之间 | 符合规划 | — |
| | | 龙穴南水道东侧岸线作为江海联运泊位岸线,陆域纵深 350m | 尚未开发 | 符合规划 | — |

广州港出海航道概况见表2.2-22。

广州港出海航道概况 表2.2-22

| 航道段名称 | 长度(km) | 底高程(m) | 有效宽度(m) | 边坡 | 备注 |
| --- | --- | --- | --- | --- | --- |
| 大濠水道 | 18.8 | -17.0 | 385 | 1:7 | 部分人工航槽 |
| 伶仃航道G点以南 | 51.1 | -17.0 | 385 | 1:7 | 人工航槽 |
| 伶仃航道G点以北 | | -13.0 | 160 | 1:5 | |
| 川鼻航道 | 11.9 | -13.0 | 160 | 1:5 | 人工航槽 |
| 大虎航道 | 8.2 | -13.0 | 160 | 1:5 | 人工航槽 |
| 坭洲航道 | 8.6 | -13.0 | 160 | 1:5 | 人工航槽 |
| 莲花山东航道 | 7.7 | -13.0 | 160 | 1:5 | 人工航槽 |
| 新沙航道 | 7.1 | -13.0 | 160 | 1:5 | 人工航槽 |

(2)锚地。

广州港虎门内有西河道、南河道、海心岗、新造、黄埔、大濠洲、莲花山、坭洲头、大虎9处锚地,锚地面积8.12km$^2$,底高程-5~-13m。虎门外有舢板洲沙角、伶仃、大屿山、桂山、三门岛、大坦尾6处锚地,锚地面积185.47km$^2$,底高程-10~-30m。珠江口外锚地包括蜘洲岛南大型船舶候潮、引航、检疫、防台锚地,大担尾引航、候泊、防台锚地,三门岛超大型船舶作业、防台锚地(2个,编号7SM和8SM),担杆列岛超大型船舶作业、防台锚地,以及数个外轮应急防台锚地和钻井平台船舶临时检修、防台锚地。

2)航道及锚地建设过程回顾

(1)航道建设过程回顾。

自2006年版规划环评以来,广州港已实施了出海航道三期工程、深水航道拓宽工程,将珠江口至南沙港区航道等级由2006年版规划环评阶段的5万吨级双向航道提高至10万吨级与15万吨级(不满载)双向航道。环大虎岛公用航道工程已于2021年开工,待工程竣工后,可将南沙港区至大虎岛航道等级由5万吨级双向航道提升至8万吨级油船及7万吨级散货船单向乘潮通航。

表2.2-23为广州港出海航道建设情况一览表。

广州港出海航道建设情况一览表　　表2.2-23

| 项目名称 | 工程内容 | 实施时间（年） | 航道等级 |
|---|---|---|---|
| 广州港出海航道三期工程 | 珠江口至南沙港区，全长约71.84km，设计底高程-17m、有效宽度243m，疏浚总工程量7300万$m^3$（不含超挖量） | 2006—2012 | 由5万吨级双向航道提升至10万吨级单向通航 |
| 广州港深水航道拓宽工程 | 珠江口至南沙港区，全长约73.3km，设计底高程-17m，有效宽度385km | 2016—2020 | 由10万吨级单向航道提升至10万吨级与15万吨级（不满载）双向通航 |
| 环大虎岛公用航道工程 | 南沙港区至大虎岛，全长33.3km，其中小虎岛作业区至龙穴岛作业区主航道长度约27.2km（含会遇段HJ段12.1km），通航宽度242m（会遇段300m），设计底高程-14.6m；环大虎岛西侧公用航道长度约6.1km，通航宽度195m，底高程-13.9m | 2021至今 | 主航道：8万吨级油船及7万吨级散货船单向乘潮通航、舱容14.7万$m^3$液化天然气船单向全潮通航的标准建设（会遇段同时满足5万吨级油船与5万吨级集装箱船会遇全潮通航要求）<br>公用航道：8万吨级油船及7万吨级散货船单向乘潮通航 |

（2）锚地建设过程回顾。

自2006年版规划环评以来，广州港无新增锚地。

3）航道规划执行情况分析

广州港出海航道三期工程建成后，航道尺度已达到规划设计标准：底高程-17.0m，有效宽度243m，可满足10万吨级集装箱船不乘潮单向通航、5万吨级集装箱船不乘潮双向通航的要求，兼顾12万吨级散货船乘潮单向通航的要求。但由于航道宽度不足，南沙港区以南至珠江口外海的航道对于超过5万吨级的船舶也仍将只能作为单向航道使用，当一艘5万吨级以上船舶驶入本航段后，必须待该船驶出航道后，与其航行方向相反的5万吨级以上大型船舶才能驶入本航道。这将对港口生产造成很大的影响，无法充分发挥航道的效益，与该航道作为广州港、深圳港西部港区、虎门港和中山港共用的水运“大动脉”的地位和要求是极不相符的。

此外，清洁能源在经济发展中的占比逐步加大，近年已有舱容1万~8万$m^3$的中小型LNG船经广州港出海航道进出虎门港，而LNG船舶在航道中航行时需采取航行管制措施，影响航道通过能力，使得原本十分繁忙的广州港出海航道

**广州港各港区实施情况**

表 2.2-24

| 港区名称 | 作业区名称 | 泊位数量(个) | | 泊位长度(km) | | | 货物吞吐量(亿 t) | | |
|---|---|---|---|---|---|---|---|---|---|
| | | 规划环评阶段(2008 年底) | 现状(2020 年) | 规划环评阶段(2008 年底) | 规划(2020 年) | 现状(2020 年) | 规划环评阶段(2008 年底) | 规划(2020 年) | 现状(2020 年) |
| 内港港区 | | 425 | 374 | 13.5 | 13.5 | 13.9 | — | 0.222 | 0.141 |
| 黄埔港区 | | 123 | 123 | 9.0 | 9.0 | 13.77 | — | 1.365 | 1.807 |
| 其中 | 老港作业区 | — | 53 | 5.20 | 5.2 | 5.76 | — | — | — |
| | 新港作业区 | — | 54 | 3.80 | 3.8 | 6.55 | — | — | — |
| | 莲花山作业区 | — | 16 | — | — | 1.46 | — | — | — |
| 新沙港区 | | 10 | 13 | 2.10 | 3.5 | 2.82 | — | 0.938 | 0.608 |
| 南沙港区 | | 63 | 123 | 10.79 | 64.7 | 20.90 | — | 3.410 | 3.427 |
| 其中 | 沙仔岛作业区 | 3 | 3 | 0.62 | 4.1 | 1.08 | — | — | — |
| | 小虎作业区 | 33 | 48 | 4.76 | 4.8 | 7.03 | — | — | — |
| | 芦湾作业区 | 12 | 14 | 1.19 | 3.4 | 2.61 | — | — | — |
| | 南沙作业区 | 15 | 58 | 4.22 | 52.4 | 10.18 | — | — | — |
| 合计 | | 621 | 633 | 35.39 | 90.7 | 51.39 | 3.47 | 5.935 | 5.983 |

表 2.2-25

**广州港出海航道实施情况**

| 航道段名称 | 长度(km) | | 底高程(m) | | 通航宽度(m) | |
|---|---|---|---|---|---|---|
| | 规划环评阶段（2008 年底） | 现状（2020 年） | 规划环评阶段（2008 年底） | 现状（2020 年） | 规划环评阶段（2008 年底） | 现状（2020 年） |
| 口门航道 | 6.1 | 6.1 | 自然水深 | -17.0 | — | 385 |
| 大濠水道分道通航区 | 14.6 | 14.6 | 自然水深 | -17.0 | — | 385 |
| 大濠航道 | 5.0 | 5.0 | 自然水深 | -17.0 | — | 385 |
| 伶仃航道 CD 段 | 9.1 | 9.1 | -13.0 | -17.0 | 160 | 385 |
| 伶仃航道 DE 段 | 6.0 | 6.0 | -13.0 | -17.0 | 160 | 385 |
| 伶仃航道 EF 段 | 9.6 | 9.6 | -13.0 | -17.0 | 160 | 385 |
| 伶仃航道 FG 段 | 16.4 | 16.4 | -13.0 | -17.0 | 160 | 243 |
| 伶仃航道 GH 段 | 10.2 | 10.2 | -13.0 | -13.0 | 160 | (160) |
| 川鼻航道 | 11.9 | 11.9 | -13.0 | -13.0 | (160) | (160) |
| 大虎航道 | 8.2 | 8.2 | -13.0 | -13.0 | (160) | (160) |
| 坭洲头航道 | 8.6 | 8.6 | -13.0 | -13.0 | (160) | (160) |
| 莲花山东航道 | 7.7 | 7.7 | -13.0(-13.2) | -13.0(-13.2) | (160) | (160) |
| 新沙航道 | 7.1 | 7.1 | -13.0 | -13.0 | (160) | (160) |

不堪重负。因此,在广州港出海航道三期工程基础上,实施了广州港深水航道拓宽工程,航道等级提升至10万吨级与15万吨级(不满载)双向通航,底高程保持-17.0m不变,航道有效宽度拓宽至385m。国家发展改革委于2014年3月28日批复了广州港深水航道拓宽工程项目建议书,环境保护部于2015年7月批复了该项目的环评报告书(文号为环审〔2015〕179号),广州市港务局于2021年9月组织通过了该项目的竣工环保验收。

环大虎岛公用航道工程已于2020年12月取得广东省生态环境厅关于项目环境影响报告书的批复,批复文号为粤环审〔2020〕282号。

### 2.2.6 与规划指标对比

广州港各港区实施情况见表2.2-24,广州港出海航道实施情况见表2.2-25。从数据对比分析可知,广州港开发岸线已过半,实际货物吞吐量已超过规划预测值。

## 2.3 广州港后续实施情况

### 2.3.1 内港港区

内港港区今后仍以功能调整为主,强化客运功能,弱化货运功能。

### 2.3.2 黄埔港区

黄埔港区正在开展规划调整工作,根据《广州港黄埔港区规划调整方案》(2022年5月送审稿),调整后黄埔港区包括老港作业区、新港作业区和莲花山作业区。

1)功能定位

(1)老港作业区:根据城市规划发展和新港区建设进程,分步骤有序推进货运码头转型升级,近期保留必要的服务城市生产生活的集装箱运输功能,重点发展邮轮、客运、游艇及客滚等功能,适当发展港口支持系统及应急保障功能,打造高端航运产业集群,是广州港邮轮产业发展的重要组成部分。

(2)新港作业区:是广州港黄埔港区主力货运作业区,根据城市发展、临港产业、港口生产、环保安全等要求,推进码头升级改造。以保障城市生活物流、服务临港产业、提升铁水联运功能为主,完善集装箱、件杂货、散货(煤炭和粮食等)、石油化工等运输服务。

(3)莲花山作业区:主要服务临港产业、城市生活物流以及珠江内河中转。结合港口生产、环保安全等要求,推进现代化码头建设和现有码头技术改造。重点发展集装箱、件杂货、滚装运输功能,优化发展客运、游艇等服务功能。

2)岸线利用

本次规划调整拟将老港作业区岸线功能结合城市发展要求逐步转型升级；保留新港作业区岸线原功能，但加强技术改造，使岸线利用更集约高效；同时新设立莲花山作业区，将番禺化龙、浮莲岗水道沿岸、海鸥岛等区域的港口岸线纳入，统筹调整至黄埔港区范围内。

黄埔港区岸线利用规划汇总表见表2.3-1。

**黄埔港区岸线利用规划汇总表**(单位:m)　　表2.3-1

| 序号 | 岸线名称 | 岸线起讫点 | 规划利用岸线长度 | 已利用岸线长度 | 规划用途 |
|---|---|---|---|---|---|
| 一 | 老港作业区 | | 9795 | 7128 | — |
| 1 | 鱼珠岸线 | 穗林码头至广浚黄埔码头 | 2860 | 1942 | 港口滨水休闲、客运、游艇岸线 |
| 2 | 黄埔老港岸线 | 广州港黄埔老港码头 | 1920 | 2224 | 邮轮、客运、游艇、预留客滚岸线 |
| 3 | 中外运岸线 | 中外运黄埔仓码 | 450 | 450 | 港口滨水休闲岸线 |
| 4 | 文冲岸线 | 文冲船厂码头及船坞 | 1560 | 1168 | 港口滨水休闲、客运、游艇岸线 |
| 5 | 广裕储运岸线 | 广裕储运码头 | 200 | 104 | 港口支持系统岸线 |
| 6 | 中远船务岸线 | 中远船务码头 | 405 | 405 | 港口滨水休闲(兼顾应急保障)岸线 |
| 7 | 洪圣沙岸线 | 洪圣沙岛 | 2400 | 835 | 港口滨水休闲(部分兼顾应急保障)、客运、游艇岸线 |
| 二 | 新港作业区 | | 7427.6 | 7427.6 | — |
| 1 | 黄埔大桥至东江口段岸线 | 集通仓码至广州集装箱码头 | 4995 | 4995 | 集装箱、多用途、通用、液体化工、成品油、煤炭、散装粮食及其他码头岸线 |
| 2 | 东江口至东江大桥段岸线 | 广州集装箱码头至广保通码头 | 2432.6 | 2432.6 | 集装箱、多用途、通用、成品油及其他码头岸线 |

续上表

| 序号 | 岸线名称 | 岸线起讫点 | 规划利用岸线长度 | 已利用岸线长度 | 规划用途 |
| --- | --- | --- | --- | --- | --- |
| 三 | 莲花山作业区 | | 6350 | 1809 | — |
| 1 | 龙沙岸线 | 龙沙码头 | 1100 | 420 | 多用途岸线 |
| 2 | 浮莲岗水道岸线 | 海鸥大桥下游莲花山客运港、番港 货运、粤丰仓储、番龙码头等 | 2250 | 844 | 集装箱、通用、件杂货、客运、游艇岸线 |
| 3 | 海鸥岛岸线 | 海鸥岛 | 3000 | 545 | 港口滨水休闲、客运、游艇及海上救助、打捞基地、渔政基地、海警码头岸线 |
| 合计 | | | 23572.6 | 16364.6 | — |

注:在具体项目建设阶段,邮轮、客运、游艇、客滚、港口支持系统及应急保障、港口滨水休闲岸线、海上救助、打捞基地等泊位数量、岸线长度、布置方案需结合城市规划及发展需求进一步论证,陆域用地位置及布局在具体项目实施阶段结合城市发展情况优化调整。

3)陆域布置规划

(1)老港作业区布置规划。

结合城市发展需求,老港作业区主要规划邮轮、客运、客滚、游艇、港口支持系统及应急保障等功能,近期退出环境影响较大的散杂货货种,保留城市物流配送所需的集装箱货运,远期将全部退出港口货运功能,各码头布置规划如下。

鱼珠岸线段位于穗林码头至广浚黄埔码头,自然岸线长2860m,结合城市发展需要逐步转型升级,规划发展港口滨水休闲、客运及游艇功能。其中,客运岸线后方规划500～1000m$^2$的配套陆域,游艇岸线后方规划3000～6000m$^2$的配套陆域。

黄埔老港岸线段现有黄埔老港1～8号泊位,码头岸线长1920m,主要经营集装箱和件杂货运输。结合老港区转型升级的货物转移至其他港区的承接能力,黄埔老港码头1～4号泊位及港口支持系统岸线1185m,规划逐步退出港口散杂货装卸功能,远期转型发展邮轮及客运功能;黄埔老港码头5～8号泊位岸线735m,规划近期保留现有集装箱货运功能,远期预留发展客滚、客运及游艇功能。邮轮、客滚及客运码头岸线需要配套客运、集疏运以及旅游休闲等用地,其中邮轮码头岸线后方规划45000～50000m$^2$的配套陆域,陆域纵深约100m;客滚码头岸线后方规划6000～10000m$^2$的配套陆域;客运及游艇岸线后方规划3000～6000m$^2$的配套陆域。

中外运岸黄埔仓码头段岸线长约450m，规划近期保留现有集装箱货运功能，结合城市发展、新港区建设、保障集装箱运输功能有序转移等要求，远期逐步发展为港口滨水休闲岸线。

文冲船厂及船坞码头段岸线长约1560m，结合城市发展需要逐步转型升级，规划发展港口滨水休闲、客运及游艇功能。其中，客运岸线后方规划500～1000m$^2$的配套陆域，游艇岸线后方规划3000～6000m$^2$的配套陆域。

广裕储运岸线规划码头岸线200m，结合城市发展需要逐步转型升级，规划发展港口支持系统功能，陆域纵深为50～80m。

中远船务码头段岸线长约405m，结合城市发展和修造船业需要逐步转型升级，规划发展港口滨水休闲功能，兼顾应急保障功能。

洪圣沙码头段原规划自然岸线长度约2400m，已建港口设施岸线835m，根据城市发展需要，目前现有码头岸线已全部退出货运功能。结合城市发展需要逐步转型升级，规划发展港口滨水休闲（部分兼顾应急保障）、客运及游艇功能。其中，客运岸线后方规划500～1000m$^2$的配套陆域，游艇岸线后方规划3000～6000m$^2$的配套陆域。

在具体项目建设阶段，邮轮、客滚、客运、游艇、港口支持系统和应急保障码头的泊位数量、岸线长度、布置方案需结合城市规划及发展需求进一步论证，陆域用地位置及布局在具体项目实施阶段结合城市发展情况可以进一步优化调整。

（2）新港作业区布置规划。

新港作业区包括黄埔大桥至东江口段岸线和东江口至东江大桥段岸线，现状已建码头岸线长度为7427.6m，规划港口岸线长度与现状岸线保持一致（为7427.6m）。规划保留广州集装箱码头、新港港务分公司码头、中外运东江仓码、广浚仓储以及东江口码头等，规划发展集装箱、多用途、通用、液体化工、成品油、煤炭、粮食等码头功能，远期结合新港作业区的转型改造进度，兼顾发展内河液化天然气加注码头功能，预留发展客运功能。根据城市发展、临港产业、港口生产、环保、安全等要求，继续推进航道条件、安全、环保、节能、集疏运通道等升级改造。规划陆域纵深与现有港口陆域保持一致。

根据《广东省内河液化天然气加注码头布局规划方案（2019—2035年）》要求，主要在黄埔港区的老港作业区规划布置1个加注泊位。根据广州市相关主管部门的意见反馈，考虑未来黄埔老港作业区货运码头的转型升级，为了更好地兼顾远期对货运驳船加注的便利性，同时与黄埔港区各作业区未来发展相协调，提高加注码头在项目实施阶段的灵活性，本次规划调整拟考虑结合新港作业区黄埔大桥至东江口段岸线的转型改造进度，利用现有石油化工码头或港口支持系统岸线规划布置1个加注泊位,作为老港作业区加注泊位选址的替换方案。加注泊位的具体长度、加注规模及布置方案需结合发展需求在具体项目建设阶段进一步论证。同时,在项目实施阶段,经通航及航道条件等论证安全合理情况下,也可在内河液化天然气加注码头选址区域或周边水域采用液化天然气加注船补给的趸船加注码头。

根据城市发展、粤港澳大湾区城际水路客运航线网络、广州市水上巴士航线网络发展要求,经论证成熟,可在新港作业区适当布置客运码头设施。

根据《广州开发区西区及南岗头地区城市设计》,南海神庙片区定位为海丝文化的重要展示窗口,新港作业区根据城市规划发展和临港产业、腹地经济运输需求变化,预留远期逐步推进港口功能调整和转型升级。

(3)莲花山作业区布置规划。

莲花山作业区可分为龙沙码头、浮莲岗水道码头以及海鸥岛码头。

龙沙码头规划1000~50000吨级多用途岸线1100m,其中已建龙沙码头岸线420m,规划新设龙沙码头岸线长680m。根据码头的堆场需求,龙沙码头规划陆域纵深380~465m。龙沙码头二期前沿线布置可在下阶段结合科研成果及水利等相关部门要求进行适当优化调整,并依法报相关主管部门办理相关行政许可手续。

浮莲岗水道岸线根据城市发展、临港产业、港口生产、环保、安全等要求逐步推进转型升级或技术改造。规划保留莲花山客运港、番港货运、番龙石油、番禺莲花山电力有限公司码头以及粤丰仓储等码头岸线,其中番龙石油、番禺莲花山电力有限公司码头以及粤丰仓储等现状均已退出原有码头装卸功能;结合临港产业及环保等要求,番龙石油、番禺莲花山电力有限公司码头逐步转型为通用及件杂货码头功能,粤丰仓储等码头逐步转型为游艇码头功能;同时结合原港口岸线规划要求,保留粤丰仓储至沥江河口约1200m的港口岸线,重点发展游艇功能,规划调整后港口岸线总长2250m。规划游艇码头岸线后方规划50~100m的陆域纵深,具体结合城市发展及用地需求,在项目具体实施阶段进一步优化调整。

根据2018年版规划,海鸥岛岸线位于浮连岗水道左岸,原规划1000m港口岸线,主要发展海上救助、打捞基地以及渔政基地等港口支持系统功能,目前已使用港口岸线450m(包括海上救助以及打捞基地码头350m、海警码头100m)。另外,在原规划岸线外的海鸥岛西北部已建中油油品码头岸线95m(现状已退出货运功能)。本次规划调整,拟结合城市发展及休闲旅游需要,在海鸥岛北部人员相对集聚区规划港口岸线长2000m,重点发展港口滨水休闲、客运及游艇功能。规划调整后港口岸线总长3000m,其中海鸥岛西北侧现有95m油品码头随着城市发展逐步转型。客运岸线后方规划500~1000m$^2$的配套陆域,游艇岸线后方规划 3000 ~ 6000m$^2$的配套陆域。

在具体项目建设阶段，客运和游艇码头的泊位数量、岸线长度、布置方案需结合城市规划及发展需求进一步论证，陆域用地位置及布局在具体项目实施阶段结合城市发展情况可以进一步优化调整。

### 2.3.3 新沙港区

新沙港区共规划了 14 个泊位，其中 1 ~ 10 号泊位已经建成，11 ~ 13 号泊位建成尚未通过竣工环保验收，14 号泊位正在开展前期工作。

新沙港区后续拟实施项目表见表 2.3-2。

**新沙港区后续拟实施项目表** 表 2.3-2

| 码头名称 | 泊位数量 | 泊位类型 | 核算靠泊能力 | 泊位长度 | 单位 |
| --- | --- | --- | --- | --- | --- |
| 新沙港区 14 号泊位工程 | 1 个主泊位，2 个驳船泊位 | 通用 | 7 万吨级 | 主泊位 302m，驳船泊位 286m | 广东东莞港广物码头有限公司 |

### 2.3.4 南沙港区

根据《广州港南沙港区规划调整方案(2018—2035)》(送审稿)，此次规划调整涉及小虎作业区、芦湾作业区及南沙作业区(龙穴岛)三个作业区，沙仔岛作业区不作调整。广州港南沙港区规划调整表见表 2.3-3。广州港南沙港区现状与规划调整方案对比见表 2.3-4。

1)小虎作业区陆域布置规划

小虎作业区目前已建成华润电厂、粤海石化、小虎石化及珠江电厂等油品、化工、煤炭码头泊位 48 个，小虎岛已形成集约化、规模化的能源及石化基地。依据《广东省海洋生态红线》中“重要滨海湿地及红树林保护区生态岸线”划定，本规划中珠江电厂码头下游端至友荣船厂上游端之间的 800m 岸线及其后方纵深约 500m 的陆域不再实施港口开发，其他规划港口岸线长度及陆域范围不作调整。

为了保证广州市 LNG 供应安全，同时考虑到 LNG 水运、接卸的安全性等特殊要求，广州市拟在小虎作业区选址建设广州 LNG 应急调峰气源站及配套码头。原港口规划中小虎作业区功能规划无 LNG 运输功能，根据建设项目规划符合性要求，需在小虎作业区增加 LNG 运输功能，为广州市及珠三角天然气应急调峰气源站建设提供支持。

本次规划调整拟将小虎作业区功能调整为以能源、液体化工运输为主，兼顾 LNG 应急调峰运输功能。

**广州港南沙港区规划调整表**

表 2.3-3

| 作业区名称 | 岸线名称 | 原规划 | | | 本次规划调整 | | | 岸线功能 |
|---|---|---|---|---|---|---|---|---|
| | | 岸线长度（km） | 陆域纵深（m） | 陆域面积（万 $m^2$） | 岸线长度（km） | 陆域纵深（m） | 陆域面积（万 $m^2$） | |
| 沙仔岛作业区 | | 4.1 | 800 | 311 | 不作调整 | | | 沙车滚装和客运码头 |
| 小虎作业区 | 小虎岛港口岸线 | 1.4 | — | 490 | 不作调整 | | | 以能源、液体化工运输为主，兼顾 LNG 应急调峰运输功能 |
| | 小虎沥水道出口至珠江电厂 | 1.9 | 600～660 | 175 | 不作调整 | | | |
| | 珠江电厂码头至虎门渡口 | 1.5 | 150～660 | 53 | 珠江电厂码头下游端至友荣船厂上游端之间的 0.8km 岸线不再实施港口开发 | 规划陆域相应减少约 24 万 $m^2$ | | |
| | 东方电气、华润电厂码头等现状岸线 | — | — | — | 增加现状岸线 | 陆域不变 | | |
| 芦湾作业区 | | 4.8 | 400 | 12.8 | 不作调整 | | | 以邮轮、游艇、客运功能为主，兼顾发展海洋科技及港口应急保障功能 |

续上表

| 作业区名称 | 岸线名称 | 原规划 | | | 本次规划调整 | | | 岸线功能 |
|---|---|---|---|---|---|---|---|---|
| | | 岸线长度（km） | 陆域纵深（m） | 陆域面积（万 $m^2$） | 岸线长度（km） | 陆域纵深（m） | 陆域面积（万 $m^2$） | |
| 南沙作业区 | 龙穴岛北部岸线 | 6.0 | — | 5310 | 北侧岸线向内收缩300～600m | 50～100 | — | 南沙作业区功能定位调整为以集装箱运输为主，相应发展大宗物资中转运输功能，积极拓展现代物流、商贸、保税等航运综合服务功能，兼顾修造船、LNG燃料加注等港口支持保障、海洋科技等海洋相关产业发展 |
| | 龙穴岛北部挖入式港池岸线 | 9.9 | 1000～1400 | | 紧邻龙穴修造船基地岸线调整为军工和海洋工程区的临港工业岸线，岸线长度1200m | 830 | 99.6 | |
| | 龙穴岛东部岸线 | 16 | 700～1300 | — | 东顺岸、拟建的南沙港区国际通用码头工程下游1880m岸线功能调整为集装箱泊位区 | 150～1000 | 111.6 | |
| | 龙穴岛中部挖入式港池 | 9.5 | 800～1000 | | 不作调整 | — | — | |
| | 龙穴岛西侧岸线 | 17 | 350 | | 不作调整 | — | — | |

注：龙穴岛中部挖入式港池岸线和龙穴岛西部岸线保持原规划不变，“龙穴岛岸线整治规划线”与西部规划岸线之间可采用透水结构等方式，以降低对龙穴南水道水利行洪的影响。具体方案在项目实施阶段进一步深化论证，按相关主管部门意见优化调整。

**广州港南沙港区现状与规划调整方案对比表** 表2.3-4

| 作业区名称 | 岸段名称 | 现状 | | 规划调整 | | 对比分析 |
|---|---|---|---|---|---|---|
| | | 已利用岸线（km） | 功能定位 | 规划岸线（km） | 功能定位 | |
| 沙仔岛作业区 | 沙仔岛岸线 | 1.08 | 汽车滚装和客运码头 | 4.1 | 汽车滚装和客运码头 | 功能无调整近洋码头在建，占用岸线1.34km，今后开发空间有限 |
| 小虎作业区 | 小虎岛岸线 | 7.03 | 能源、液体化工 | 7.03 | 能源、液体化工及LNG应急调峰功能码头 | 岸线已全部开发，通过改造粤海码头实现功能调整，兼顾LNG应急调峰运输功能 |
| 芦湾作业区 | 大角咀岸线 | 1.9 | 货运、邮轮、客运 | 4.8 | 邮轮、客运、海洋科技和港口应急保障码头 | 有序推进货运码头转型升级，今后开发空间有限 |
| 南沙作业区 | 龙穴岛岸线 | 10.6 | 集装箱、多用途等 | 57.9 | 集装箱、多用途、LNG燃料加注等港口支持系统、海洋科技保障基地、江海联运泊位区、通用码头、预留泊位区等 | 重点发展的港区，有较大的发展空间 |

2）芦湾作业区陆域布置规划

芦湾作业区北部（以虎门大桥为界）已建成南伟、东发货运等通用码头，虎门渡口已于2019年5月停运，南部为南沙客运码头、南沙游艇会和南沙国际邮轮码头。目前，芦湾作业区后方已建成多处高端居住、公园及旅游休闲区，片区城市化发展趋势明显。根据《广州南沙新区南沙湾地区控制性详细规划修编》，南沙湾北部规划为海洋文化休闲区，滨海岸线为海洋文体休闲岸线；芦湾作业区邻近城市商住区，发展空间受限，且港口货运与城市交通、环保、安全管理等相互干扰。

综合考虑港城发展现状及城市规划，芦湾作业区陆域范围保持不变，整体功能根据南沙区城市发展及城市规划进行调整，有序推进货运码头转型升级，以邮轮、游艇、客运功能为主，兼顾发展海洋科技及港口应急保障功能。

3）南沙作业区陆域布置规划

根据水利部珠江水利委员会编制的《珠江河口综合治理规划管理控制方案》中"严禁线""严控线"的要求，以及《珠江流域综合规划》《珠江河口规划》《龙穴岛北部滩涂开发利用方案》《广州南沙区龙穴岛岸线整治规划》等规划，南沙作业区（龙穴岛）外轮廓线有较大调整。

结合水利部珠江水利委员会审查同意的"龙穴岛岸线整治规划线"，龙穴岛北侧岸线向内收缩300～600m，岸线功能不作调整，维持原港口支持系统及海洋保障基地岸线功能不变，陆域纵深为50～100m；龙穴岛东侧南端约2km岸线向内回缩约100m。龙穴岛西侧岸线保留"江海联运泊位区"功能定位。为保障岸线后方适宜的港口陆域纵深，维持原广州港总体规划中的岸线位置，"龙穴岛岸线整治规划线"与西侧规划港口岸线之间可采用透水结构等方式，以减少对龙穴南水道水利行洪的影响。具体方案在项目实施阶段进一步深化考虑，并报送相关主管部门进行审批确认。

扩建龙穴岛修造船基地是军民融合、优化船海产业布局结构的需要，也是落实将龙穴岛修造船基地打造成千万吨级船舶及海洋工程基地发展目标的需要。但因南沙作业区未预留修造船基地扩建发展空间，本次规划调整将北部挖入式港池南侧、紧邻龙穴修造船基地岸线调整为军工和海洋工程区的临港工业岸线，岸线长度1200m，至后方现有道路处，陆域纵深约830m，陆域面积约99.6万$m^2$。

南沙作业区的整体定位为以集装箱运输为主，相应发展大宗物资转运等运输功能。因此，将东顺岸、拟建的南沙港区国际通用码头工程下游1880m岸线及后方陆域，功能调整为集装箱泊位区，陆域纵深150～1000m，陆域面积约111.6万$m^2$。

此外，为了促进海洋科技相关产业发展，提升港口支持服务和海洋保障能力,在龙穴岛西侧规划新增部分港口支持系统和海洋保障基地岸线,并兼顾LNG燃料加注码头的功能。

### 2.3.5 航道

根据《广州港黄埔港区规划调整方案》(送审稿)和《广州港南沙港区规划调整方案(2018—2035)》(送审稿),航道规划如下。

1)赤沙航道北段、大濠洲航道和黄埔水道

规划黄埔老港作业区邮轮码头通过黄埔水道、大濠洲水道和赤沙航道北段与广州港主航道连接,为满足规划8万总吨(GT)及以下邮轮通航要求,航道底高程需要-9.7m,航道宽度需要130m,未来需要对赤沙航道北段、大濠洲航道和黄埔水道拓宽浚深。

东江口至东江大桥段码头依托东江口航道,根据珠江水系发展规划,东江口航道(东江大桥至东江口)规划为Ⅰ级内河主要航道(可通航5000吨级海轮),为满足东江大桥至广州港出海航道段的通航需要,该航段的港口企业对东江下游水域进行了疏浚。目前,可通航2万吨级海轮,本次规划调整保持现状不变。

2)龙穴岛以北至大虎岛航道段

龙穴岛作业区至大虎岛航道段目前正在施工,航道全长约27.2km(含会遇段12.1km),通航宽度242m(会遇段300m),设计底高程为-14.6m,按8万吨级油船及7万吨级散货船单向乘潮通航、舱容14.7万$m^3$ LNG船及22.5万GT邮轮单向全潮通航的标准建设(会遇段同时满足5万吨级油船与5万吨级集装箱船会遇全潮通航要求)。

3)龙穴岛以南广州港主航道段

广州港深水航道扩宽工程已完工,航道全长约66.6km,通航宽度385m,设计底高程-17.0m。按满足10万吨级集装箱船与15万吨级集装箱船(减载,营运吃水控制在14.5m以内)双向通航标准建设,能够同时满足22.5万GT邮轮和12万吨级集装箱船(不满载)会遇要求,可满足舱容14.7万$m^3$LNG船通航需要。考虑到船舶大型化的趋势,远期广州港深水航道将按照20万吨级集装箱船双向通航标准建设。

## 2.4 广州港规划实施项目环评及验收情况

自2006年版规划环评批复以来,各港区实施项目均严格执行了环境影响评价和竣工环保验收调查制度,取得了环境保护主管部门出具的环评批复和验收批复(有的是企业自主验收),见表2.4-1、表2.4-2。

**2009 年至今各港区新建项目环评及验收情况统计表** 表 2.4-1

<table>
<tr><th>港区</th><th>作业区</th><th colspan="2">项　目</th><th>建设情况</th></tr>
<tr><td rowspan="4">内港港区</td><td rowspan="4">—</td><td colspan="2">水上巴士海心沙码头</td><td>建成</td></tr>
<tr><td colspan="2">水上巴士南浦半岛码头</td><td>建成</td></tr>
<tr><td colspan="2">新电视塔码头</td><td>建成</td></tr>
<tr><td colspan="2">金沙洲彩滨中路码头</td><td>建成</td></tr>
<tr><td rowspan="2">新沙港区</td><td>—</td><td colspan="2">广州港新沙港区 11 号、12 号通用泊位及驳船泊位工程</td><td>在建</td></tr>
<tr><td>—</td><td colspan="2">广州港新沙港区 13 号泊位工程</td><td>在建</td></tr>
<tr><td rowspan="17">南沙港区</td><td rowspan="2">沙仔岛作业区</td><td colspan="2">广州港南沙国际汽车物流产业园配套码头工程</td><td>建成</td></tr>
<tr><td colspan="2">广州港南沙近洋码头工程</td><td>在建</td></tr>
<tr><td rowspan="6">小虎作业区</td><td colspan="2">珠江电厂码头</td><td>建成</td></tr>
<tr><td rowspan="3">广州港鸿业石化码头工程</td><td>码头</td><td>建成</td></tr>
<tr><td>南沙油库一期</td><td>建成</td></tr>
<tr><td>南沙油库二期</td><td>建成</td></tr>
<tr><td colspan="2">广州华润南沙热电有限公司卸煤码头</td><td>建成</td></tr>
<tr><td colspan="2">广州 LNG 应急调峰站码头</td><td>在建</td></tr>
<tr><td>芦湾作业区</td><td colspan="2">南沙邮轮码头</td><td>建成</td></tr>
<tr><td rowspan="8">南沙作业区</td><td colspan="2">南沙港区三期工程</td><td>建成</td></tr>
<tr><td colspan="2">南沙港区粮食及通用码头工程</td><td>建成</td></tr>
<tr><td rowspan="3">中船龙穴造船基地海洋工程区</td><td>500m 码头水上工程</td><td>建成</td></tr>
<tr><td>龙穴海洋工程区海洋工程(一期)</td><td>建成</td></tr>
<tr><td>龙穴海洋工程区扩能建设项目</td><td>建成</td></tr>
<tr><td colspan="2">中船龙穴造船基地一期工程民品造船区项目</td><td>建成</td></tr>
<tr><td colspan="2">南沙港区粮食及通用码头扩建工程</td><td>在建</td></tr>
<tr><td colspan="2">南沙港区四期工程</td><td>在建</td></tr>
<tr><td colspan="2" rowspan="3">航道</td><td colspan="2">广州港出海航道三期工程</td><td>建成</td></tr>
<tr><td colspan="2">广州港深水航道拓宽工程</td><td>建成</td></tr>
<tr><td colspan="2">广州港环大虎岛公用航道工程</td><td>在建</td></tr>
</table>

**2009年至今各港区改扩建项目环评及验收情况统计表　　表2.4-2**

| 港区 | 作业区 | 项目名称 | 改扩建项目名称 | 建设情况 |
|---|---|---|---|---|
| 内港港区 | — | 新电视塔码头 | — | 建成 |
| 黄埔港区 | 老港作业区 | 中外运黄埔仓码头 | 联围码头改建工程 | 建成 |
| | | | 联围码头新增4台门式起重机项目 | 建成 |
| | | | 北沙地综合物流仓项目 | 建成 |
| | | | 广东中外运黄埔仓码有限公司码头扩建工程 | 在建 |
| | 新港作业区 | 广州港新港港务分公司码头 | 洗车槽及污水处理设备建设项目 | 建成 |
| | | | 散粮输送系统改造项目 | 建成 |
| | | | 防风抑尘墙工程 | 建成 |
| | | | 4号、5号泊位散矿作业区环保改造工程 | 建成 |
| | | 广东中外运东江仓码头 | 一、二期泊位结构加固改造工程 | 建成 |
| | | 益海粮油码头 | 码头增加危险品(非食用油)作业范围 | 建成 |
| | | 广州港石油化工港务分公司码头 | 泊位结构加固改造 | 建成 |
| | | 西基码头 | 防风抑尘墙二期工程 | 建成 |
| | | | 煤污水处理系统升级改造项目 | 建成 |
| | 莲花山作业区 | 番龙石油码头 | 改建成一个3000吨级散货船泊位 | 在建 |
| | | 龙沙船舶基地码头工程 | 码头工程 | 建成 |
| | | | 码头结构加固改造工程 | 建成 |
| 南沙港区 | 小虎作业区 | 小虎石化码头 | 增设作业设施工程 | 建成 |
| | | | 9~12号泊位疏浚工程 | 建成 |
| | | 鸿业码头 | 化工产品装卸技术改造项目 | 建成 |
| | 芦湾作业区 | 南沙货运码头 | 结构加固改造工程 | 建成 |
| | 南沙作业区 | 南沙粮食及通用码头 | 水渣粉装卸系统的技术改造 | 建成 |
| | | | 综合业务楼、3号钢杂仓库、4号粮食平仓及增加设备项目 | 建成 |
| | | | 5号、6号仓库工程 | 建成 |
| | | | 7号、8号、9号仓库建设项目 | 建成 |
| | | | 筒仓二期工程 | 建成 |
| | | | 矿渣粉装卸系统技改项目 | 建成 |
| | | | 道路硬化及污水改造工程 | 建成 |

# 3 区域环境概况及环境质量变化趋势分析

## 3.1 区域条件概况

### 3.1.1 自然环境概况

1)气象

(1)气温。

多年平均气温21.9℃;7月、8月气温最高,平均28.3℃;历年最高气温38.7℃;1月、2月气温最低,平均13.4℃;历年最低气温0℃。

(2)降水。

本地区雨量充沛,降雨量全年分配不均匀。4—9月为雨季,平均降雨量为1392mm,占全年降雨量的80%以上。5—6月最为集中,平均降雨量约占全年的35%。

历年平均降雨量1702.5mm,历年最大降雨量2516.7mm,历年最小降雨量1158.5mm。

(3)风况。

每年4—8月多东南(SE)风,9月—次年3月多东北(NE)风。常年风向以北(N)风为主,频率为16%。次风向为东南(SE)风,频率为9%,频率≥5%的各风向频率见表3.1-1。

广州站各风向频率表(频率≥5%) 表3.1-1

| 风向 | N | SE | E | SSE | NNE | ESE | NNW |
|---|---|---|---|---|---|---|---|
| 频率 | 16 | 9 | 7 | 6 | 5 | 5 | 5 |

历年平均风速2.1m/s,历年最大风速35.4m/s(相应风向NE);平均每年大于8级风的天数为5.8 d,平均每年大于6级风的天数为66.8 d。

每年夏、秋季多受热带气旋和台风影响。根据广州市气象台2016年统计数据,过去30年中共有18个台风正面袭击广州,其中有7个强度等级为台风,1个强度为强台风;尤其是2008年以来,已有26个台风影响广州,平均每年2.6

个,多的年份有5个(2008年),少的年份没有(2011年)。其间,正面袭击广州的台风有7个。

(4)雾。

年平均年雾日为5d,最多年雾日为12d。雾多出现于每年的1—4月,7—8月一般无雾。

(5)相对湿度。

年平均相对湿度为79%,各月平均相对湿度在69%~86%之间。

(6)雷暴。

年平均雷暴日数为73.1d。

2)水文

(1)径流特征。

珠江广州河道径流主要由两部分组成:一部分是来自北江和西江的径流,经三水水文站由平洲水道的沙洛围、大石河、花地涌进入广州片网河,其流量约占三水和马口流量之和的7.1%~7.4%,这是主要的径流来源,且西、北江洪水主要经后航道、黄埔—狮子洋出虎门,所以,广州后航道受西、北江洪水影响较大。另一部分来自流溪河、白坭河以及洪水期北江芦苞水闸和西南水闸的分洪流量,这一部分流量经老鸦岗从西航道汇入广州片网河。

根据规划港区的洪水期(三水平均流量为7821$m^3$/s)实测资料统计分析,广州片沙洛围与大石的落潮日平均流量约占三水的29.9%,黄埔右的落潮日平均流量占上游来流(指广州片来流浮标厂和北江来流沙洛围与大石的落潮日平均流量之和)的81.7%。

(2)潮汐。

广州珠江河段受潮汐影响显著,潮汐性质与珠江河口基本相似,均属于不规则半日潮,即在一个太阴日里(约24h50min),出现两次高潮两次低潮,日潮不等现象明显。

枯水期潮区界,流溪河可达蚌湖至江村之间,汛期潮区界退至老鸦岗附近。潮流界枯水期可达老鸦岗至江村之间,洪水期在黄埔附近。

受径流和热带风暴潮影响,广州出海水道通常是汛期潮位高于枯水期,一般在0.30m左右。各年最高潮位多出现在汛期,而年最低潮位则多出现于枯水期。潮位过程线的形态呈不对称正弦曲线,反映了落潮历时大于涨潮历时,本区域具有自口门外向口门内、涨潮历时沿程呈递减变化,而落潮历时则呈递增变化的规律。

黄埔左统计资料表明(珠江基面起算),最高潮位:2.38m,最低潮位:-1.93m,平均高潮位:0.74m,平均低潮位:-0.89m,平均潮差:1.62m,最大潮差:3.38m,涨潮平均历时:5.48h,落潮平均历时:7.02h。根据广东省水文监测资料,2017年第13号台风“天鸽”期间,风暴潮刚好与天文大潮和高潮“碰头”,当年8月23日,台山至饶平一带沿海出现了0.4~2.4m的风暴增水,其中黄埔站出现了2.86m超历史最高、超百年一遇高潮位。2018年第22号台风“山竹”给珠江三角洲地区带来了2.60~3.00m的风暴潮增水,广州海珠、黄埔、番禺、南沙、白云等区多个潮位站出现了突破历史记录极值,其中黄埔站19时05分出现3.07m的高潮位,超历史极值0.21m,超警戒水位1.17m。

(3)潮流。

珠江口为弱潮河口,潮差虽不大,但由于河宽水深、纳潮容积大,涨潮量相当可观。根据实测资料,虎门口的大虎站多年平均涨潮量为2288亿$m^3$,占珠江八大口门涨潮的60.8%左右。

珠江河道的潮流基本为往复流,根据黄埔站的实测资料统计,黄埔站涨潮流速一般为0.4~0.8m/s,大潮时可达1m/s以上,落潮流速一般为1.0~1.3m/s,大潮时可达1.5m/s。由此可见,在珠江广州河段水道网河中,一般涨潮最大流量小于落潮最大流量,涨潮最大流速小于落潮最大流速。

(4)波浪。

黄埔港区位于珠江干流的狮子洋顶部,距珠江口伶仃洋较远。由于受珠江口虎门以内两岸地形影响,口外波浪的传播能量大为削减,因而珠江口外波浪无法传入本地区。本河段波浪主要是当地风引起的风浪和来往船只造成的船行波,其对码头水工建筑物及船舶的临时停泊影响不大。

(5)泥沙。

珠江流域的泥沙特点是含沙量小、输沙量大。珠江进入河口区多年平均含沙量为0.284kg/$m^3$,平均每年向河口区输出推移质泥沙440万~480万t,悬移质泥沙8872万t,溶解质3000万t。经估算,约有20%的悬移质泥沙在三角洲网河区落淤,流入口门和口门外海滨的悬沙约7098万t。据统计,珠江干流由虎门出口的年均含沙量仅为0.109kg/$m^3$,占珠江流域的38%,约为三水站多年平均含沙量0.208kg/$m^3$的52%;输沙量为658万t/年,占全流域的9.3%,远小于径流比重(18.5%),这说明了珠江广州河道水丰沙少的特点。

河床冲淤资料表明,河床以下切为主,边滩部分淤积,而深槽部分明显下切,其中受人工采砂、航道疏浚影响较为明显。近年来,受两岸堤岸约束,流态平顺,水流集中,加之泥沙来量减少,滩槽平面变化较小。港口多年运营情况表明,泥沙淤积问题亦不大。

3）地质

珠江三角洲在大地构造单位上属于华南准地台之桂湘赣粤褶皱带与东南沿海断褶带之交接带上，即粤中拗褶断束的南部，根据沉积建造、构造运动、岩浆活动和变质作用等综合特征，可划分为四个构造阶段：加里东构造阶段；华力西—印支构造阶段；燕山构造阶段；喜马拉雅构造阶段。

港区位于珠江三角洲河口湾河海交汇处，其基底为下古生界中～深变质的区域变质岩，其上覆盖着第四纪不同时期不同成因形成的地层。依据钻探资料，自上而下主要有人工填土地层、海陆交互沉积地层、冲积～洪积、海相沉积地层、残积地层、基岩风化层。土层自上而下大致可分为素填土或石、淤泥（局部呈淤泥混砂）、淤泥质土、粉质黏土～黏土中粗砂、细砂、砾砂、砂岩残积土、泥质砂岩、变粒岩。

### 3.1.2 区域发展概况

广州市地处中国南方，广东省的中南部，珠江三角洲的北缘，接近珠江流域下游入海口。其范围是东经112°57′～114°3′，北纬22°26′～23°56′。东连惠州市博罗、龙门两县，西邻佛山市的三水、南海和顺德区，北靠清远市的市区和佛冈县及韶关市的新丰县，南接东莞市和中山市，隔海与香港特别行政区、澳门特别行政区相望。

由于珠江口岛屿众多，水道密布，有虎门、蕉门、洪奇门等水道出海，使广州成为中国远洋航运的优良海港和珠江流域的进出口岸。广州又是京广、广深、广茂和广梅汕铁路的交汇点和华南民用航空交通中心，与全国各地的联系极为密切。

土地资源：广州市土地类型多样，适宜性广，地形复杂。地势自北向南降低，最高峰为北部从化区与龙门县交界处的天堂顶，海拔为1210m；东北部为中低山区；中部为丘陵盆地；南部为沿海冲积平原，是珠江三角洲的组成部分。由于受各种自然因素的互相作用，形成多样的土地类型。根据土地垂直地带，土地类型可划分为以下几种：①中低山地。中低山地是海拔400～500m以上的山地，主要分布在广州市东北部，一般坡度在20°～25°以上，成土母质以花岗岩和砂页岩为主。这类土地是重要的水源涵养林基地，宜发展生态林和水电。②丘陵地。丘陵地是海拔400～500m以下垂直地带内的坡地，主要分布在山地、盆谷地和平原之间，增城区、从化区、花都区以及市区东部、北部均有分布，成土母质主要由砂页岩、花岗岩和变质岩构成。这类土地可作为用材林和经济林生长基地。③岗台地。岗台地是相对高度80m以下、坡度小于15°的缓坡地或低平坡地，主要分布在增城区、从化区、白云区和黄埔区，番禺区、花都区、天河区亦有零星分布，成土母质以堆积红土、红色岩系和砂页岩为主。这类土地可开发利用为农用地,适宜种植水果、经济林或牧草。④冲积平原。冲积平原主要有珠江三角洲平原,流溪河冲积的广花平原,番禺和南沙沿海地带的冲积、海积平原,土层深厚,土地肥沃,是广州市粮食、甘蔗、蔬菜的主要生产基地。⑤滩涂。滩涂主要分布在南沙区南沙、万顷沙、新垦沿海一带。

矿产资源:广州市的地质构造相当复杂,有较好的成矿条件。已发现矿产47种(含亚种),矿产地820处,大中型矿区25处。主要矿产有建筑用花岗岩、水泥用灰岩、陶瓷土、钾、钠长石、盐矿、芒硝、霞石正长岩、萤石、大理岩、矿泉水和热矿水等。区内能源矿产和有色金属矿产十分短缺,呈零星分布,规模较小,品位不稳定。

水源特征:广州市地处南方丰水区,境内河流水系发达,大小河流(涌)众多,水域面积广阔,集雨面积在100km$^2$以上的河流共有22条,河宽5m以上的河流1368条,总长5597.36km,河道密度0.75km/km$^2$。

广州市水资源的主要特点是本地水资源较少,过境水资源相对丰富。全市水域面积7.44亿m$^2$,占全市土地面积的10.05%,主要河流有北江、东江北干流、增江、流溪河、白坭河、珠江广州河段、市桥水道和沙湾水道等,北江、东江流经广州市,汇合珠江入海。本地平均水资源总量79.79亿m$^3$,其中地表水78.81亿m$^3$,地下水14.87亿m$^3$。以本地水资源量及2010年第六次人口普查统计的常住人口计算,每平方千米有106.01万m$^3$水资源,人均水资源628 m$^3$,是全国人均水资源占有量的二分之一。过境客水资源量1860.24亿m$^3$,是本地水资源总量的23倍。客水资源主要集中在南部网河区和增城区,其中由西江、北江分流进入广州市区的客水资源量1591.5亿m$^3$,由东江分流进入东江北干流的客水资源量为142.03亿m$^3$,增江上游来水量28.28亿m$^3$。南部河网区处于潮汐影响区域,径流量大,潮流作用强。珠江的虎门、蕉门、洪奇沥三大口门在广州市南部入伶仃洋出南海,年涨潮量2710亿m$^3$,年落潮量4088亿m$^3$,与三大口门的年径流量1377亿m$^3$比较,每年潮流可带来大量的水量,部分是可以被利用的淡水资源。

生物资源:广州市的自然条件为多种动物栖息繁衍和植物生长提供良好的生态环境。生物种类繁多,生长快速。地带性植被为南亚热带季风常绿阔叶林,但天然林极少,山地丘陵的森林都是次生林和人工林。

栽培作物具有热带向亚热带过渡的鲜明特征,是全国果树资源最丰富的地区之一,包括热带、亚热带和温带3大类、41科、82属、174种和变种,共500多个品种(其中荔枝就有55个主要品种),是荔枝、龙眼、黄皮、乌(白)榄等起源和类型形成的中心地带。蔬菜以优质、多品种著称,共有15类、127种、370多个品种。花卉包括鲜切花类(鲜切花、鲜切叶、鲜切枝)、盆栽植物类(盆栽类、盆景、花坛植物)、观赏苗木、食用与药用花卉、工业及其他用途花卉、草坪、种苗7大类。传统品种和近年引进、开发利用的新品种共3000多种。粮食、经济作物、畜禽、水产和野生动物种类繁多,且不乏名优特品种,其中增城丝苗米是广州市第一个获得地理标志的保护品种。

根据《2019年广州市国民经济和社会发展统计公报》,2019年广州市实现地区生产总值23628.60亿元,按可比价格计算,比2018年(下同)增长6.8%。其中,第一产业增加值251.37亿元,增长3.9%;第二产业增加值6454.00亿元,增长5.5%;第三产业增加值16923.23亿元,增长7.5%。第一、二、三次产业增加值的比例为1.06∶27.32∶71.62。第二、三产业对经济增长的贡献率分别为25.7%和73.7%。

## 3.2 环境质量现状及评价

### 3.2.1 水环境质量现状及评价

1)区域水环境质量现状

本小节内容摘自《2020广州市环境质量状况公报》。

(1)饮用水源地水质。

2020年,广州市10个城市集中式饮用水水源地水质达标率为100%。“十三五”期间,广州市城市集中式饮用水水源地水质达标率均稳定达到100%。

(2)主要江河水质。

2020年,全市纳入《广东省水污染防治目标责任书》的地表水国省考监测断面水质优良率为76.9%。

流溪河上游、流溪河中游、珠江广州河段后航道、黄埔航道、狮子洋、增江、东江北干流、市桥水道、沙湾水道、蕉门水道等主要江河水质优良,珠江广州河段西航道、白坭河、石井河水质受轻度污染。

(3)入海河口水质。

2020年,全市3条主要入海河流中,蕉门水道、洪奇沥水道入海河口水质均为Ⅱ类,莲花山水道入海河口水质为Ⅲ类,均达到功能用水要求。

2016—2020年,蕉门水道、洪奇沥水道入海河口水质为Ⅱ~Ⅲ类,莲花山水道入海河口水质为Ⅲ~Ⅳ类,均达到功能用水要求。

(4)海水质量。

2020年广州市管辖海域海水质量总体有所改善。主要超标因子为无机氮,超过第四类海水水质标准,同期含量基本表现为自北向南递减。无机氮平均含量为1.94mg/L,同比下降12.4%;活性磷酸盐平均含量为0.027mg/L,同比下降5.3%。实施海水质量监测的功能区有5个，分别为黄埔港口区、狮子洋保留区、南沙港口区、龙穴岛港口区、伶仃洋保留区，面积共38515万$m^2$，其中符合海洋环境保护要求的功能区面积为31158万$m^2$，达标率为93.8%。

“十三五”期间，无机氮与活性磷酸盐年平均含量基本呈下降趋势，如图3.2-1所示。

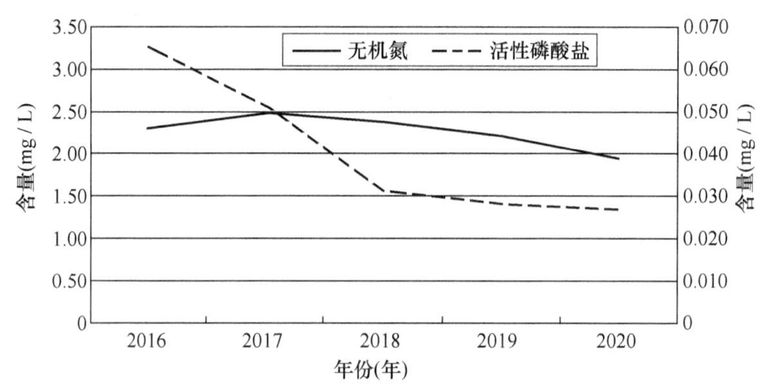


图3.2-1 “十三五”期间无机氮、活性磷酸盐平均含量

根据2011—2017年的《广州市海洋环境状况公报》，广州市海洋与渔业局在广州市海域布设20个监测站位开展海水质量监测，主要监测内容包括水温和盐度等水文要素以及无机氮、活性磷酸盐、石油类、化学需氧量($COD_{Mn}$)、溶解氧和重金属等水质要素。

根据多年的《广州市海洋环境状况公报》，广州海域海水质量总体稳定，主要污染要素是无机氮和活性磷酸盐。

2011—2015年，无机氮、活性磷酸盐和重金属年平均含量总体较稳定；石油类年平均含量呈下降趋势；溶解氧前四年呈下降趋势，2015年有所升高；化学需氧量呈波动状态。2016年与2015年相比没有恶化趋势，2017年与2016年状况基本相同。

2)港区水环境质量现状

本小节内容出自《粤港澳大湾区(南沙)国际航运物流产业集聚区项目海域使用论证报告》及《广州港黄埔港区规划调整环境影响报告书》。

调查资料引用国家海洋局深圳海洋环境监测中心站于2019年9月11—22日在伶仃洋海域开展的海洋环境现状调查结果，以及广东联创检测技术有限公司于2020年4月1—3日对东江北干流进行连续3天的水质监测结果。

调查共布设海水水质调查站位43个，地表水环境质量现状监测断面5个。监测时间、数据来源、站位坐标与调查内容见表3.2-1。

**本次后评价采用调查站位表** 表 3.2-1

| 数据来源 | 监测时间 | 站位 | 位置 | 调查内容 |
|---|---|---|---|---|
| 粤港澳大湾区(南沙)国际航运物流产业集聚区项目海域使用论证报告 | 2019年9月11—22日 | Z9 | 113°32′55.058″E/22°58′9.186″N | 海水水质、海洋沉积物、海洋生物 |
| | | Z10 | 113°29′55.364″E/22°56′30.224″N | 海水水质 |
| | | Z12 | 113°33′26.309″E/22°54′27.823″N | 海水水质 |
| | | Z13 | 113°31′5.679″E/22°53′30.530″N | 海水水质、海洋沉积物、海洋生物 |
| | | Z15 | 113°35′37.053″E/22°55′2.695″N | 海水水质、海洋沉积物、海洋生物 |
| | | Z16 | 113°31′8.283″E/22°51′2.086″N | 海水水质 |
| | | Z17 | 113°34′2.416″E/22°52′15.933″N | 海水水质 |
| | | Z18 | 113°33′47.144″E/22°49′51.770″N | 海水水质、海洋沉积物、海洋生物 |
| | | Z19 | 113°37′33.715″E/22°50′15.209″N | 海水水质、海洋沉积物、海洋生物 |
| | | Z20 | 113°36′7.774″E/22°48′18.017″N | 海水水质、海洋生物 |
| | | Z21 | 113°39′51.741″E/22°48′41.456″N | 海水水质、海洋沉积物、海洋生物 |
| | | Z22 | 113°38′10.175″E/22°46′59.889″N | 海水水质、海洋生物 |
| | | Z23 | 113°26′57.255″E/22°46′10.408″N | 海水水质 |
| | | Z24 | 113°39′38.720″E/22°46′54.681″N | 海水水质、海洋沉积物、海洋生物 |
| | | Z25 | 113°39′2.260″E/22°45′44.366″N | 海水水质 |
| | | Z26 | 113°38′10.175″E/22°44′28.842″N | 海水水质、海洋沉积物、海洋生物 |
| | | Z27 | 113°41′51.537″E/22°43′39.361″N | 海水水质、海洋沉积物、海洋生物 |
| | | Z28 | 113°39′36.116″E/22°42′42.067″N | 海水水质 |
| | | Z29 | 113°43′40.917″E/22°41′16.126″N | 海水水质 |
| | | Z30 | 113°41′22.890″E/22°40′34.458″N | 海水水质、海洋沉积物、海洋生物 |

续上表

| 数据来源 | 监测时间 | 站位 | 位置 | 调查内容 |
|---|---|---|---|---|
| 粤港澳大湾区(南沙)国际航运物流产业集聚区项目海域使用论证报告 | 2019年9月11—22日 | Z31 | 113°45′55.762″E/22°38′43.12″N | 海水水质、海洋沉积物、海洋生物 |
| | | Z32 | 113°43′40.418″E/22°37′41.444″N | 海水水质、海洋生物 |
| | | Z33 | 113°48′38.076″E/22°35′34.255″N | 海水水质、海洋沉积物、海洋生物 |
| | | Z34 | 113°44′42.094″E/22°34′27.851″N | 海水水质 |
| | | Z35 | 113°49′55.170″E/22°32′34.368″N | 海水水质、海洋沉积物、海洋生物 |
| | | Z36 | 113°45′54.049″E/22°340′51.987″N | 海水水质、海洋沉积物、海洋生物 |
| | | Z37 | 113°30′23.774″E/22°46′46.246″N | 海水水质、海洋沉积物、海洋生物 |
| | | Z38 | 113°30′47.759″E/22°44′46.321″N | 海水水质 |
| | | Z39 | 113°27′18.748″E/22°43′30.940″N | 海水水质、海洋沉积物、海洋生物 |
| | | Z40 | 113°33′45.825″E/22°44′21.529″N | 海水水质、海洋沉积物、海洋生物 |
| | | Z41 | 113°32′3.141″E/22°40′8.781″N | 海水水质 |
| | | Z42 | 113°36′28.689″E/22°41′25.875″N | 海水水质 |
| | | Z43 | 113°35′37.789″E/22°36′11.467″N | 海水水质、海洋沉积物、海洋生物 |
| | | Z44 | 113°38′23.474″E/22°39′5.392″N | 海水水质、海洋沉积物、海洋生物 |
| | | Z45 | 113°39′59.414″E/22°36′10.644″N | 海水水质、海洋沉积物、海洋生物 |
| | | Z46 | 113°38′1.202″E/22°32′2.228″N | 海水水质 |
| | | Z47 | 113°41′23.361″E/22°33′9.044″N | 海水水质、海洋沉积物、海洋生物 |
| | | Z48 | 113°38′37.180″E/22°28′10.945″N | 海水水质、海洋沉积物、海洋生物 |
| | | Z49 | 113°42′6.191″E/22°29′24.613″N | 海水水质 |
| | | Z50 | 113°43′15.477″E/22°25′37.446″N | 海水水质、海洋沉积物、海洋生物 |

续上表

| 数据来源 | 监测时间 | 站位 | 位置 | 调查内容 |
| --- | --- | --- | --- | --- |
| 粤港澳大湾区(南沙)国际航运物流产业集聚区项目海域使用论证报告 | 2019年9月11—22日 | Z51 | 113°48′30.318″E/22°26′59.342″N | 海水水质 |
| | | Z52 | 113°51′29.157″E/22°30′52.123″N | 海水水质、海洋沉积物、海洋生物 |
| | | Z53 | 113°41′37.525″E/22°37′3.268″N | 海水水质、海洋生物 |
| | | C1 | 113°31′1.282″E/22°52′53.097″N | 潮间带生物 |
| | | C2 | 113°30′54.394″E/22°52′10.215″N | 潮间带生物 |
| | | C3 | 113°33′28.523″E/22°50′4.821″N | 潮间带生物 |
| | | C4 | 113°33′41.468″E/22°44′48.150″N | 潮间带生物 |
| | | C5 | 113°39′20.117″E/22°49′15.177″N | 潮间带生物 |
| | | C6 | 113°39′49.027″E/22°48′5.578″N | 潮间带生物 |
| | | C7 | 113°39′1.8014″E/22°42′54.8725″N | 潮间带生物 |
| | | C8 | 113°39′34.9035″E/22°37′55.5061″N | 潮间带生物 |
| | | C9 | 113°35′30.564″E/22°36′53.707″N | 潮间带生物 |
| | | C10 | 113°46′33.452″E/22°39′51.648″N | 潮间带生物 |
| | | C11 | 113°49′18.765″E/22°36′12.803″N | 潮间带生物 |
| 广州港黄埔港区规划调整环境影响报告书 | 2020年4月1—3日 | W1 | 东江口码头有限公司扩建码头上游1000m | 水质、河流底泥 |
| | | W2 | 东江口码头有限公司扩建码头所在地 | 水质、河流底泥 |
| | | W3 | 东江口码头有限公司扩建码头下游1000m(涌口沙西侧) | 水质、河流底泥 |
| | | W4 | 东江口码头有限公司扩建码头下游1000m(涌口沙东侧) | 水质、河流底泥 |
| | | W5 | 东江北干流与珠江后航道黄埔航道交汇处 | 水质、河流底泥 |

各调查站位所执行的海水水质保护目标依据《广州市水环境功能区划》和《广东省海洋功能区划》确定的标准进行评价。本次调查各站位执行标准见表3.2-2。评价结果见表3.2-3。

各调查站位对应标准类型　　表3.2-2

| 质量标准 | 站　位 |
|---|---|
| 地表水Ⅱ类水质标准 | Z39、Z41 |
| 地表水Ⅲ类水质标准 | Z23、Z37、Z38 |
| 海水水质第二类标准 | Z9、Z12、Z15、Z17、Z19、Z20、Z21、Z22、Z29、Z30、Z31、Z32、Z33、Z34、Z36、Z46、Z47、Z48、Z49、Z50、Z51 |
| 海水水质第三类标准 | Z10、Z13、Z16、Z24、Z25、Z26、Z40、Z42、Z43、Z44 |
| 海水水质第四类标准 | Z18、Z27、Z28、Z35、Z45、Z52、Z53 |

Z9、Z12、Z15、Z17、Z19、Z20、Z21、Z22、Z29、Z30、Z31、Z32、Z33、Z34、Z36、Z46、Z47、Z48、Z49、Z50、Z51站位执行海水水质第二类标准。评价结果显示，镉符合海水水质第二类标准，pH值、DO、COD、石油类、活性磷酸盐、汞、锌、铅、铜超标率分别为69.70%、51.52%、21.21%、84.85%、84.85%、33.33%、33.33%、6.06%、66.67%，海水无机氮超标率为100%。

Z10、Z13、Z16、Z24、Z25、Z26、Z40、Z42、Z43、Z44站位执行海水水质第三类标准。评价结果显示，pH值、石油类、锌、镉、铅、铜符合海水水质第三类标准，DO、COD、活性磷酸盐、汞超标率分别为11.11%、5.56%、38.89%、11.11%，无机氮超标率为100%。

Z18、Z27、Z28、Z35、Z45、Z52、Z53站位执行海水水质第四类标准。评价结果显示，pH值、DO、COD、石油类、汞、锌、镉、铅、铜符合海水水质第四类标准，活性磷酸盐超标率为18.18%，无机氮超标率为100%。

Z39、Z41站位执行地表水Ⅱ类水质标准。评价结果显示，pH值、COD、锌、镉、铅、铜符合地表水Ⅱ类水质标准，DO、汞超标率分别为25.00%、25.00%，石油类超标率为100%。

Z23、Z37、Z38站位执行地表水Ⅲ类水质标准。评价结果显示，pH值、DO、COD、汞、锌、镉、铅、铜均符合地表水Ⅲ类水质标准，石油类超标率为60.00%。

表 3.2-3

**水质各评价因子单项标准指数**

| 站位 | 层次 | pH 值 | DO | COD | 石油类 | 无机氮 | 活性磷酸盐 | 汞 | 锌 | 镉 | 铅 | 铜 | 评价标准 |
|---|---|---|---|---|---|---|---|---|---|---|---|---|---|
| Z9 | 表层 | 1.77 | 2.46 | 1.18 | 1.60 | 13.99 | 2.67 | 0.94 | 1.27 | 0.06 | 0.80 | 1.86 | 海水水质第二类标准 |
| Z9 | 底层 | 0.34 | 1.29 | 1.42 | 1.30 | 13.18 | 0.93 | 0.83 | 2.58 | 0.15 | 0.73 | 1.82 | |
| Z12 | 表层 | 1.03 | 2.35 | 1.01 | 1.70 | 12.63 | 0.53 | 0.66 | 0.72 | 0.06 | 0.53 | 0.81 | |
| Z12 | 底层 | 1.63 | 1.37 | 0.48 | 1.62 | 11.87 | 1.53 | 1.05 | 0.60 | 0.04 | 0.64 | 1.05 | |
| Z15 | 表层 | 1.40 | 0.34 | 2.54 | 1.34 | 11.93 | 2.67 | 0.96 | 0.36 | 0.08 | 0.72 | 0.98 | |
| Z15 | 底层 | 1.80 | 1.83 | 0.54 | 1.84 | 10.92 | 1.40 | 1.02 | 0.70 | 0.05 | 0.73 | 1.14 | |
| Z17 | 表层 | 2.66 | 1.25 | 1.74 | 1.88 | 15.41 | 4.80 | 0.84 | 0.36 | 0.05 | 0.58 | 1.77 | |
| Z17 | 底层 | 1.46 | 2.32 | 0.84 | 1.32 | 15.09 | 2.53 | 3.94 | 1.23 | 0.06 | 0.53 | 0.83 | |
| Z19 | 表层 | 2.23 | 1.45 | 0.26 | 1.52 | 15.07 | 2.87 | 0.75 | 1.73 | 0.05 | 0.95 | 1.03 | |
| Z20 | 表层 | 0.83 | 1.10 | 1.06 | 1.28 | 15.14 | 2.93 | 17.68 | 0.95 | 0.07 | 0.53 | 0.93 | |
| Z20 | 底层 | 1.11 | 2.19 | 0.50 | 1.64 | 13.83 | 2.27 | 3.37 | 1.58 | 0.04 | 0.96 | 0.95 | |
| Z21 | 表层 | 0.69 | 2.41 | 1.54 | 1.12 | 13.12 | 0.53 | 2.51 | 1.13 | 0.08 | 0.88 | 1.03 | |
| Z22 | 表层 | 2.40 | 1.60 | 0.64 | 1.66 | 10.42 | 1.30 | 0.20 | 0.06 | 0.01 | 0.20 | 0.79 | |
| Z22 | 底层 | 2.63 | 1.82 | 0.27 | 0.88 | 10.51 | 5.70 | 0.12 | 0.24 | 0.01 | 0.11 | 1.00 | |
| Z29 | 表层 | 2.09 | 1.10 | 0.53 | 1.82 | 15.39 | 1.93 | 0.26 | 0.58 | 0.05 | 0.73 | 1.07 | |
| Z30 | 表层 | 1.43 | 0.66 | 0.29 | 2.18 | 14.30 | 0.67 | 0.34 | 0.28 | 0.04 | 1.08 | 0.70 | |
| Z30 | 底层 | 2.77 | 0.26 | 0.42 | 1.66 | 15.38 | 2.47 | 0.39 | 0.47 | 0.05 | 0.57 | 1.18 | |
| Z31 | 表层 | 0.86 | 0.13 | 0.97 | 1.14 | 13.78 | 1.73 | 0.68 | 0.42 | 0.04 | 1.06 | 0.74 | |
| Z32 | 表层 | 0.89 | 0.28 | 0.49 | 0.90 | 14.09 | 2.13 | 0.54 | 0.73 | 0.05 | 0.73 | 1.15 | |

续上表

| 站位 | 层次 | pH值 | DO | COD | 石油类 | 无机氮 | 活性磷酸盐 | 汞 | 锌 | 镉 | 铅 | 铜 | 评价标准 |
|---|---|---|---|---|---|---|---|---|---|---|---|---|---|
| Z32 | 底层 | 2.31 | 0.03 | 0.60 | 1.76 | 15.23 | 3.13 | 1.70 | 1.19 | 0.13 | 0.71 | 2.17 | 海水水质第二类标准 |
| Z33 | 表层 | 2.31 | 0.45 | 0.22 | 1.54 | 13.78 | 2.33 | 1.13 | 1.42 | 0.06 | 0.79 | 2.03 | |
| Z34 | 表层 | 2.63 | 0.14 | 0.66 | 1.20 | 15.42 | 3.47 | 0.65 | 2.81 | 0.16 | 0.61 | 2.02 | |
| Z34 | 底层 | 0.17 | 0.17 | 0.50 | 1.56 | 12.32 | 1.60 | 4.00 | 0.31 | 0.04 | 0.56 | 0.58 | |
| Z36 | 表层 | 2.29 | 0.36 | 0.48 | 1.10 | 13.01 | 0.93 | 0.42 | 0.89 | 0.06 | 0.54 | 0.88 | |
| Z36 | 底层 | 0.26 | 0.67 | 0.32 | 1.86 | 12.42 | 1.47 | 1.19 | 0.55 | 0.03 | 0.81 | 0.47 | |
| Z46 | 表层 | 2.29 | 1.20 | 0.39 | 1.12 | 13.87 | 2.13 | 0.30 | 0.31 | 0.04 | 0.94 | 2.40 | |
| Z47 | 表层 | 1.51 | 1.14 | 0.28 | 1.94 | 13.88 | 1.47 | 0.21 | 0.39 | 0.05 | 0.72 | 1.80 | |
| Z48 | 表层 | 2.06 | 0.33 | 0.61 | 0.78 | 15.42 | 3.13 | 0.33 | 0.36 | 0.05 | 0.54 | 1.08 | |
| Z49 | 表层 | 1.06 | 0.09 | 0.41 | 0.98 | 13.68 | 1.67 | 0.30 | 0.54 | 0.05 | 0.72 | 1.96 | |
| Z50 | 表层 | 0.77 | 0.22 | 0.36 | 1.40 | 13.76 | 1.93 | 0.56 | 0.45 | 0.04 | 0.93 | 2.62 | |
| Z50 | 底层 | 1.20 | 1.16 | 0.12 | 1.10 | 13.31 | 2.00 | 1.99 | 1.66 | 0.15 | 0.53 | 1.89 | |
| Z51 | 表层 | 1.00 | 0.01 | 0.32 | 0.92 | 13.61 | 1.67 | 0.65 | 0.93 | 0.15 | 0.79 | 1.99 | |
| Z51 | 底层 | 0.86 | 0.49 | 0.63 | 1.70 | 13.82 | 1.33 | 0.69 | 2.65 | 0.15 | 0.73 | 1.95 | |
| 超标率(%) | | 69.70 | 51.52 | 21.21 | 84.85 | 100.00 | 84.85 | 33.33 | 33.33 | 0.00 | 6.06 | 66.67 | |
| 最小值 | | 0.17 | 0.01 | 0.12 | 0.78 | 10.42 | 0.53 | 0.12 | 0.06 | 0.01 | 0.11 | 0.47 | |
| 最大值 | | 2.77 | 2.46 | 2.54 | 2.18 | 15.42 | 5.70 | 17.68 | 2.81 | 0.16 | 1.08 | 2.62 | |
| 平均值 | | 1.54 | 0.99 | 0.69 | 1.44 | 13.62 | 2.12 | 1.55 | 0.92 | 0.07 | 0.70 | 1.35 | |

续上表

| 站位 | 层次 | pH值 | DO | COD | 石油类 | 无机氮 | 活性磷酸盐 | 汞 | 锌 | 镉 | 铅 | 铜 | 评价标准 |
|---|---|---|---|---|---|---|---|---|---|---|---|---|---|
| Z10 | 表层 | 0.14 | 0.69 | 0.37 | 0.23 | 6.21 | 0.57 | 0.19 | 0.30 | 0.01 | 0.05 | 0.17 | 海水水质第三类标准 |
| Z10 | 底层 | 0.30 | 0.65 | 0.91 | 0.18 | 6.61 | 0.47 | 0.26 | 0.16 | 0.02 | 0.08 | 0.18 | |
| Z13 | 表层 | 0.33 | 0.95 | 0.39 | 0.35 | 6.16 | 0.50 | 0.24 | 0.15 | 0.01 | 0.06 | 0.08 | |
| Z16 | 表层 | 0.08 | 0.84 | 1.33 | 0.35 | 6.42 | 0.40 | 0.29 | 0.03 | 0.01 | 0.10 | 0.11 | |
| Z16 | 底层 | 0.15 | 0.33 | 0.18 | 0.18 | 7.48 | 0.90 | 0.06 | 0.03 | 0.00 | 0.05 | 0.09 | |
| Z24 | 表层 | 0.06 | 0.61 | 1.00 | 0.24 | 6.48 | 0.33 | 0.38 | 0.06 | 0.00 | 0.04 | 0.07 | |
| Z24 | 底层 | — | — | — | — | — | — | — | — | — | — | — | |
| Z25 | 表层 | 0.12 | 0.92 | 0.21 | 0.24 | 8.13 | 1.73 | 0.34 | 0.09 | 0.00 | 0.05 | 0.12 | |
| Z25 | 底层 | 0.26 | 1.18 | 0.37 | 0.16 | 8.18 | 1.53 | 0.19 | 0.04 | 0.00 | 0.07 | 0.09 | |
| Z26 | 表层 | 0.10 | 0.37 | 0.22 | 0.32 | 6.44 | 0.93 | 0.73 | 0.11 | 0.00 | 0.10 | 0.06 | |
| Z26 | 底层 | 0.30 | 0.24 | 0.29 | 0.30 | 7.26 | 1.13 | 0.06 | 0.16 | 0.01 | 0.05 | 0.15 | |
| Z40 | 表层 | 0.24 | 0.69 | 0.40 | 0.15 | 4.73 | 0.40 | 0.24 | 0.13 | 0.01 | 0.06 | 0.14 | |
| Z40 | 底层 | 0.12 | 1.18 | 0.37 | 0.20 | 6.64 | 0.20 | 0.25 | 0.14 | 0.02 | 0.09 | 0.20 | |
| Z42 | 表层 | 0.15 | 0.21 | 0.15 | 0.32 | 6.98 | 4.94 | 0.20 | 0.19 | 0.02 | 0.09 | 0.20 | |
| Z42 | 底层 | 0.28 | 0.17 | 0.20 | 0.23 | 7.88 | 1.47 | 0.13 | 0.18 | 0.01 | 0.05 | 0.09 | |
| Z43 | 表层 | 0.01 | 0.79 | 0.05 | 0.16 | 7.59 | 2.13 | 3.06 | 0.23 | 0.01 | 0.05 | 0.10 | |
| Z43 | 底层 | 0.12 | 0.93 | 0.29 | 0.19 | 6.55 | 1.30 | 0.71 | 0.20 | 0.01 | 0.05 | 0.10 | |
| Z44 | 表层 | 0.07 | 0.97 | 0.26 | 0.17 | 4.44 | 0.30 | 2.93 | 0.32 | 0.01 | 0.07 | 0.13 | |
| Z44 | 底层 | 0.10 | 0.57 | 0.14 | 0.23 | 5.09 | 0.77 | 0.72 | 0.22 | 0.00 | 0.07 | 0.05 | |

续上表

| 站位 | 层次 | pH值 | DO | COD | 石油类 | 无机氮 | 活性磷酸盐 | 汞 | 锌 | 镉 | 铅 | 铜 | 评价标准 |
|---|---|---|---|---|---|---|---|---|---|---|---|---|---|
| 超标率(%) | | 0.00 | 11.11 | 5.56 | 0.00 | 100.00 | 38.89 | 11.11 | 0.00 | 0.00 | 0.00 | 0.00 | 海水水质第三类标准 |
| 最小值 | | 0.01 | 0.17 | 0.05 | 0.15 | 4.44 | 0.20 | 0.06 | 0.03 | 0.00 | 0.04 | 0.05 | |
| 最大值 | | 0.33 | 1.18 | 1.33 | 0.35 | 8.18 | 4.94 | 3.06 | 0.32 | 0.02 | 0.10 | 0.20 | |
| 平均值 | | 0.16 | 0.68 | 0.40 | 0.23 | 6.63 | 1.11 | 0.61 | 0.15 | 0.01 | 0.07 | 0.12 | |
| Z18 | 表层 | 0.24 | 0.78 | 0.21 | 0.12 | 4.98 | 0.38 | 0.11 | 0.02 | 0.01 | 0.01 | 0.12 | 海水水质第四类标准 |
| Z18 | 底层 | 0.16 | 0.85 | 0.24 | 0.11 | 3.20 | 0.36 | 0.11 | 0.02 | 0.01 | 0.02 | 0.12 | |
| Z27 | 表层 | 0.20 | 0.70 | 0.36 | 0.11 | 5.72 | 0.29 | 0.17 | 0.09 | 0.01 | 0.01 | 0.08 | |
| Z28 | 表层 | 0.41 | 0.62 | 0.46 | 0.09 | 6.10 | 0.96 | 0.13 | 0.02 | 0.01 | 0.02 | 0.13 | |
| Z35 | 表层 | 0.11 | 0.08 | 0.24 | 0.13 | 5.17 | 0.73 | 0.12 | 0.10 | 0.01 | 0.02 | 0.20 | |
| Z35 | 底层 | 0.02 | 0.53 | 0.10 | 0.11 | 4.42 | 0.67 | 0.77 | 0.01 | 0.00 | 0.02 | 0.11 | |
| Z45 | 表层 | 0.16 | 0.20 | 0.04 | 0.15 | 6.25 | 0.51 | 0.04 | 0.03 | 0.01 | 0.00 | 0.11 | |
| Z52 | 表层 | 0.10 | 0.25 | 0.17 | 0.19 | 3.86 | 0.87 | 0.18 | 0.08 | 0.02 | 0.03 | 0.20 | |
| Z52 | 底层 | 0.16 | 0.65 | 0.12 | 0.13 | 3.03 | 0.22 | 0.27 | 0.06 | 0.02 | 0.02 | 0.19 | |
| Z53 | 表层 | 0.24 | 0.11 | 0.18 | 0.21 | 6.52 | 2.87 | 0.16 | 0.06 | 0.01 | 0.01 | 0.09 | |
| Z53 | 底层 | 0.31 | 0.48 | 0.17 | 0.17 | 6.45 | 2.78 | 0.12 | 0.09 | 0.01 | 0.01 | 0.09 | |
| 超标率(%) | | 0.00 | 0.00 | 0.00 | 0.00 | 100.00 | 18.18 | 0.00 | 0.00 | 0.00 | 0.00 | 0.00 | |
| 最小值 | | 0.02 | 0.08 | 0.04 | 0.09 | 3.03 | 0.22 | 0.04 | 0.01 | 0.00 | 0.00 | 0.08 | |
| 最大值 | | 0.41 | 0.85 | 0.46 | 0.21 | 6.52 | 2.87 | 0.77 | 0.10 | 0.02 | 0.03 | 0.20 | |
| 平均值 | | 0.19 | 0.48 | 0.21 | 0.14 | 5.06 | 0.97 | 0.20 | 0.05 | 0.01 | 0.01 | 0.13 | |

续上表

| 站位 | 层次 | pH值 | DO | COD | 石油类 | 无机氮 | 活性磷酸盐 | 汞 | 锌 | 镉 | 铅 | 铜 | 评价标准 |
|---|---|---|---|---|---|---|---|---|---|---|---|---|---|
| Z39 | 表层 | 0.33 | 0.68 | 0.12 | 1.14 | — | — | 0.96 | 0.02 | 0.03 | 0.08 | 0.01 | 地表水Ⅱ类水质标准 |
| Z39 | 底层 | 0.31 | 1.14 | 0.13 | 1.02 | — | — | 0.72 | 0.05 | 0.03 | 0.06 | 0.01 | |
| Z41 | 表层 | 0.43 | 0.29 | 0.08 | 1.02 | — | — | 1.08 | 0.01 | 0.01 | 0.06 | 0.01 | |
| Z41 | 底层 | 0.39 | 0.36 | 0.10 | 1.56 | — | — | 0.68 | 0.00 | 0.01 | 0.06 | 0.00 | |
| 超标率(%) | | 0.00 | 25.00 | 25.00 | 100.00 | — | — | 25.00 | 0.00 | 0.00 | 0.00 | 0.00 | |
| 最小值 | | 0.31 | 0.29 | 0.29 | 1.02 | — | — | 0.68 | 0.00 | 0.01 | 0.06 | 0.00 | |
| 最大值 | | 0.43 | 1.14 | 1.14 | 1.56 | — | — | 1.08 | 0.05 | 0.03 | 0.08 | 0.01 | |
| 平均值 | | 0.36 | 0.62 | 0.62 | 1.19 | — | — | 0.86 | 0.02 | 0.02 | 0.07 | 0.01 | |
| Z23 | 表层 | 0.26 | 0.48 | 0.06 | 1.38 | — | — | 0.58 | 0.02 | 0.03 | 0.02 | 0.01 | 地表水Ⅲ类水质标准 |
| Z37 | 表层 | 0.33 | 0.35 | 0.09 | 1.98 | — | — | 0.38 | 0.05 | 0.03 | 0.01 | 0.01 | |
| Z37 | 底层 | 0.21 | 0.38 | 0.10 | 1.20 | — | — | 0.28 | 0.02 | 0.02 | 0.01 | 0.01 | |
| Z38 | 表层 | 0.32 | 0.65 | 0.07 | 0.90 | — | — | 0.38 | 0.05 | 0.03 | 0.01 | 0.01 | |
| Z38 | 底层 | 0.26 | 0.71 | 0.00 | 0.00 | — | — | 0.00 | 0.00 | 0.00 | 0.00 | 0.00 | |
| 超标率(%) | | 0.00 | 0.00 | 0.00 | 60.00 | — | — | 0.00 | 0.00 | 0.00 | 0.00 | 0.00 | |
| 最小值 | | 0.18 | 0.35 | 0.00 | 0.00 | — | — | 0.00 | 0.00 | 0.00 | 0.00 | 0.00 | |
| 最大值 | | 0.33 | 0.71 | 0.10 | 1.98 | — | — | 0.58 | 0.05 | 0.03 | 0.02 | 0.01 | |
| 平均值 | | 0.26 | 0.51 | 0.06 | 1.09 | — | — | 0.32 | 0.03 | 0.02 | 0.01 | 0.01 | |

东江口码头有限公司扩建码头所在水域为东江北干流(增城新塘—广州黄埔新港东岸),执行《地表水环境质量标准》(GB 3838—2002)的Ⅲ类标准。根据水质监测资料,利用《环境影响评价技术导则地表水环境》(HJ 2.3—2018)所推荐的水质指数法进行评价。各项水质参数标准指数见表3.2-4。

**各项水质参数标准指数**

表3.2-4

| 检测项目 | W1 | | W2 | | W3 | | W4 | | W5 | |
|---|---|---|---|---|---|---|---|---|---|---|
| | 涨潮 | 退潮 | 涨潮 | 退潮 | 涨潮 | 退潮 | 涨潮 | 退潮 | 涨潮 | 退潮 |
| 2020年4月1日 | | | | | | | | | | |
| pH值 | 0.250 | 0.150 | 0.200 | 0.250 | 0.300 | 0.100 | 0.350 | 0.200 | 0.100 | 0.150 |
| 溶解氧 | 0.633 | 0.649 | 0.625 | 0.641 | 0.781 | 0.758 | 0.725 | 0.735 | 0.877 | 0.847 |
| $COD_{Cr}$ | 0.550 | 0.400 | 0.400 | 0.400 | 0.450 | 0.500 | 1.100 | 0.650 | 0.650 | 0.850 |
| $BOD_5$ | 0.550 | 0.425 | 0.450 | 0.500 | 0.600 | 0.700 | 1.150 | 0.550 | 0.700 | 0.975 |
| 氨氮 | 0.406 | 0.423 | 0.476 | 0.426 | 0.239 | 0.281 | 0.259 | 0.217 | 0.312 | 0.262 |
| 悬浮物 | 0.167 | 0.300 | 0.200 | 0.200 | 0.300 | 0.167 | 0.233 | 0.200 | 0.267 | 0.167 |
| 总磷 | 0.800 | 0.800 | 0.850 | 0.850 | 0.900 | 0.750 | 1.000 | 0.900 | 0.650 | 1.000 |
| 总氮 | 3.530 | 3.490 | 3.530 | 3.630 | 3.220 | 3.510 | 2.080 | 2.040 | 3.120 | 3.550 |
| 阴离子表面活性剂 | 0.850 | 1.050 | 1.150 | 0.950 | 1.000 | 0.800 | 1.000 | 1.050 | 1.100 | 0.900 |
| 石油类 | 0.400 | 0.400 | 0.400 | 0.400 | 0.600 | 0.600 | 0.400 | 0.600 | 0.400 | 0.600 |
| 2020年4月2日 | | | | | | | | | | |
| pH值 | 0.150 | 0.200 | 0.200 | 0.100 | 0.350 | 0.250 | 0.350 | 0.300 | 0.100 | 0.050 |
| 溶解氧 | 0.667 | 0.641 | 0.617 | 0.625 | 0.746 | 0.758 | 0.735 | 0.725 | 0.862 | 0.893 |
| $COD_{Cr}$ | 0.500 | 0.650 | 0.550 | 0.600 | 0.650 | 0.600 | 0.450 | 1.000 | 0.750 | 0.700 |
| $BOD_5$ | 0.475 | 0.700 | 0.725 | 0.775 | 0.500 | 0.650 | 0.500 | 1.025 | 0.825 | 0.725 |
| 氨氮 | 0.381 | 0.426 | 0.414 | 0.448 | 0.314 | 0.267 | 0.223 | 0.256 | 0.309 | 0.326 |
| 悬浮物 | 0.333 | 0.200 | 0.200 | 0.200 | 0.167 | 0.200 | 0.200 | 0.267 | 0.233 | 0.300 |
| 总磷 | 0.800 | 0.850 | 0.750 | 0.850 | 0.700 | 0.800 | 0.950 | 1.050 | 0.950 | 0.900 |
| 总氮 | 3.420 | 3.670 | 3.730 | 3.530 | 3.570 | 2.930 | 2.110 | 2.310 | 3.470 | 3.010 |
| 阴离子表面活性剂 | 0.850 | 1.150 | 0.950 | 1.050 | 0.900 | 1.100 | 1.000 | 0.800 | 0.800 | 1.050 |
| 石油类 | 0.400 | 0.400 | 0.400 | 0.600 | 0.600 | 0.600 | 0.400 | 0.600 | 0.400 | 0.400 |

续上表

| 检测项目 | W1 | | W2 | | W3 | | W4 | | W5 | |
|---|---|---|---|---|---|---|---|---|---|---|
| | 涨潮 | 退潮 | 涨潮 | 退潮 | 涨潮 | 退潮 | 涨潮 | 退潮 | 涨潮 | 退潮 |
| 2020年4月3日 | | | | | | | | | | |
| pH值 | 0.200 | 0.250 | 0.200 | 0.100 | 0.350 | 0.300 | 0.400 | 0.250 | 0.150 | 0.100 |
| 溶解氧 | 0.658 | 0.649 | 0.633 | 0.641 | 0.735 | 0.746 | 0.725 | 0.714 | 0.893 | 0.909 |
| $COD_{Cr}$ | 0.600 | 0.600 | 0.500 | 0.650 | 0.800 | 0.700 | 0.700 | 0.850 | 0.700 | 0.800 |
| $BOD_5$ | 0.750 | 0.825 | 0.900 | 0.700 | 0.850 | 1.025 | 0.950 | 1.050 | 1.100 | 0.925 |
| 氨氮 | 0.345 | 0.442 | 0.392 | 0.473 | 0.284 | 0.267 | 0.226 | 0.259 | 0.342 | 0.320 |
| 悬浮物 | 0.167 | 0.300 | 0.300 | 0.233 | 0.233 | 0.267 | 0.267 | 0.200 | 0.233 | 0.200 |
| 总磷 | 0.750 | 0.700 | 0.800 | 0.700 | 0.750 | 0.850 | 1.100 | 1.250 | 1.000 | 0.700 |
| 总氮 | 3.470 | 3.630 | 3.610 | 3.510 | 3.420 | 2.870 | 2.150 | 2.040 | 3.320 | 3.050 |
| 阴离子表面活性剂 | 0.950 | 1.000 | 1.050 | 0.800 | 1.150 | 0.900 | 1.000 | 0.950 | 1.000 | 0.850 |
| 石油类 | 0.400 | 0.600 | 0.600 | 0.600 | 0.400 | 0.600 | 0.600 | 0.600 | 0.400 | 0.400 |

由监测结果可知，各断面的总氮均超出《地表水环境质量标准》(GB 3838—2002)的Ⅲ类标准；W1断面的阴离子表面活性剂，W2断面的阴离子表面活性剂，W3断面的$BOD_5$、阴离子表面活性剂，W4断面的$COD_{Cr}$、$BOD_5$、阴离子表面活性剂、总磷，W5断面的$BOD_5$、阴离子表面活性剂，均出现不同程度超标；其余监测指标满足《地表水环境质量标准》(GB 3838—2002)的Ⅲ类标准。由此可知，东江北干流(增城新塘—广州黄埔新港东岸)水质一般。导致水体污染的主要原因是河流沿线部分居民生活污水直接汇入东江北干流及其支流、沿线工业企业在发展迅速的同时，配套环保处理设施未完善。通过"控源截污、内源治理、生态修复、活水保质"的技术路线以及"控(源)、截(污)、清(淤)、调(水)、管(理)"的五字治水方针，东江北干流总氮等超标问题将会得到很大改善。

### 3.2.2 沉积物质量现状及评价

1)区域沉积物环境质量现状

本小节内容摘自《2020广州市环境质量状况公报》。

2020 年广州市管辖海域海洋沉积物质量一般的站位比例为 80%。实施沉积物质量监测的功能区有 4 个,分别为狮子洋保留区、蒲州风景旅游区、零丁洋保留区和万顷沙海洋特别保护区,面积共 32280 万 $m^2$,其中符合海洋环境保护要求功能区的面积为 31250 万 $m^2$,达标率为 96.8%。

“十三五”期间,沉积物质量整体一般,基本维持稳定(图 3.2-2)。

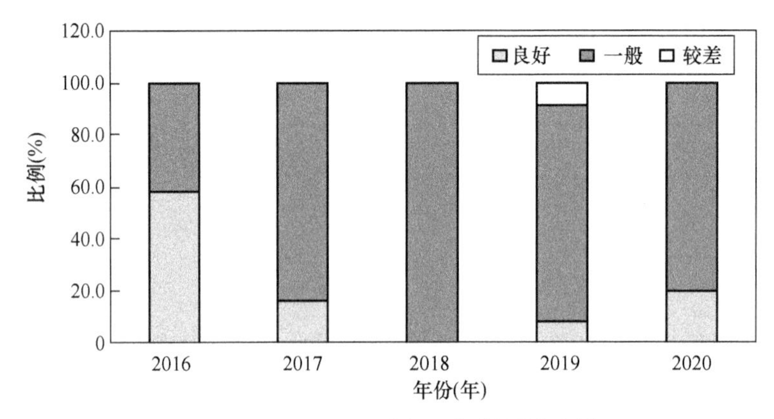


图 3.2-2　2016—2020 年沉积物质量站位比例

根据 2011—2017 年的《广州市海洋环境状况公报》,多数监测要素符合《海洋沉积物质量》第二类标准,部分要素能够符合第一类标准,剩余要素基本能够符合第三类标准,仅在 2012 年和 2013 年出现个别站位个别指标超第三类标准的情况,其中 2012 年个别站位镉和石油类超第三标准,2013 年石油和滴滴涕类超第三类标准。

2)港区沉积物环境质量现状

本小节内容出自《粤港澳大湾区(南沙)国际航运物流产业集聚区项目海域使用论证报告》及《广州港黄埔港区规划调整环境影响报告书》。

调查资料引用国家海洋局深圳海洋环境监测中心站于 2019 年 9 月 11—22 日在伶仃洋海域开展的海洋环境现状调查结果,以及广东联创检测技术有限公司于 2020 年 4 月 1—3 日对东江北干流进行的河流底泥监测结果。

调查共布设海洋沉积物调查站位 24 个,河流底泥调查站位 3 个。监测时间、数据来源、站位坐标与调查内容见表 3.2-5,监测点位如图 3.2-2 所示。

各调查站位沉积物按照《广东省海洋功能区划》、《海洋沉积物质量》和《土壤环境质量农用地土壤污染风险管控标准》(GB 15618—2018)中确定的标准进行评价。评价标准和评价结果见表 3.2-5。

沉积物各评价因子标准指数　　表 3.2-5

| 站位 | 有机碳 | 硫化物 | 总汞 | 铜 | 锌 | 铅 | 镉 | 石油类 | 评价标准 |
|---|---|---|---|---|---|---|---|---|---|
| Z9 | 0.12 | 0.50 | 0.16 | 0.13 | 0.13 | 0.21 | 0.97 | 1.01 | 海洋沉积物一类标准 |
| Z15 | 0.75 | 0.21 | 1.16 | 2.21 | 1.23 | 0.94 | 1.85 | 0.82 | |
| Z19 | 1.36 | 15.24 | 1.90 | 21.09 | 4.21 | 1.44 | 2.02 | 6.64 | |
| Z21 | 1.63 | 0.89 | 2.73 | 20.48 | 6.16 | 1.31 | 6.33 | 9.94 | |
| Z30 | 0.55 | 1.75 | 0.72 | 1.10 | 0.83 | 0.70 | 0.75 | 0.98 | |
| Z31 | 0.90 | 2.46 | 1.53 | 11.37 | 2.26 | 1.04 | 1.43 | 3.45 | |
| Z33 | 0.61 | 1.68 | 0.95 | 4.04 | 1.15 | 0.76 | 0.79 | 1.46 | |
| Z36 | 0.53 | 0.41 | 0.55 | 0.58 | 0.69 | 0.60 | 0.39 | 1.02 | |
| Z47 | 0.30 | 0.15 | 0.45 | 0.60 | 0.59 | 0.37 | 0.83 | 0.94 | |
| Z48 | 0.07 | 0.12 | 0.47 | 0.23 | 0.52 | 0.44 | 0.64 | 1.10 | |
| Z50 | 0.46 | 0.09 | 1.12 | 0.69 | 0.71 | 0.60 | 0.91 | 8.72 | |
| 超标率(%) | 18.18 | 36.36 | 45.45 | 54.55 | 45.45 | 27.27 | 36.36 | 72.73 | |
| Z13 | 0.42 | 0.66 | 0.53 | 0.42 | 0.36 | 0.40 | 0.34 | 0.91 | 海洋沉积物二类标准 |
| Z24 | 0.66 | 3.14 | 0.71 | 2.59 | 1.93 | 0.55 | 0.73 | 2.45 | |
| Z26 | 0.41 | 4.41 | 0.20 | 0.64 | 0.55 | 0.50 | 0.62 | 0.64 | |
| Z40 | 0.48 | 0.02 | 0.15 | 1.22 | 0.91 | 0.47 | 0.55 | 0.57 | |
| Z43 | 0.33 | 0.12 | 0.28 | 0.25 | 0.27 | 0.29 | 0.05 | 0.55 | |
| Z44 | 0.54 | 0.11 | 0.36 | 0.32 | 0.34 | 0.32 | 0.19 | 0.52 | |
| 超标率(%) | 0.00 | 33.33 | 0.00 | 33.33 | 16.67 | 0.00 | 0.00 | 16.67 | |
| Z18 | 0.39 | 2.46 | 0.24 | 0.37 | 0.42 | 0.28 | 0.10 | 0.43 | 海洋沉积物三类标准 |
| Z27 | 0.19 | 0.22 | 0.15 | 0.24 | 0.18 | 0.16 | 0.08 | 0.40 | |
| Z35 | 0.32 | 0.47 | 0.32 | 0.56 | 0.32 | 0.22 | 0.06 | 0.53 | |
| Z45 | 0.30 | 0.10 | 0.20 | 0.22 | 0.19 | 0.17 | 0.09 | 0.48 | |
| Z52 | 0.25 | 0.38 | 0.18 | 0.15 | 0.17 | 0.17 | 0.05 | 0.53 | |
| 超标率(%) | 0.00 | 20.00 | 0.00 | 0.00 | 0.00 | 0.00 | 0.00 | 0.00 | |

续上表

| 站位 | 有机碳 | 硫化物 | 总汞 | 铜 | 锌 | 铅 | 镉 | 石油类 | 评价标准 |
|---|---|---|---|---|---|---|---|---|---|
| Z37 | — | — | 0.01 | 0.22 | 0.29 | 0.15 | 0.44 | — | 风险筛选值（GB 15618—2018） |
| Z39 | — | — | 0.10 | 0.53 | 0.39 | 0.13 | 0.34 | — | |
| 超标率 | — | — | 0.00 | 0.00 | 0.00 | 0.00 | 0.00 | — | |

Z9、Z15、Z19、Z21、Z30、Z31、Z33、Z36、Z47、Z48、Z50站位执行海洋沉积物一类标准。评价结果显示，有机碳、硫化物、总汞、铜、锌、铅、镉、石油类超标率分别为18.18%、36.36%、45.45%、54.55%、45.45%、27.27%、36.36%、72.73%。

Z13、Z24、Z26、Z40、Z43、Z44站位执行海洋沉积物二类标准。评价结果显示，沉积物有机碳、总汞、铅、镉所有站位均满足海洋沉积物二类标准，沉积物硫化物、铜、锌、石油类超标率分别为33.33%、33.33%、16.67%、16.67%。

Z18、Z27、Z35、Z45、Z52站位执行海洋沉积物三类标准。评价结果显示，沉积物有机碳、总汞、铜、锌、铅、镉、石油类所有站位均满足海洋沉积物三类标准，硫化物超标率为20%。

Z37、Z39选用《土壤环境质量农用地土壤污染风险管控标准》（GB 15618—2018）中的风险筛选值中其他的标准进行评价。评价结果显示，所有站位各监测因子均符合《土壤环境质量农用地土壤污染风险管控标准》（GB 15618—2018）中的风险筛选值。

在W2、W3和W5监测了底泥环境质量，监测项目包括pH值、镉、汞、砷、铅、铬、铜、镍、锌共9项，连续监测1d，每天监测1次。本次评价选用《土壤环境质量农用地土壤污染风险管控标准》（GB 15618—2018）中的风险筛选值中其他的标准对河流底质进行评价。各项底泥各评价因子标准指数见表3.2-6。

**河流底泥各评价因子标准指数**　　表3.2-6

| 监测项目 | 监测点位及结果（2020年4月2日） | | |
|---|---|---|---|
| | W2 | W3 | W5 |
| 铅 | 0.182 | 0.120 | 0.138 |
| 镉 | 0.783 | 0.333 | 0.400 |
| 铬 | 0.144 | 0.050 | 0.165 |
| 铜 | 0.910 | 0.190 | 0.190 |
| 镍 | 0.147 | 0.170 | 0.190 |
| 砷 | 0.295 | 0.279 | 0.427 |
| 汞 | 0.074 | 0.037 | 0.045 |
| 锌 | 0.760 | 0.276 | 0.332 |

根据监测结果,各监测因子均符合《土壤环境质量农用地土壤污染风险管控标准》(GB 15618—2018)中的风险筛选值。

### 3.2.3 海洋生态

1)区域生态环境质量现状

本小节内容摘自《2020 广州市环境质量状况公报》。

2020 年,对广州市管辖海域开展了浮游生物多样性监测。共鉴定浮游植物 166 种,主要类群为硅藻、绿藻和甲藻,主要优势种有颗粒直链藻、中肋骨条藻、新月菱形藻和变异直链藻。监测海域浮游植物多样性指数年均值为 3.10,多样性指数等级为较好,与 2019 年持平。

共鉴定浮游动物 57 种和浮游幼虫 12 类,主要类群为桡足类、枝角类和轮虫类,主要优势种有中华异水蚤、强额孔雀水蚤、长额象鼻溞和中华窄腹剑水蚤。监测海域浮游动物多样性指数年均值为 2.28,多样性指数等级为中,与 2019 年持平。

"十三五"期间浮游生物多样性水平基本维持稳定,浮游植物多样性指数年均值变化范围为 3.10 ~ 3.70,多样性指数等级均较好;浮游动物多样性指数年均值变化范围为 2.28 ~ 2.85,多样性指数等级均为中。2020 年 8 月,浮游植物颗粒直链藻大量繁殖,而 2020 年全年中华异水蚤和强额孔雀水蚤优势度明显,导致 2020 年浮游植物和浮游动物多样性指数均为"十三五"期间最低值(图 3.2-3)。

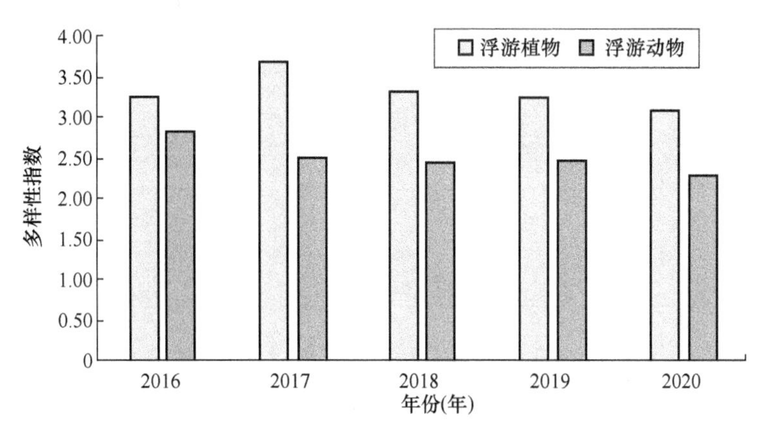


图 3.2-3 "十三五"期间浮游生物多样性指数变化情况图

根据《2020 广州市环境质量状况公报》《2019 广州市环境质量状况公报》和 2015—2017 年的《广州市海洋环境状况公报》,将浮游植物和浮游动物主要生态指标整理于表 3.2-7。由表中分析可知,广州海域浮游生物主要类群和种类数量无明显变化。

**广州海域浮游生物主要生态指标汇总表**

表 3.2-7

| 时间（年） | 浮游植物 | | | | | 浮游动物 | | | | |
|---|---|---|---|---|---|---|---|---|---|---|
| | 种类（种） | 主要类群 | 密度均值（$\times 10^4$ cells/L） | 多样性指数年均值 | 多样性指数等级 | 种类（种） | 主要类群 | 密度均值（$\times 10^4$ ind/$m^3$） | 多样性指数年均值 | 多样性指数等级 |
| 2011 | — | — | — | 2.61 | 中 | — | — | — | 2.11 | 中 |
| 2015 | 183 | 硅藻<br>绿藻 | 180.75 | 3.41 | 较好 | 75 | 桡足类<br>轮虫类<br>枝角类 | 3.23 | 2.25 | 中 |
| 2016 | 213 | 硅藻<br>绿藻 | 37.20 | 3.38 | 较好 | 71 | 桡足类<br>轮虫类<br>枝角类 | 3.74 | 3.28 | 较好 |
| 2017 | 184 | 硅藻<br>绿藻<br>蓝藻 | 176.03 | 3.78 | 较好 | 74 | 桡足类<br>轮虫类<br>枝角类 | 2.14 | 2.47 | 中 |
| 2019 | 177 | 硅藻<br>绿藻<br>蓝藻 | — | 3.26 | 较好 | 69 | 桡足类<br>轮虫类<br>枝角类 | 2.49 | 2.49 | 中 |
| 2020 | 166 | 硅藻<br>绿藻<br>甲藻 | — | 3.10 | 较好 | 57 | 桡足类<br>枝角类<br>轮虫类 | | 2.28 | 中 |

注：Cells/L 指细胞密度，指每升水中的细胞数量；ind/$m^3$ 指生物密度，指每立方米的生物个体数量，后同。

2011—2015 年,海洋生物石油烃和滴滴涕基本呈下降趋势,其他监测指标含量基本稳定,2016 年实施监测的功能区生物质量达标率为 100%,2017 年与 2016 年相比,石油烃和镉含量略有下降。

2)港区生态环境质量现状

本小节内容收集自《粤港澳大湾区(南沙)国际航运物流产业集聚区项目海域使用论证报告》。调查资料引用国家海洋局深圳海洋环境监测中心站于 2019 年 9 月 11—22 日在伶仃洋海域开展的海洋环境现状调查结果。

调查共布设海洋生物调查站位 28 个,潮间带调查断面 11 个。监测时间、数据来源、站位坐标与调查内容见表 3.2-1。

(1)叶绿素 a 和初级生产力。

本次调查海域,叶绿素 a 含量的变化范围在 0.88 ~ 42.90mg/$m^3$之间,平均值为 10.93mg/$m^3$。最高值出现在 Z21 站,最低值出现在 Z50 站。

本次调查期间初级生产力水平的变化范围为 53.7 ~ 2618.4mg · C/($m^2$ · d)[1],平均值为 645.8mg · C/($m^2$ · d)。其中以 Z33 站最高,为 2618.4mg · C/($m^2$ · d);Z21 站其次,为 2602.2mg · C/($m^2$ · d);Z50 站最低,为 53.7mg · C/($m^2$ · d)。总体而言,调查海域的叶绿素 a 含量中等,初级生产力处于中等水平,不同区域差别较大。

(2)浮游植物。

①种类组成。

本次调查经初步鉴定有浮游植物 5 门 66 属 108 种含 4 个变种及变型。其中以硅藻门出现的种类为最多,达 26 属 50 种,占总种类数的 46.30%;绿藻门次之,出现了 21 属 35 种,占总种类数的 32.41%;蓝藻出现了 11 属 14 种,占总种类数的 12.96%;裸藻门 2 属 3 种、甲藻门 6 属 6 种分别占总种类的 2.78% 和 5.56%。硅藻类的圆筛藻属出现的种类数最多,为 8 种;角毛藻属出现了 7 种,居第二位;其他属出现的种类较少。

②数量分布。

本次调查结果表明,浮游植物生物量变化范围为 $30.8 \times 10^3$ ~ $62527.5 \times 10^3$ cells/$m^3$,平均值为 $8978.9 \times 10^3$ cells/$m^3$。不同站位的生物量变化幅度较大,最高生物量出现在 Z40 站;Z13 站次之,其生物量为 $60856.8 \times 10^3$ cells/$m^3$;最低生物量出现在 Z32 站;最高生物量约为最低值的 200 多倍。

③优势种。

本次调查的浮游植物优势种共出现 3 种,分别为颗粒直链藻最窄变种(Melo-

[1] 表示毫克碳/(平方米 · 天),后同。

sira granulata var. angustissima)、中肋骨条藻(Skeletonema costatum)和颗粒直链藻(Melosira granulata)。其中,颗粒直链藻的优势度最高,为0.738,为本次调查的第一优势种;颗粒直链藻最窄变种优势度次之,为0.066,中肋骨条藻最末。

④生物多样性、均匀度和丰度分析。

本次调查,各站位浮游植物种数变化范围8~30种,平均19种,多样性指数范围为0.36~3.10,平均为1.61,多样性指数较低,以Z19站最高,Z43站最低。均匀度指数范围为0.08~0.86,平均为0.40,站位生物量种间分布不均匀,其中Z52站均匀度指数最高,Z43站最低。丰富度指数范围为0.50~1.56,平均为0.93。其中Z19站丰富度最高,Z32站最低。多样性指数与均匀度指数的平面分布趋势基本一致。总体来说,本海区浮游植物多样性、均匀度和丰富度均处于中低等水平。

(3)浮游动物。

①种类组成。

本次调查的浮游动物经初步鉴定有7个生物类群,共43种,其中节肢动物22种,浮游幼虫类10种,刺胞动物7种,毛颚类2种,栉板动物、尾索动物和轮虫类各1种。本次调查海域既受沿岸低盐水的影响,亦与南海北部表层水团的消长密切相关,浮游动物呈现显著的亚热带种群区系特征。

②数量分布。

本次调查结果显示,本海域各采样站浮游动物湿重生物量除个别站较高外,其余的都比较低,但分布不均匀,变化幅度为9.64~16826.67mg/m$^3$,平均生物量为863.55mg/m$^3$。在密度分布方面,变化幅度为9.6~9470.8ind/m$^3$,平均密度为1589.3ind/m$^3$。在整个调查区中,湿重生物量最高出现在Z33站,其次是Z47站,为967.65mg/m$^3$,可见Z33站的生物量显著高于其他27个站点。密度最高出现在Z22站,其次是Z24站,为6077.6ind/m$^3$。而生物量和密度最低均出现在Z19站,分别为9.64mg/m$^3$和9.6ind/m$^3$,最高生物量是最低生物量的1700倍左右;而最高密度是最低密度的1000倍左右。

③优势种。

本调查海域在调查期间浮游动物的优势种由太平洋纺锤水蚤和桡足类的中华异水蚤、火腿伪镖水蚤3种组成,其优势度指数在0.091~0.474之间。本调查海域浮游动物的优势种分布较为广泛,第一优势种是中华异水蚤,主导了整个海域的浮游动物密度;其次是火腿伪镖水蚤,其优势度为0.199;再次为太平洋纺锤水蚤。

④生物多样性、均匀度和丰度分析。

本次调查海域站位的浮游动物平均出现种类为10种;种类多样性指数范围

在0.19~3.13之间，平均为1.41，最高出现在Z9站，其次为Z13站，最低则出现在Z48站；种类均匀度范围在0.07~0.95之间，平均为0.46，最高出现在Z33站，其次为Z43站，最低出现在Z48站。丰富度指数范围为0.23~1.81，平均为0.91。其中Z52站丰富度最高，Z33站最低。总体来说，本海区浮游动物多样性、均匀度和丰富度属于中低等水平。

(4)底栖动物。

①种类组成。

调查海域潮下带大型底栖生物已鉴定有65种，其中环节动物24种、节肢动物19种、软体动物12种、脊索动物5种、刺胞动物2种、棘皮动物1种、纽形动物1种、扁形动物1种。环节动物、节肢动物和软体动物分别占总种数的36.92%、29.23%和18.46%，构成大型底栖生物的主要类群。总体上看，该海域底栖生物种类以沿岸广布种为主，种类组成呈现明显的近岸河口亚热带区系特征。

②数量分布。

各调查站位底栖生物生物量及栖息密度见表3.2-8。本次调查海域底栖生物的总平均生物量为2.94g/m²，平均栖息密度为429.7ind/m²。生物量的组成以软体动物居首位，为1.77g/m²，占总生物量的60.21%；环节动物次之，为0.71g/m²，占24.15%；节肢动物和其他类分别占总生物量的10.88%和4.76%。栖息密度的组成以环节动物密度最大，为294.5ind/m²，占总密度的68.54%；节肢动物次之，为107.1ind/m²，占24.92%；软体动物和其他动物分别占总密度的5.26%和占1.28%。

本次调查结果表明，调查海域的底栖动物生物量平面分布也不均匀，变化范围为0.02~28.76g/m²，最高值出现在Z48站，构成高生物量主要是软体动物河蚬和光滑河蓝蛤的出现；最低值出现在Z39站，该站位生物量低的原因在于该站位仅记录一种节肢动物。各采样站位的底栖生物栖息密度分布不均匀，范围为13.3~2853.3ind/m²，最大值出现在Z24站，其次为Z45站，最小值出现在Z24站。此外，大部分站位的密度都在100~1000ind/m²的区间范围内，密度较高的原因在于Z24站记录到水丝蚓的大量出现。

**底栖生物各类群的生物量和栖息密度** 表3.2-8

| 站位 | 项目 | 合计 | 环节动物 | 节肢动物 | 软体动物 | 其他 |
|---|---|---|---|---|---|---|
| Z9 | 生物量(g/m²) | 6.23 | 2.90 | 0.26 | 3.04 | 0.03 |
| | 栖息密度(ind/m²) | 906.6 | 826.6 | 40.0 | 26.7 | 13.3 |

续上表

| 站位 | 项　目 | 合计 | 环节动物 | 节肢动物 | 软体动物 | 其他 |
|---|---|---|---|---|---|---|
| Z13 | 生物量($g/m^2$) | 0.85 | 0.85 | — | — | — |
| | 栖息密度($ind/m^2$) | 279.9 | 279.9 | — | — | — |
| Z15 | 生物量($g/m^2$) | 4.80 | 4.79 | 0.01 | — | — |
| | 栖息密度($ind/m^2$) | 826.7 | 820.0 | 6.7 | — | — |
| Z18 | 生物量($g/m^2$) | 0.95 | 0.60 | 0.08 | 0.27 | — |
| | 栖息密度($ind/m^2$) | 606.8 | 553.4 | 46.7 | 6.7 | — |
| Z19 | 生物量($g/m^2$) | 0.41 | 0.41 | — | — | — |
| | 栖息密度($ind/m^2$) | 273.3 | 273.3 | — | — | — |
| Z20 | 生物量($g/m^2$) | 1.31 | 1.27 | 0.04 | — | — |
| | 栖息密度($ind/m^2$) | 160.0 | 133.3 | 26.7 | — | — |
| Z21 | 生物量($g/m^2$) | 0.44 | 0.44 | — | — | — |
| | 栖息密度($ind/m^2$) | 406.7 | 406.7 | — | — | — |
| Z22 | 生物量($g/m^2$) | 0.51 | 0.17 | — | 0.34 | — |
| | 栖息密度($ind/m^2$) | 326.7 | 320.0 | — | 6.7 | — |
| Z24 | 生物量($g/m^2$) | 3.15 | 3.15 | — | — | — |
| | 栖息密度($ind/m^2$) | 2853.3 | 2853.3 | — | — | — |
| Z26 | 生物量($g/m^2$) | 0.33 | 0.18 | — | 0.15 | — |
| | 栖息密度($ind/m^2$) | 86.7 | 80.0 | — | 6.7 | — |
| Z27 | 生物量($g/m^2$) | 0.04 | 0.05 | 0.01 | — | 0.01 |
| | 栖息密度($ind/m^2$) | 46.7 | 26.7 | 13.3 | — | 6.7 |
| Z30 | 生物量($g/m^2$) | 0.31 | 0.22 | — | — | 0.09 |
| | 栖息密度($ind/m^2$) | 100.0 | 93.3 | — | — | 6.7 |
| Z31 | 生物量($g/m^2$) | 3.67 | 0.01 | 3.30 | 0.31 | 0.05 |
| | 栖息密度($ind/m^2$) | 200.1 | 6.7 | 166.7 | 20.0 | 6.7 |
| Z32 | 生物量($g/m^2$) | 1.01 | 0.07 | 0.70 | — | 0.23 |
| | 栖息密度($ind/m^2$) | 60.0 | 20.0 | 33.3 | — | 6.7 |
| Z33 | 生物量($g/m^2$) | 0.07 | 0.06 | 0.01 | — | — |
| | 栖息密度($ind/m^2$) | 53.3 | 40.0 | 13.3 | — | — |
| Z35 | 生物量($g/m^2$) | 1.89 | 0.21 | 0.87 | 0.55 | 0.26 |
| | 栖息密度($ind/m^2$) | 473.4 | 173.4 | 260.0 | 33.3 | 6.7 |

续上表

| 站位 | 项　　目 | 合计 | 环节动物 | 节肢动物 | 软体动物 | 其他 |
|---|---|---|---|---|---|---|
| Z36 | 生物量($g/m^2$) | 0.70 | 0.63 | 0.07 | — | — |
| | 栖息密度($ind/m^2$) | 206.7 | 200.0 | 6.7 | — | — |
| Z37 | 生物量($g/m^2$) | 0.15 | 0.03 | 0.06 | — | 0.06 |
| | 栖息密度($ind/m^2$) | 106.7 | 40.0 | 60.0 | — | 6.7 |
| Z39 | 生物量($g/m^2$) | 0.02 | — | 0.02 | — | — |
| | 栖息密度($ind/m^2$) | 13.3 | — | 13.3 | — | — |
| Z40 | 生物量($g/m^2$) | 4.39 | 1.35 | 0.39 | 2.65 | — |
| | 栖息密度($ind/m^2$) | 379.9 | 179.9 | 120.0 | 80.0 | — |
| Z43 | 生物量($g/m^2$) | 0.19 | — | 0.19 | — | — |
| | 栖息密度($ind/m^2$) | 40.0 | — | 40.0 | — | — |
| Z44 | 生物量($g/m^2$) | 2.96 | 0.25 | 1.21 | 1.43 | 0.07 |
| | 栖息密度($ind/m^2$) | 966.7 | 73.3 | 860.0 | 26.7 | 6.7 |
| Z45 | 生物量($g/m^2$) | 7.53 | 0.19 | 1.23 | 5.91 | 0.17 |
| | 栖息密度($ind/m^2$) | 1313.4 | 133.3 | 1060.0 | 113.3 | 6.7 |
| Z47 | 生物量($g/m^2$) | 5.75 | 0.32 | 0.05 | 5.38 | — |
| | 栖息密度($ind/m^2$) | 393.4 | 200.1 | 53.3 | 140.0 | — |
| Z48 | 生物量($g/m^2$) | 28.76 | — | 0.01 | 28.75 | — |
| | 栖息密度($ind/m^2$) | 173.3 | — | 33.3 | 140.0 | — |
| Z50 | 生物量($g/m^2$) | 0.67 | 0.53 | 0.09 | — | 0.05 |
| | 栖息密度($ind/m^2$) | 373.3 | 326.6 | 20.0 | — | 26.7 |
| Z52 | 生物量($g/m^2$) | 4.11 | 0.43 | 0.19 | 0.48 | 3.01 |
| | 栖息密度($ind/m^2$) | 220.1 | 126.7 | 20.1 | 13.4 | 59.9 |
| Z53 | 生物量($g/m^2$) | 1.27 | 0.71 | 0.24 | 0.32 | — |
| | 栖息密度($ind/m^2$) | 186.8 | 60.1 | 106.7 | 20.0 | — |
| 平均 | 生物量($g/m^2$) | 2.94 | 0.71 | 0.32 | 1.77 | 0.14 |
| | 栖息密度($ind/m^2$) | 429.7 | 294.5 | 107.1 | 22.6 | 5.5 |

注:“—”表示未检出。

③优势种。

该海域调查共有优势种4种。出现的优势种中,1种节肢动物和3种环节动物分别为钩虾和水丝蚓、寡鳃齿吻沙蚕、溪沙蚕。其中,水丝蚓第一优势种,在调查海域分布较广泛。

④生物多样性、均匀度和丰度分析。

调查海域的各采泥站位底栖生物出现种数变化范围在 2 ~ 17 种之间，多样性指数($H'$)变化范围在 0.04 ~ 3.41 之间，平均值为 1.80。多样性指数最高出现在 Z52 站；最低则为 Z19 站，调查海域底栖生物多样性指数属中等水平。均匀度范围在 0.01 ~ 1.00 之间，平均为 0.62，反映物种分布较不均匀。丰富度指数范围为 0.13 ~ 2.79，平均为 1.14。其中，Z52 站丰富度最高，Z19 站最低。总体来说，本海区浮游动物多样性、均匀度和丰富度属于中等水平。

(5)潮间带生物。

①种类组成。

经鉴定，11 个断面采集到的潮间带生物共有 5 大门类 40 种，以环节动物种类最多，为 16 种；其次是节肢动物，13 种；再次为软体动物，9 种；脊索动物和纽形动物各 1 种。

②优势种。

本次调查的潮间带生物优势种共出现 4 种，分别为背褶沙蚕(Tambalagamia fauveli)、水丝蚓(Limnodrilus sp)、中华异稚虫(Heterospio sinica)和河蚬(Corbicula fluminea)。其中，背褶沙蚕优势度最高，为 0.107，其在高、中、低潮三个区都有出现，为本次调查的第一优势种；水丝蚓优势度次之；中华异稚虫和河蚬最末，主要出现在中、低潮区。这 4 个优势种在整个调查区域内广泛分布。

③生物量及栖息密度组成。

各调查断面潮间带生物量及栖息密度见表 3.2-9。调查断面潮间带生物平均生物量为 27.20g/m$^2$，平均栖息密度为 275.5ind/m$^2$。在 11 个调查断面的水平分布方面，底栖生物生物量范围为 0.34 ~ 160.15g/m$^2$，最高值出现在 C2 断面，最低值出现在 C5 断面；栖息密度范围为 25.8 ~ 656.0ind/m$^2$，其最高值出现在 C8 断面，最低值出现在 C6 断面。

在垂直分布上，潮间带生物的生物量表现为中潮区最高，低潮区最低，即中潮区 > 高潮区 > 低潮区；栖息密度方面，最高为低潮区，最低则为高潮区，即低潮区 > 中潮区 > 高潮区，其中各潮区的生物量均主要以软体动物为主。

**调查断面潮间带生物量及栖息密度水平与垂直分布** 表 3.2-9

| 断面 | 潮　带 | 高潮带 | 中潮带 | 低潮带 | 平均 |
|---|---|---|---|---|---|
| C1 | 生物量(g/m$^2$) | 6.13 | 1.37 | 3.27 | 3.59 |
| | 栖息密度(ind/m$^2$) | 208.0 | 48.0 | 200.0 | 152.0 |

续上表

| 断面 | 潮　带 | 高潮带 | 中潮带 | 低潮带 | 平均 |
|---|---|---|---|---|---|
| C2 | 生物量($g/m^2$) | 215.10 | 229.28 | 36.06 | 160.15 |
| | 栖息密度($ind/m^2$) | 272.0 | 197.3 | 128.0 | 199.1 |
| C3 | 生物量($g/m^2$) | 17.32 | 0.47 | 0.17 | 5.99 |
| | 栖息密度($ind/m^2$) | 312.0 | 202.8 | 144.0 | 219.6 |
| C4 | 生物量($g/m^2$) | 10.84 | 0.46 | 0.55 | 3.95 |
| | 栖息密度($ind/m^2$) | 136.0 | 170.6 | 936.0 | 414.2 |
| C5 | 生物量($g/m^2$) | 0.66 | 0.23 | 0.13 | 0.34 |
| | 栖息密度($ind/m^2$) | 352.0 | 234.6 | 24.0 | 203.5 |
| C6 | 生物量($g/m^2$) | 4.60 | 0.27 | 7.31 | 4.06 |
| | 栖息密度($ind/m^2$) | 40.0 | 5.3 | 32.0 | 25.8 |
| C7 | 生物量($g/m^2$) | 1.30 | 1.56 | 3.87 | 2.24 |
| | 栖息密度($ind/m^2$) | 128.0 | 474.6 | 368.0 | 323.5 |
| C8 | 生物量($g/m^2$) | 1.02 | 1.89 | 8.45 | 3.79 |
| | 栖息密度($ind/m^2$) | 24.0 | 928.0 | 1016.0 | 656.0 |
| C9 | 生物量($g/m^2$) | 36.21 | 156.48 | 118.54 | 103.74 |
| | 栖息密度($ind/m^2$) | 48.0 | 218.6 | 576.0 | 280.9 |
| C10 | 生物量($g/m^2$) | 3.46 | 1.53 | 14.58 | 6.52 |
| | 栖息密度($ind/m^2$) | 152.0 | 165.3 | 216.0 | 177.8 |
| C11 | 生物量($g/m^2$) | 0.85 | 3.35 | 10.42 | 4.87 |
| | 栖息密度($ind/m^2$) | 120.0 | 229.3 | 784.0 | 377.8 |
| 范围 | 生物量($g/m^2$) | 0.66~215.10 | 0.23~229.28 | 0.13~118.54 | 0.34~160.15 |
| | 栖息密度($ind/m^2$) | 24.0~352.0 | 5.3~928.0 | 24.0~1016.0 | 25.8~656.0 |
| 平均值 | 生物量($g/m^2$) | 27.04 | 36.08 | 18.49 | 27.20 |
| | 栖息密度($ind/m^2$) | 162.9 | 261.3 | 402.2 | 275.5 |

在潮间带生物量的组成中，以软体动物居首位，为72.35$g/m^2$，占总生物量的88.65%；其次为节肢动物，其生物量为6.76$g/m^2$，占8.28%；环节动物的生物量2.28$g/m^2$，占总生物量的2.79%；纽形生物为最低，仅占总生物量的0.27%。

在栖息密度方面，其组成情况与生物量不同，最高为环节动物(610.4$ind/m^2$)，占总栖息密度的73.86%；节肢类动物其次，为117.1$ind/m^2$，占总栖息密度的14.17%；软体动物的生物量为95.3$ind/m^2$，占总栖息密度的11.53%；纽形生物最低，仅为

3.6ind/m², 占总栖息密度的0.44%(表3.2-10)。

调查海域潮间带生物量及栖息密度的组成　　表3.2-10

| 断面 | 项　目 | 环节动物 | 软体动物 | 节肢动物 | 纽形动物 | 合计 |
| --- | --- | --- | --- | --- | --- | --- |
| C1 | 生物量(g/m²) | 0.76 | 8.12 | 0.98 | 0.91 | 10.77 |
| | 组成比例(%) | 7.06 | 75.39 | 9.10 | 8.45 | 100 |
| | 栖息密度(ind/m²) | 256 | 162.7 | 29.3 | 8 | 456 |
| | 组成比例(%) | 56.14 | 35.68 | 6.43 | 1.75 | 100 |
| C2 | 生物量(g/m²) | 1.3 | 471.36 | 7.78 | — | 480.44 |
| | 组成比例(%) | 0.27 | 98.11 | 1.62 | — | 100 |
| | 栖息密度(ind/m²) | 66.6 | 482.7 | 48 | — | 597.3 |
| | 组成比例(%) | 11.15 | 80.81 | 8.04 | — | 100 |
| C3 | 生物量(g/m²) | 0.69 | 3.65 | 13.6 | — | 17.94 |
| | 组成比例(%) | 3.85 | 20.35 | 75.81 | — | 100 |
| | 栖息密度(ind/m²) | 552 | 16 | 90.7 | — | 658.7 |
| | 组成比例(%) | 83.80 | 2.43 | 13.77 | — | 100 |
| C4 | 生物量(g/m²) | 0.84 | 5.38 | 5.63 | — | 11.85 |
| | 组成比例(%) | 7.09 | 45.40 | 47.51 | — | 100 |
| | 栖息密度(ind/m²) | 789.3 | 128 | 325.3 | — | 1242.6 |
| | 组成比例(%) | 63.52 | 10.30 | 26.18 | — | 100 |
| C5 | 生物量(g/m²) | 0.7 | 0.05 | 0.27 | — | 1.02 |
| | 组成比例(%) | 68.63 | 4.90 | 26.47 | — | 100 |
| | 栖息密度(ind/m²) | 552 | 5.3 | 53.3 | — | 610.6 |
| | 组成比例(%) | 90.40 | 0.87 | 8.73 | — | 100 |
| C6 | 生物量(g/m²) | — | 12.18 | — | — | 12.18 |
| | 组成比例(%) | — | 100 | — | — | 100 |
| | 栖息密度(ind/m²) | — | 77.3 | — | — | 77.3 |
| | 组成比例(%) | — | 100 | — | — | 100 |
| C7 | 生物量(g/m²) | 4.88 | 0.55 | 1.29 | — | 6.72 |
| | 组成比例(%) | 72.62 | 8.18 | 19.20 | — | 100 |
| | 栖息密度(ind/m²) | 829.3 | 29.3 | 112 | — | 970.6 |
| | 组成比例(%) | 85.44 | 3.02 | 11.54 | — | 100 |

续上表

| 断面 | 项　目 | 环节动物 | 软体动物 | 节肢动物 | 纽形动物 | 合计 |
|---|---|---|---|---|---|---|
| C8 | 生物量($g/m^2$) | 2.22 | 8.78 | 0.13 | 0.22 | 11.35 |
| | 组成比例(%) | 19.56 | 77.36 | 1.15 | 1.94 | 100 |
| | 栖息密度($ind/m^2$) | 1850.7 | 80 | 29.3 | 8 | 1968.0 |
| | 组成比例(%) | 94.04 | 4.07 | 1.49 | 0.41 | 100 |
| C9 | 生物量($g/m^2$) | 1.81 | 272.84 | 36.58 | — | 311.23 |
| | 组成比例(%) | 0.58 | 87.67 | 11.75 | — | 100 |
| | 栖息密度($ind/m^2$) | 504 | 58.6 | 280 | — | 842.6 |
| | 组成比例(%) | 59.81 | 6.95 | 33.23 | — | 100 |
| C10 | 生物量($g/m^2$) | 3.72 | 12.94 | 1.59 | 1.32 | 19.57 |
| | 组成比例(%) | 19.01 | 66.12 | 8.12 | 6.75 | 100 |
| | 栖息密度($ind/m^2$) | 426.6 | 8 | 74.7 | 24 | 533.3 |
| | 组成比例(%) | 79.99 | 1.50 | 14.01 | 4.50 | 100 |
| C11 | 生物量($g/m^2$) | 8.15 | — | 6.48 | — | 14.63 |
| | 组成比例(%) | 55.71 | — | 44.29 | — | 100 |
| | 栖息密度($ind/m^2$) | 888.0 | — | 245.3 | — | 1133.3 |
| | 组成比例(%) | 78.36 | — | 21.64 | — | 100 |
| 平均值 | 生物量($g/m^2$) | 2.28 | 72.35 | 6.76 | 0.22 | 81.61 |
| | 组成比例(%) | 2.79 | 88.65 | 8.28 | 0.27 | 100.00 |
| | 栖息密度($ind/m^2$) | 610.4 | 95.3 | 117.1 | 3.6 | 826.4 |
| | 组成比例(%) | 73.86 | 11.53 | 14.17 | 0.44 | 100 |

注:“—”表示未采集到潮间带生物。

④生物多样性水平、均匀度。

调查断面潮间带多样性指数($H'$)和均匀度($J$)均属中等偏低水平,11条断面多样性指数范围为0~1.43,平均为0.79。均匀度指数范围为0~1.47,平均为0.71。丰富度指数范围为0~1.74,平均为0.95。各调查断面多样性指数、均匀度和丰富度指数的平均值为:高潮区>低潮区>中潮区,可见高潮区生态多样性稍由于中潮区和低潮区。总体来说,本海域潮间带生态环境一般,种类分布较不均匀。

(6)鱼卵和仔、稚鱼。

①种类组成。

本次调查为9月,鱼类繁殖期后,出现的鱼卵仔鱼种类较丰富,通过垂直拖网和水平拖网调查了28个站位,经鉴定,共出现了4种鱼卵和10种仔稚鱼,共计14个鱼卵仔稚鱼种类。

②数量分布。

调查海区的鱼卵平均密度为0.76ind/m$^3$。采获鱼卵数量密度最高为Z31站,为4.55ind/m$^3$,调查期间仅有Z21、Z31、Z32、Z36、Z37、Z52和Z53 7个站采到鱼卵,其他21个站位均未有鱼卵出现,密度变化范围在0.95~4.55ind/m$^3$之间。

调查海区的仔稚鱼平均密度为3.60ind/m$^3$。采获仔稚鱼数量密度最高为Z39站,为19.53ind/m$^3$;Z43站次之,为18.07ind/m$^3$。调查期间,Z18、Z20、Z21、Z26、Z27、Z33、Z36、Z40和Z50 9个站没有仔稚鱼出现,其他站均有分布,但分布不均匀,密度变化范围为0.78~19.53ind/m$^3$。

(7)游泳生物。

①种类组成。

本次调查,共捕获游泳生物45种,其中鱼类36种,虾类7种,蟹类2种。种类数最多的是Z30站、Z31站和Z43站,为13种,种类数最少的是Z20站,仅有3种。

②渔获率。

本次调查各站位的游泳生物平均质量渔获率和平均个体渔获率分别为0.905kg/h和104.14ind/h,其中鱼类平均质量渔获率和平均个体渔获率分别为0.780kg/h和59.76ind/h,虾类平均质量渔获率和平均个体渔获率分别为0.107kg/h和42.71ind/h,蟹类平均质量渔获率和平均个体渔获率分别为0.018kg/h和3.10nd/h,无论是平均质量渔获率或平均个体渔获率,都是鱼类最多,虾类和蟹类次之。质量渔获率最高为Z43站,最低为Z36站;个体渔获率最高是Z32站,最低为Z20站。

③资源密度。

本次调查各站位的游泳生物平均质量密度和平均个体密度分别为639.333kg/km$^2$和69354.28ind/km$^2$,其中游泳生物的鱼类平均质量密度和平均个体密度分别为561.883kg/km$^2$和41154.44ind/km$^2$,虾类平均质量密度和平均个体密度分别为65.603kg/km$^2$和26299.71ind/km$^2$,蟹类平均质量密度和平均个体密度分别为11.736kg/km$^2$和1900.13ind/km$^2$。无论是平均质量密度和平均个体密度,都是鱼类最多。虾类和蟹类次之。质量密度最高为Z43站,最低为Z36站;个体密度最高是Z32站,最低为Z47站(表3.2-11)。

④优势种。

本次调查结果表明,游泳生物中IRI值在500以上的有5种,分别为亨氏仿对虾、棘头梅童鱼、凤鲚、拉氏狼牙虾虎鱼和海南华鳊，由此确定这5种为鱼类的优势种。

各站位的质量密度（$kg/km^2$）和个体密度（$ind/km^2$）　　表3.2-11

| 站位 | 项　目 | 鱼类 | 虾类 | 蟹类 | 总计 |
|---|---|---|---|---|---|
| Z9 | 质量密度 | 1208.478 | 0 | 0 | 1208.478 |
| | 个体密度 | 25244.733 | 0 | 0 | 25244.733 |
| Z13 | 质量密度 | 320.153 | 15.134 | 0 | 335.287 |
| | 个体密度 | 6761.434 | 15776.678 | 0 | 22538.112 |
| Z15 | 质量密度 | 490.27 | 40.723 | 0 | 530.993 |
| | 个体密度 | 70809.068 | 48210.429 | 0 | 119019.497 |
| Z18 | 质量密度 | 429.144 | 17.638 | 0 | 446.782 |
| | 个体密度 | 20569.782 | 16896.607 | 0 | 37466.389 |
| Z19 | 质量密度 | 341.523 | 26.872 | 0 | 368.395 |
| | 个体密度 | 66594.672 | 25197.984 | 0 | 91792.656 |
| Z20 | 质量密度 | 1063.838 | 3.332 | 0 | 1067.17 |
| | 个体密度 | 9256.403 | 2644.686 | 0 | 11901.089 |
| Z21 | 质量密度 | 534.612 | 0 | 0 | 534.612 |
| | 个体密度 | 14398.848 | 0 | 0 | 14398.848 |
| Z22 | 质量密度 | 1079.283 | 57.329 | 0 | 1136.612 |
| | 个体密度 | 9523.084 | 28569.144 | 0 | 38092.192 |
| Z24 | 质量密度 | 613.282 | 16.674 | 2.72 | 632.676 |
| | 个体密度 | 62332.676 | 5666.607 | 1416.652 | 69415.935 |
| Z26 | 质量密度 | 263.319 | 40.913 | 13.501 | 317.733 |
| | 个体密度 | 47604.354 | 15868.118 | 2644.686 | 66117.158 |
| Z27 | 质量密度 | 432.768 | 81.276 | 35.952 | 549.996 |
| | 个体密度 | 66936.793 | 22312.265 | 5949.937 | 95198.995 |
| Z30 | 质量密度 | 900.428 | 119.01 | 51.257 | 1070.695 |
| | 个体密度 | 154903.057 | 37781.234 | 7556.247 | 200240.538 |
| Z31 | 质量密度 | 385.888 | 67.214 | 22.305 | 475.407 |
| | 个体密度 | 70112.119 | 25240.363 | 1869.657 | 97222.139 |
| Z32 | 质量密度 | 187.032 | 554.778 | 46.516 | 788.326 |
| | 个体密度 | 28531.809 | 216289.515 | 18407.618 | 263228.942 |

续上表

| 站位 | 项　　目 | 鱼类 | 虾类 | 蟹类 | 总计 |
|---|---|---|---|---|---|
| Z33 | 质量密度 | 282. 283 | 88. 86 | 10. 286 | 381. 429 |
| | 个体密度 | 10124. 19 | 27335. 313 | 1012. 419 | 38471. 922 |
| Z35 | 质量密度 | 285. 375 | 90. 75 | 0 | 376. 125 |
| | 个体密度 | 12593. 744 | 26446. 863 | 0 | 39040. 607 |
| Z36 | 质量密度 | 143. 244 | 20. 489 | 13. 646 | 177. 379 |
| | 个体密度 | 15013. 432 | 7901. 807 | 2370. 542 | 25285. 781 |
| Z37 | 质量密度 | 408. 692 | 0 | 0 | 408. 692 |
| | 个体密度 | 64714. 283 | 0 | 0 | 64714. 283 |
| Z39 | 质量密度 | 1495. 77 | 25. 899 | 0 | 1521. 669 |
| | 个体密度 | 111591. 072 | 21598. 272 | 0 | 133189. 344 |
| Z40 | 质量密度 | 267. 334 | 52. 607 | 0 | 319. 941 |
| | 个体密度 | 28650. 769 | 38568. 343 | 0 | 67219. 112 |
| Z43 | 质量密度 | 1791. 421 | 6. 706 | 0 | 1798. 127 |
| | 个体密度 | 84775. 829 | 2173. 739 | 0 | 86949. 568 |
| Z44 | 质量密度 | 698. 238 | 0 | 0 | 698. 238 |
| | 个体密度 | 57249. 885 | 0 | 0 | 57249. 885 |
| Z45 | 质量密度 | 385. 547 | 46. 104 | 0 | 434. 651 |
| | 个体密度 | 6454. 097 | 16135. 239 | 0 | 22589. 336 |
| Z47 | 质量密度 | 169. 123 | 0 | 74. 049 | 243. 172 |
| | 个体密度 | 10683. 751 | 0 | 1068. 375 | 11752. 126 |
| Z48 | 质量密度 | 232. 187 | 15. 397 | 6. 612 | 254. 196 |
| | 个体密度 | 10124. 19 | 4672. 703 | 2336. 352 | 17133. 245 |
| Z50 | 质量密度 | 440. 642 | 102. 158 | 8. 595 | 551. 395 |
| | 个体密度 | 29043. 433 | 20437. 969 | 2151. 365 | 51632. 767 |
| Z52 | 质量密度 | 320. 976 | 281. 414 | 31. 427 | 633. 817 |
| | 个体密度 | 16572. 336 | 84368. 251 | 4519. 728 | 105460. 315 |
| Z53 | 质量密度 | 500. 686 | 272. 466 | 31. 676 | 804. 828 |
| | 个体密度 | 82136. 288 | 107134. 287 | 7142. 286 | 196412. 861 |
| 平均值 | 质量密度 | 561. 883 | 65. 603 | 11. 736 | 639. 333 |
| | 个体密度 | 41154. 44 | 26299. 71 | 1900. 13 | 69354. 28 |

(8)生物质量。

伶仃洋邻近海域生物体残毒结果见表3.2-12。

海洋生物(贝类)按照《广东省海洋功能区划(2011—2020年)》中调查站位所在功能区的海洋环境评价标准执行,见表3.2-2。鱼类和甲壳类(除石油烃外)采用《全国海岸带和海涂资源综合调查简明规程》中规定的标准,石油烃含量的评价标准采用《第二次全国海洋污染基线调查技术规程》(第二分册)中规定的生物质量标准(表3.2-13)。

调查结果显示,伶仃洋邻近海域鱼类体内的重金属含量,除Zn的含量有16个站点超过40mg/kg的标准以外,其他4种金属均达到《全国海岸带和海涂资源综合调查简明规程》中的标准。28个调查站位中,有21个石油烃含量未达到《第二次全国海洋污染基线调查技术规程》中的标准。监测海区生物重金属普遍含量较低,但石油烃含量普遍超标,有一定程度的污染。

**伶仃洋邻近海域各类生物体内重金属和石油烃平均含量**(鲜重) 表3.2-12

| 站位 | 样品类别 | 铜 | 铅 | 锌 | 镉 | 总汞 | 石油烃 |
|---|---|---|---|---|---|---|---|
| | | (mg/kg) | | | | | |
| Z9 | 鱼类(海南华鳊) | 0.9 | 0.10 | 32.0 | 0.022 | 0.040 | 61.7 |
| Z13 | 鱼类(海南华鳊) | 0.9 | 0.21 | 35.5 | 0.025 | 0.018 | 51.2 |
| Z15 | 鱼类(凤鲚) | 1.6 | ND | 51.1 | 0.066 | 0.049 | 19.0 |
| Z18 | 鱼类(鲮) | 0.8 | 0.11 | 19.5 | 0.022 | 0.008 | 65.4 |
| Z19 | 鱼类(凤鲚) | 1.3 | ND | 48.2 | 0.070 | 0.080 | 23.7 |
| Z20 | 鱼类(海南华鳊) | 1.2 | 0.10 | 46.4 | 0.025 | 0.040 | 65.6 |
| Z21 | 鱼类(唇鲳) | 4.2 | 0.08 | 47.9 | 0.112 | 0.021 | 26.4 |
| Z22 | 鱼类(鳙) | 1.3 | ND | 32.0 | 0.017 | 0.005 | 97.8 |
| Z24 | 鱼类(罗非鱼) | 3.4 | ND | 44.8 | 0.009 | ND | 61.3 |
| Z26 | 鱼类(棘头梅童鱼) | 2.2 | ND | 42.8 | 0.048 | 0.055 | 16.9 |
| Z27 | 鱼类(中颌棱鳀) | 2.4 | ND | 68.7 | 0.052 | 0.043 | 24.1 |
| Z30 | 鱼类(中华小沙丁鱼) | 2.0 | ND | 47.6 | 0.020 | 0.110 | 36.4 |
| Z31 | 鱼类(棘头梅童鱼) | 2.1 | ND | 43.2 | 0.036 | 0.008 | 27.1 |
| Z32 | 甲壳类(亨氏仿对虾) | 31.8 | 0.64 | 71.7 | 0.110 | 0.014 | 22.5 |
| Z33 | 鱼类(鳓) | 1.8 | ND | 38.0 | 0.017 | 0.143 | 11.0 |
| Z35 | 鱼类(鲬) | 1.2 | ND | 30.6 | 0.013 | 0.030 | 15.4 |
| Z36 | 鱼类(圆吻海鰶) | 0.8 | ND | 23.0 | 0.010 | 0.020 | 70.3 |

续上表

| 站位 | 样品类别 | 铜 | 铅 | 锌 | 镉 | 总汞 | 石油烃 |
|---|---|---|---|---|---|---|---|
| | | (mg/kg) | | | | | |
| Z37 | 鱼类(凤鲚) | 1.6 | ND | 49.6 | 0.085 | 0.030 | 23.0 |
| Z39 | 鱼类(鲻) | 1.7 | ND | 29.3 | 0.035 | 0.017 | 21.3 |
| Z40 | 鱼类(皮氏叫姑鱼) | 1.8 | ND | 45.9 | 0.073 | 0.057 | 21.8 |
| Z43 | 鱼类(鲻) | 1.6 | ND | 26.5 | 0.046 | 0.015 | 24.8 |
| Z44 | 鱼类(海南华鳊) | 0.8 | ND | 44.5 | 0.026 | 0.036 | 66.8 |
| Z45 | 鱼类(海南华鳊) | 0.8 | ND | 37.3 | 0.032 | 0.014 | 19.8 |
| Z47 | 鱼类(皮氏叫姑鱼) | 1.5 | ND | 41.6 | 0.078 | 0.053 | 28.4 |
| Z48 | 鱼类(鲫) | 1.2 | ND | 44.6 | 0.015 | 0.106 | 10.4 |
| Z50 | 鱼类(鲻) | 0.9 | ND | 20.0 | 0.040 | 0.016 | 14.2 |
| Z52 | 鱼类(圆吻海鰶) | 0.5 | ND | 20.4 | 0.018 | 0.023 | 91.5 |
| Z53 | 鱼类(中华小沙丁鱼) | 1.5 | ND | 46.9 | 0.023 | 0.100 | 24.0 |
| 范围 | 鱼类 | 0.5~31.8 | 0.08~0.11 | 19.5~71.7 | 0.009~0.112 | 0.005~0.143 | 10.4~97.8 |
| 平均值 | | 2.6 | 0.02 | 40.3 | 0.041 | 0.043 | 37.2 |

生物质量评价各评价因子及其评价标准(单位:mg/kg,湿重)　表3.2-13

| 生物类别 | Cu | Zn | Pb | Cd | Cr | As | Hg | TPHs |
|---|---|---|---|---|---|---|---|---|
| 鱼类 | 20 | 40 | 2 | 0.6 | 1.5 | 5.0 | 0.2 | 20 |
| 甲壳类 | 100 | 150 | 2 | 2 | 1.5 | 8.0 | 0.3 | 20 |

### 3.2.4 大气环境质量现状及评价

1)区域大气环境质量现状

本小节内容摘自《2020广州市环境质量状况公报》。

(1)概况。

2020年广州市PM 2.5年均值再创新低,连续四年稳定达标,超标天数为0。自2012年国家将二氧化氮标准从80μg/m³收严至40μg/m³以来,2020年二氧化氮指标首次达标,从而6项污染物首次全部达标,实现环境空气质量全面达标。

自2013年全面实施国家《环境空气质量标准》(GB 3095—2012)二级标准以来,广州市环境空气质量持续改善(图3.2-4,图3.2-5)。2020年广州市环境空气达到二级标准,6项指标(二氧化硫、一氧化碳、PM 10、PM 2.5、二氧化氮、臭氧浓度）全面达标。

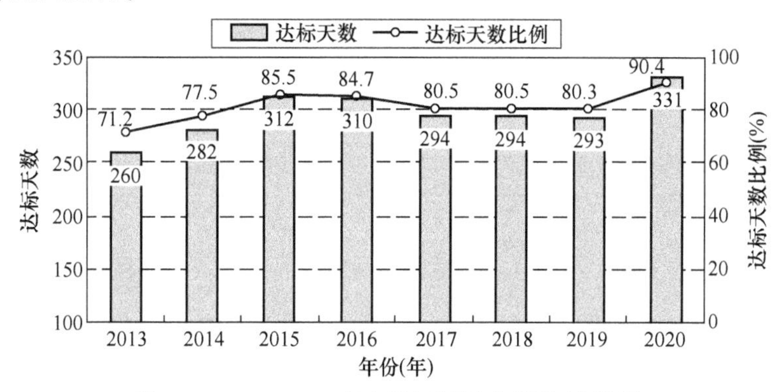


图 3.2-4　2013—2020 年广州市环境空气质量达标情况

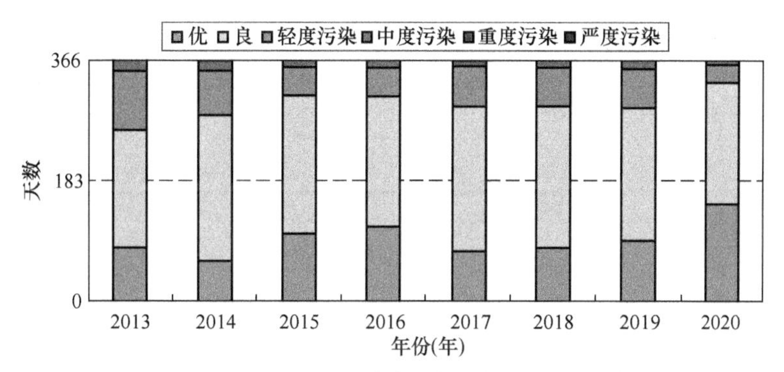


图 3.2-5　2013—2020 年广州市环境空气质量类别

（2）PM2.5 浓度。

2020 年，广州市环境空气中 PM2.5 平均浓度为 23μg/m$^3$，连续四年达到《环境空气质量标准》（标准限值：35μg/m$^3$）。

2013—2020 年，PM2.5 年平均浓度呈下降趋势，2020 年 PM2.5 年平均浓度相比 2013 年下降 56.6%，如图 3.2-6 所示。

（3）PM10 浓度。

2020 年，广州市环境空气中 PM10 平均浓度为 43μg/m$^3$，达到《环境空气质量标准》（标准限值：70μg/m$^3$）。

2013—2020 年，PM10 年平均浓度呈下降趋势，2020 年 PM10 年平均浓度相比 2013 年下降 40.3%，如图 3.2-7 所示。

（4）二氧化氮浓度。

2020 年，广州市环境空气中二氧化氮平均浓度为 36μg/m$^3$，首次达到《环境空气质量标准》(标准限值:40μg/m³)。

2013—2020 年,二氧化氮年平均浓度总体呈下降趋势,2019 年二氧化氮年平均浓度相比 2013 年下降 30.8%,如图 3.2-8 所示。

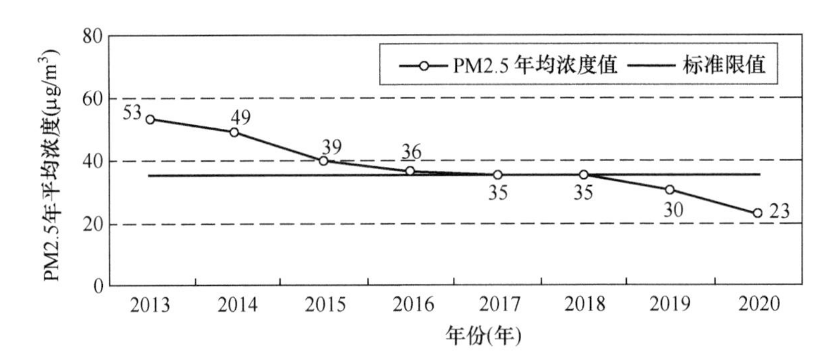


图 3.2-6 2013—2020 年 PM2.5 年平均浓度

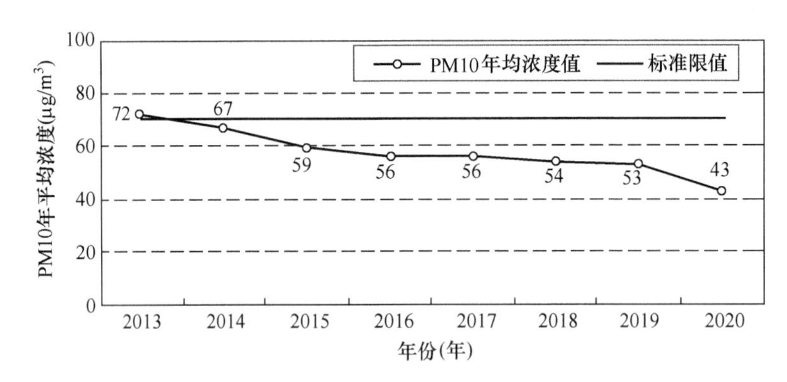


图 3.2-7 2013—2020 年 PM10 年平均浓度

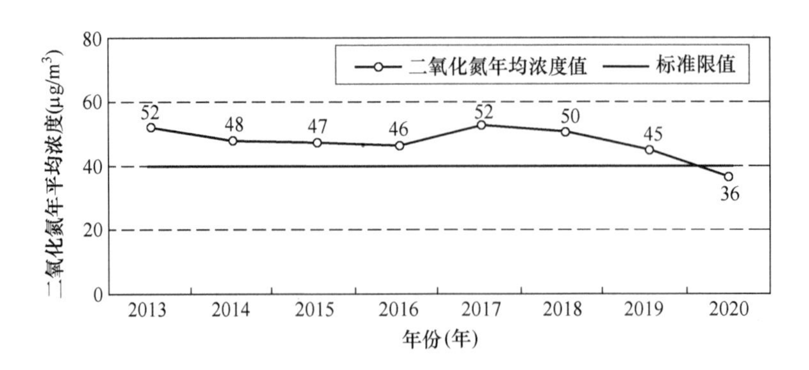


图 3.2-8 2013—2020 年二氧化氮年平均浓度

(5)二氧化硫浓度。

2020 年,广州市环境空气中二氧化硫平均浓度为 7μg/m³,达到《环境空气质量标准》(标准限值:60μg/m³)。

2013—2020 年,二氧化硫年平均浓度处于较低水平且呈逐年下降趋势,2020 年二氧化硫年平均浓度相比 2013 年下降 65.0%,如图 3.2-9 所示。

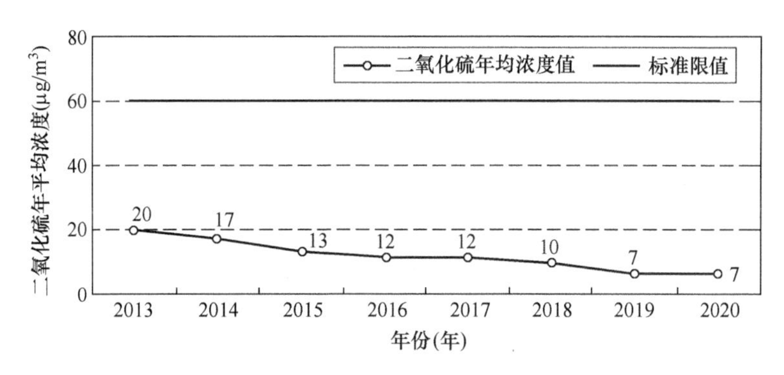


图 3.2-9　2013—2020 年二氧化硫年平均浓度

2)港区大气环境质量现状

本小节内容引自《广州港黄埔港区规划调整环境影响报告书》和《广州港南沙港区规划调整环境影响报告书》。

调查共收集了评价范围内监测点共 9 个,其中国控点 4 个(含城市点 3 个、区域点 1 个)、港口码头专题空气质量自动监测点 1 个、补充收集监测点 4 个。监测时间、数据来源、站位坐标与调查内容见表 3.2-14。

**本次后评价采用调查站位表**　　表 3.2-14

| 数据来源 | 监测时间 | 站位 | 位　置 | 调查内容 | 备注 |
|---|---|---|---|---|---|
| 广州港黄埔港区规划调整环境影响报告书 | 2019 年 | D1 | 海珠赤沙 | 大气 | — |
| | | D2 | 黄埔大沙地 | 大气 | — |
| | | D3 | 番禺市桥 | 大气 | — |
| | | D4 | 帽峰山 | 大气 | — |
| | 2018 年 | D5 | 黄埔老港港口码头 | 大气 | — |
| | 2020 年 4 月 26 日—5 月 2 日 | D6 | 时代广汽动力电池建设项目 1 号 | 大气 | — |
| | 2019 年 11 月 5 日—11 日 | D7 | 大流村 | 大气 | — |

续上表

| 数据来源 | 监测时间 | 站位 | 位　　置 | 调查内容 | 备注 |
|---|---|---|---|---|---|
| 广州港南沙港区规划调整环境影响报告书 | 2019 年 12 月 17—23 日 | D8 | 广州科呈新材料有限公司新建高分子材料助剂建设项目厂区 | 大气 | — |
| | | D9 | 阳光城丽景湾 | 大气 | — |
| 广州港黄埔港区规划调整环境影响报告书 | 2017 年 10 月 13—14 日 | N1 | 广东中外运黄埔仓码有限公司北场界 | 噪声 | — |
| | | N2 | 广东中外运黄埔仓码有限公司东场界 | 噪声 | — |
| | | N3 | 广东中外运黄埔仓码有限公司码头南场界 | 噪声 | — |
| | 2017 年 10 月 13—14 日，2018 年 3 月 21—23 日 | N4 | 广东中外运黄埔仓码有限公司西场界 | 噪声 | — |
| | 2018 年 3 月 21—23 日 | N5 | 广东中外运黄埔仓码有限公司西厂界西北角 | 噪声 | — |
| 广州港南沙港区规划调整环境影响报告书 | 2018 年 10 月 24—25 日 | N6 | 南沙港区粮食及通用码头厂界边界 1 号 | 噪声 | — |
| | | N7 | 南沙港区粮食及通用码头厂界边界 2 号 | 噪声 | — |
| | | N8 | 南沙港区粮食及通用码头厂界边界 3 号 | 噪声 | — |
| | | N9 | 南沙港区粮食及通用码头厂界边界 4 号 | 噪声 | — |

（1）国控点。

收集了海珠赤沙（D1）、黄埔大沙地（D2）、番禺市桥（D3）三个城市点PM10、PM2.5的2019年逐日监测数据，以三个点位的平均值表征评价范围内二类区的环境空气质量现状。评价范围内无一类区现状监测资料，收集了位于广州市区域点帽峰山（D4）PM10、PM2.5的2019年逐日监测数据，以表征评价范围内一类区的环境空气质量现状。监测结果及评价见表3.2-15。

**国控点环境空气质量监测及评价结果** 表3.2-15

| 区域 | 污染因子 | 年评价指标 | 现状浓度（μg/m³） | 标准值（μg/m³） | 占标率（%） | 达标情况 |
|---|---|---|---|---|---|---|
| 二类区（三个城市点） | PM10 | 年均值 | 52 | 70 | 74 | 达标 |
| | | 日均值95百分位数 | 107 | 150 | 71 | 达标 |
| | PM2.5 | 年均值 | 29 | 35 | 83 | 达标 |
| | | 日均值95百分位数 | 61 | 75 | 81 | 达标 |
| 一类区（区域点） | PM10 | 年均值 | 39 | 40 | 98 | 达标 |
| | | 日均值95百分位数 | 72 | 50 | 144 | 超标 |
| | PM2.5 | 年均值 | 24 | 15 | 160 | 超标 |
| | | 日均值95百分位数 | 48 | 35 | 137 | 超标 |

由三个城市点平均后的年评价结果可见，PM10和PM2.5的年均值及日均值95百分位数均能达标，最大占标率83%。区域点帽峰山作为一类区的背景值，超标较为严重，PM10年均值占标率98%，PM10日均值95百分位数和PM2.5的年均值及日均值95百分位数超标倍数分别为0.44倍、0.60倍和0.37倍。

（2）港区专题站。

收集到位于黄埔老港的港口码头专题空气质量自动监测点位（D5）2018年PM10及PM2.5的逐日监测数据，该点位属于专题站。评价结果见表3.2-16。可以看出PM10及PM2.5的年均值和日均值第95百分位数均达标，但占标率偏高。

专题站环境空气质量监测及评价结果　　表 3.2-16

| 监测因子 | 年评价指标 | 浓度值（μg/m³） | 标准值（μg/m³） | 占标率（%） | 达标情况 |
|---|---|---|---|---|---|
| PM10 | 年均值 | 56 | 70 | 80.0 | 达标 |
| | 日均值第 95 百分位数 | 114.2 | 150 | 76.1 | 达标 |
| PM2.5 | 年均值 | 32 | 35 | 91.4 | 达标 |
| | 日均值第 95 百分位数 | 60.6 | 75 | 80.8 | 达标 |

（3）其他污染物现状补充收集。

特征因子 NMHC 补充收集了广东泓耀环保工程有限公司就《时代广汽动力电池建设项目环境影响报告表》（审批文号：穗（番）环管影〔2020〕696 号）委托广州华清环境监测有限公司进行的环境空气质量监测数据。特征因子 TSP 补充收集了山西清源环境咨询有限公司就《中石油—盛源—东洲互联互通工程项目（一期盛源—东洲管段）环境影响报告书》（审批文号：东环建〔2020〕6826 号）委托广东维中检测技术有限公司进行的环境空气质量监测数据，及《广州科呈新材料有限公司新建高分子材料助剂建设项目环境影响报告书》在其厂区和阳光城丽景湾进行的环境空气质量监测数据。特征因子 TVOC 补充收集了《广州科呈新材料有限公司新建高分子材料助剂建设项目环境影响报告书》在其厂区和阳光城丽景湾进行的环境空气质量监测数据。监测项目分析方法见表 3.2-17。监测及评价结果详见表 3.2-18。可以看出，NMHC、TSP 及 TVOC 现状监测结果均能达标，除 NMHC 外，其他因子占标率均较低。港区附近针对这三项因子的环境空气质量现状较好。

其他污染物监测项目分析方法　　表 3.2-17

| 特征因子 | 监测方法 | 来　源 | 检出限 | 监测频率 |
|---|---|---|---|---|
| NMHC | 气相色谱法 | HJ 604—2017 | 0.07mg/m³ | 1h 均值 |
| TSP | 重量法 | GB/T 15432—1995 | 0.001mg/m³ | 日均值 |
| TVOC | 气象色谱法 | GB/T 18883—2002 | 0.5μg/m³ | 8h 均值 |

其他污染物监测数据 表 3.2-18

| 采样点 | 特征因子 | 浓度范围（mg/m³） | 标准值（mg/m³） | 最大浓度占标率（%） | 达标情况 |
|---|---|---|---|---|---|
| D6 | NMHC | 0.80～1.67 | 2 | 83.5 | 达标 |
| D7 | TSP | 0.103～0.108 | 0.3 | 36.0 | 达标 |
| D8 | TSP | 0.105～0.121 | 0.3 | 40.3 | 达标 |
| | TVOC | 0.053～0.075 | 0.6 | 12.5 | 达标 |
| D9 | TSP | 0.072～0.102 | 0.3 | 34.0 | 达标 |
| | TVOC | ND①～0.015 | 0.6 | 2.5 | 达标 |

注：①指未检出，即低于检测限。

### 3.2.5 噪声环境质量现状及评价

1）区域声环境质量现状

2020年城市区域声环境等效声级平均值为55.7dB(A)，与2019年持平，与2015年相比上升0.5 dB(A)。2020年，影响区域声环境的主要声源为生活噪声和交通噪声，分别占52.2%和25.0%。

城市道路交通噪声等效声级平均值为69.3dB(A)，与2019年持平，与2015年相比上升0.3dB(A)。

2）港区声环境质量现状

本小节内容出自《广州港黄埔港区规划调整环境影响报告书》和《广州港南沙港区规划调整环境影响报告书》。港区声环境质量现状评价引用《广东中外运黄埔仓码有限公司码头扩建工程环境报告书》中委托广州华航检测技术有限公司于2017年10月13—14日和2018年3月21—23日进行的声环境监测数据，及《广州港南沙港区粮食及通用码头扩建工程环境影响报告书》中由广谱尼测试有限公司于2018年10月24—25日进行的声环境监测数据。

调查共布设了噪声监测点位共9个，其中广东中外运黄埔仓码有限公司码头扩建工程环境噪声监测点位5个(N1～N5)，南沙港区粮食及通用码头厂界边界噪声监测点位4个(N6～N9)。数据来源、监测时间、站位坐标与调查内容见表3.2-14。

根据《广州市声环境功能区区划》(穗环〔2018〕151号)，广东中外运黄埔仓码有限公司所在区域属于4a类声环境功能区，执行《声环境质量标准》4a类标准；南沙港区粮食及通用码头执行《声环境质量标准》(GB 3096—2008)3类标准进行评价。监测与评价结果见表3.2-19。

监测期间，各测点在各时段昼、夜声环境现状监测指标全部达标，项目周边声环境质量状况较好。

**噪声监测数据统计结果** 表3.2-19

| 监测日期 | 监测点位 | 监测结果 $L_{eq}$[dB(A)] | | | | | | 评价标准 | | | 达标情况 | | |
|---|---|---|---|---|---|---|---|---|---|---|---|---|---|
| | | 第1天 | | | 第2天 | | | | | | | | |
| | | 昼间 | 夜间 | 夜间峰值 | 昼间 | 夜间 | 夜间峰值 | 昼间 | 夜间 | 突发噪声 | 昼间 | 夜间 | 突发噪声 |
| 2017年10月13—14日 | N1 | 62.6 | 52.4 | — | 61.9 | 52.6 | — | 70 | 55 | 70 | 达标 | 达标 | — |
| | N2 | 62.5 | 51.5 | — | 62.1 | 52.9 | — | 70 | 55 | 70 | 达标 | 达标 | — |
| | N3 | 60.4 | 50.1 | — | 60.6 | 50.5 | — | 70 | 55 | 70 | 达标 | 达标 | — |
| | N4 | 60.0 | 49.8 | — | 60.4 | 50.2 | — | 70 | 55 | 70 | 达标 | 达标 | — |
| 2018年3月21—23日 | N4 | 69.4 | 54.6 | — | 69.3 | 54.6 | — | 70 | 55 | 70 | 达标 | 达标 | — |
| | N5 | 68.2 | 54.5 | — | 69.0 | 54.2 | — | 70 | 55 | 70 | 达标 | 达标 | — |
| 2018年10月24—25日 | N6 | 51.0 | 51.0 | — | 53.0 | 52.0 | — | 65 | 55 | 70 | 达标 | 达标 | — |
| | N7 | 52.0 | 52.0 | — | 52.0 | 50.0 | — | 65 | 55 | 70 | 达标 | 达标 | — |
| | N8 | 50.0 | 50.0 | — | 49.0 | 45.0 | — | 65 | 55 | 70 | 达标 | 达标 | — |
| | N9 | 49.0 | 45.0 | — | 51.0 | 52.0 | — | 65 | 55 | 70 | 达标 | 达标 | — |

## 3.3 环境变化趋势分析

为了对广州港周围海域环境质量进行趋势分析，本次后评价收集了该海域2006—2019年春、秋共14次调查资料，监测时间、数据来源等信息见表3.3-1。

**本次后评价采用环境调查资料列表** 表3.3-1

| 季节 | 监测时间 | 数据来源 | 水质 | 沉积物 | 海洋生态 | 游泳动物 | 鱼卵仔鱼 | 生物体质量 |
|---|---|---|---|---|---|---|---|---|
| 春季 | 2008年4月 | 广州港南沙港区集装箱码头二期工程竣工环境保护验收海洋生态环境与水生生态调查报告 | | | + | | | |
| | 2012年3月 | 广州港深水航道拓宽工程海域环境现状调查 | | | + | + | + | + |
| | 2015年4月 | 广州港南沙四期工程海洋生态环境与渔业资源现状监测调查报告 | | + | + | + | | |
| | 2017年4月 | 广州港桂山锚地(18GSA)扩建工程、广州港三牙排南危险品船锚地新建工程海洋环境现状调查报告 | | | + | + | + | |
| | 2018年4月 | 广州港环大虎岛公用航道工程海洋环境现状调查报告 | | + | + | + | + | + |
| | 2019年3月 | 粤港澳大湾区(南沙)国际航运物流产业集聚区项目海域使用论证报告 | + | + | + | + | + | + |
| 秋季 | 2006年9月 | 广州港出海航道三期工程环评环境现状监测报告 | | + | | | | |
| | 2011年8月 | 广州港出海航道三期工程海洋环境影响跟踪监测报告 | | + | + | | | |
| | 2012年8月 | 广州港出海航道三期工程海洋环境影响跟踪监测报告 | | + | + | | | |
| | 2015年9月 | 广州港南沙四期工程海洋生态环境与渔业资源现状监测调查报告 | | | + | + | | + |

续上表

| 季节 | 监测时间 | 数据来源 | 水质 | 沉积物 | 海洋生态 | 游泳动物 | 鱼卵仔鱼 | 生物体质量 |
|---|---|---|---|---|---|---|---|---|
| 秋季 | 2016年11月 | 广州港桂山锚地(18GSA)扩建工程、广州港三牙排南危险品船锚地新建工程海洋环境现状调查报告 | | + | + | | | + |
| | 2017年9月 | 广州港南沙港区国际通用码头工程海洋生态环境现状调查报告 | | + | | | | |
| | 2017年11月 | 广州港环大虎岛公用航道工程海洋环境现状调查报告 | | | + | + | | + |
| | 2019年9月 | 粤港澳大湾区(南沙)国际航运物流产业集聚区项目海域使用论证报告 | + | | + | + | | + |

注:+表示有该项监测内容。

### 3.3.1 海水

本小节通过对比规划港区附近海域2006—2019年多年海水水质监测数据,对评价海域水环境变化趋势进行分析评估。选取的水环境监测因子为石油类物质、COD、无机氮、活性磷酸盐。2006—2019年海水水质监测站位覆盖了广州港范围,能够反映港区附近海域整体海水环境质量。

为了反映监测数据分散情况,本次评价将监测数据绘制成了箱形图,图中按调查时间分列,每一次调查数据均降序排列,并在图中标示出最大值、最小值、中位数(总监测数50%的数据值)、第一四分位数(总监测数25%的数据值)和第三四分位数(总监测数75%的数据值),连接两个四分位数画出箱子,再将最大值和最小值与箱子相连接,中位数在箱子中间。

1)石油类

多年海水中石油类物质监测数据分布如图3.3-1所示。从图中分析可知:

2006年石油类物质总监测数50%的数据值满足一、二类标准,75%的数据满足三类标准,个别数据超三类但满足四类标准;2008年总监测数75%的数据值超一、二类标准但满足三类标准;2011年、2017年总监测数75%的数据值满足一、二类标准,个别数据超一、二类标准但满足三类标准;2012年总监测数50%的数据值满足一、二类标准,其余监测数据均满足三类标准;2019年总监测数25%的数据值满足一、二类标准,其余监测数据均满足三类标准;2015年、2016年、2018年均符合一类标准。

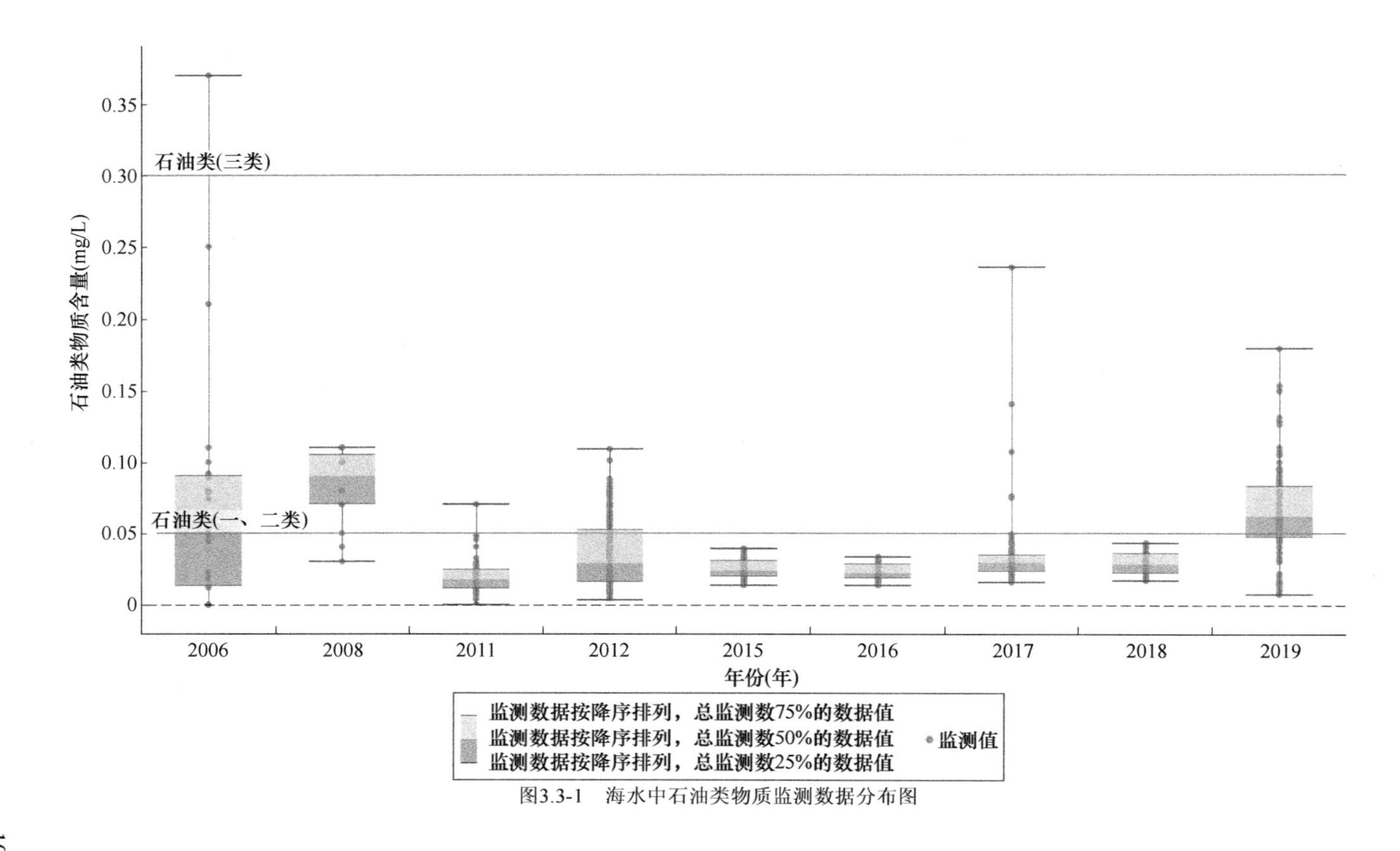


图3.3-1 海水中石油类物质监测数据分布图

从2006—2019年石油类物质数据分析中可以看出，除2006年个别站位超三类标准外，其余年份的调查结果均满足三类标准，其中2015年、2016年和2018年的调查结果全部满足一类标准。多年来，评价海域石油类物质含量总体呈现降低趋势，但在2019年略有回升。

2）COD

评估范围内多年海水中COD监测数据分布如图3.3-2所示。从图中分析可知，2006年海水中COD总监测数25%的数据值满足一类标准，75%的数据满足二类标准，个别数据超三类但满足四类标准；2008年COD总监测数75%的数据值超一类标准但满足二类标准，其余数据满足三类标准；2011年COD总监测数25%的数据值满足一类标准，75%的数据满足二类标准，其余数据满足三、四类标准，个别超四类标准；2012年COD总监测数50%的数据值满足一类标准，75%的数据满足二类标准，其余数据满足三、四类标准；2019年COD总监测数75%的数据值满足一类标准，其余数据部分满足二、三类标准，个别监测数据超四类标准；2015年、2016年、2016年COD总监测数75%的数据值满足一类标准，其余均满足二类标准。

从2006—2019年COD数据分析可以看出，几乎所有调查数据都能满足四类标准，第三四分位数能满足二类标准，中位数总体上呈现出波动性变化的趋势。自2012年以来，评价海域COD含量变化不大，属正常波动。

3）无机氮

评估范围内多年海水中无机氮监测数据分布如图3.3-3所示。从图中分析可知，2008年海水中无机氮监测数据值均超四类标准；2012年25%的无机氮监测数据值满足二类标准，50%的数据值满足四类标准，其余数据均超四类标准；2015年除个别监测数据值满足一类标准外，其余均超四类标准；2016年无机氮总监测数50%的数据值满足一类标准，其余满足二、三、四类标准，个别数据超四类标准；2017年无机氮总监测数25%的数据值满足一类标准，50%的数据值满足二类标准，75%的数据值满足三类标准，其余数据值部分满足四类标准，部分超四类标准；2018年无机氮总监测数25%的数据值满足三类标准，50%的数据值超四类标准；2019年无机氮监测数据均超四类标准。

从2008—2019年无机氮数据分析可以看出，评估海域无机氮含量超标严重，其中，2008年、2019年所有监测数据均超四类标准，2012年、2015年、2018年超50%的监测数据值超四类标准，2016年、2017年无机氮相对较低，有75%的监测数据值满足三类标准。从2008—2019年十年多的变化可以看出，海域无机氮含量呈现波动态势，但自2016年以来，无机氮含量逐年增高。

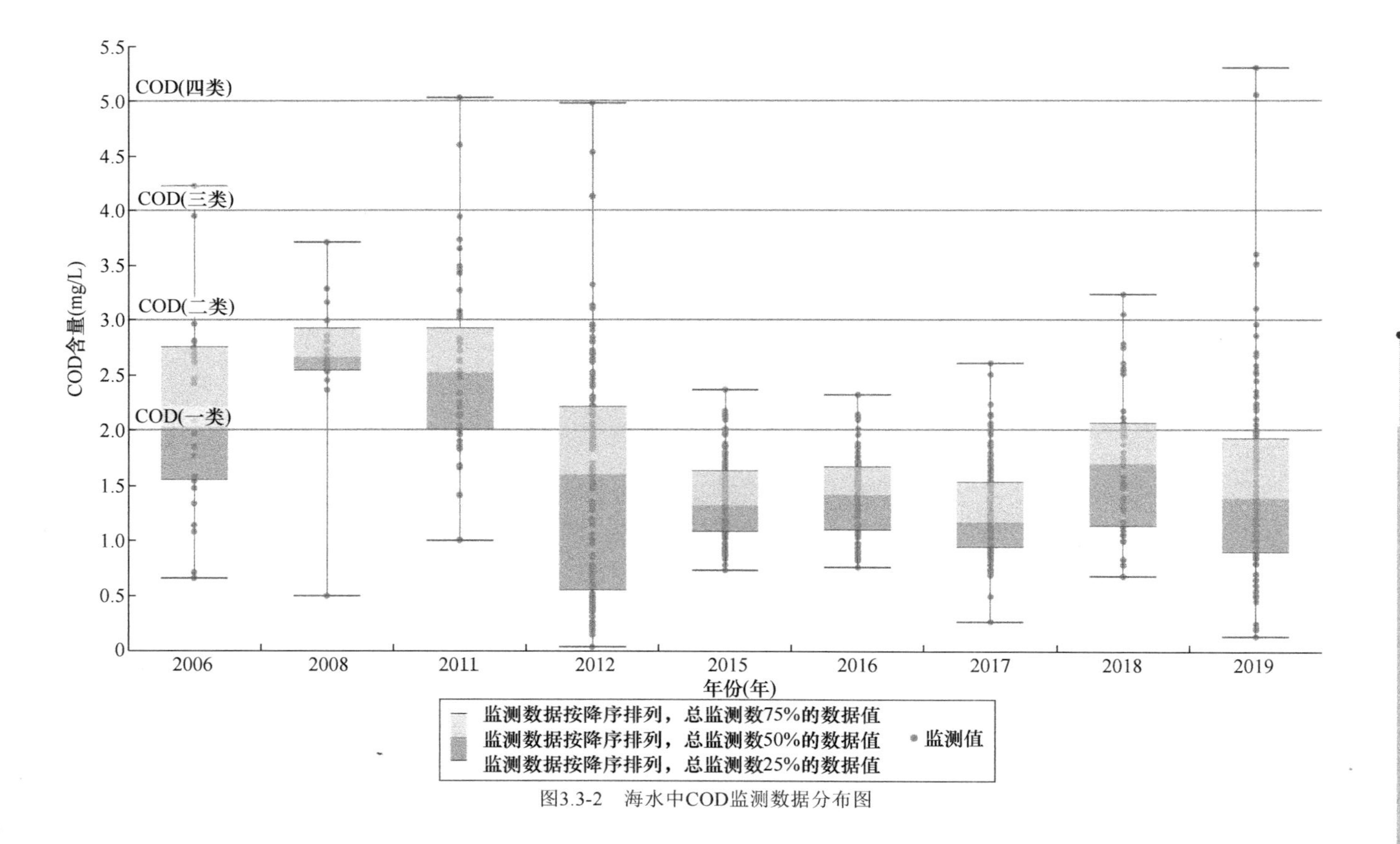


图3.3-2 海水中COD监测数据分布图

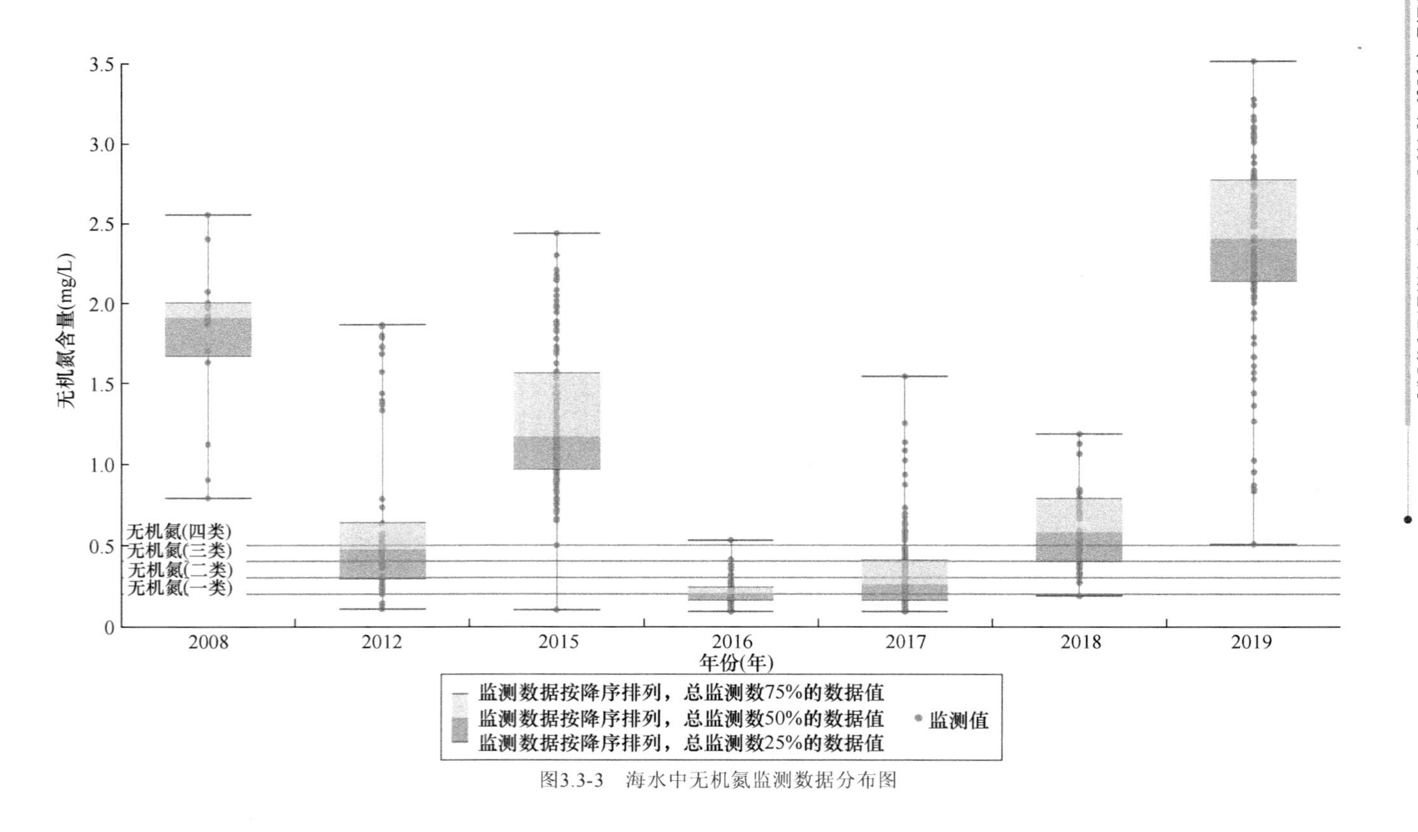


图3.3-3　海水中无机氮监测数据分布图

4)活性磷酸盐

评估范围内多年海水中活性磷酸盐监测数据分布如图3.3-4所示。从图中分析可知,2008年活性磷酸总监测数25%的数据值满足一类标准,其余均满足二、三类标准;2012年25%的活性磷酸盐监测数据值满足一类标准,75%的数据值满足二、三类标准,其余数据满足四类标准;2015年、2019年25%的活性磷酸盐监测数据值满足一类标准,50%的活性磷酸盐监测数据值满足二、三类标准,75%的监测数据满足四类标准,其余部分监测数据超四类标准;2016年25%的活性磷酸盐监测数据值满足一类标准,75%的活性磷酸盐监测数据值满足二、三类标准,其余监测数据部分满足四类、部分超四类标准;2017年25%的活性磷酸盐监测数据值满足一类标准,50%的活性磷酸盐监测数据值满足二、三类标准,75%的活性磷酸盐数据满足四类标准,其余监测数据部分超四类标准;2018年50%的活性磷酸盐监测数据满足二、三类标准,75%的活性磷酸盐监测数据满足四类标准,其余监测数据部分超四类标准。

从2008—2019年活性磷酸盐数据分析可以看出,中位数均能满足二类标准,第三四分位数均能满足四类标准,多年来评估海域活性磷酸盐含量总体呈现出缓慢上升的趋势。

### 3.3.2 沉积物

本节通过对比规划港区附近海域2006—2019年多年沉积物监测数据,对工程海域沉积物环境变化趋势进行分析评估。选取的沉积物监测因子为有机碳、石油类物质、Cr、Pb、Zn、Cu、As及Hg。2006—2019年沉积物监测站位覆盖了本次评估范围,能够反映规划港区附近海域整体沉积物环境质量。

为了反映监测数据分散情况,本次评价将监测数据绘制成了箱形图,图中按调查时间分列,每一次调查数据均降序排列,并在图中标示出最大值、最小值、中位数、第一四分位数和第三四分位数,连接两个四分位数画出箱子,再将最大值和最小值与箱子相连接,中位数在箱子中间。

1)铬

评估范围内多年沉积物中铬的监测数据分布如图3.3-5所示,从图中分析可知铬均符合沉积物一类标准。

2)石油类、汞、砷、锌和铅

评估范围内多年沉积物中石油类物质、汞、砷、锌和铅的监测数据分布如图3.3-6所示。从图中分析可知:

(1)所有调查数据均低于沉积物二类标准;

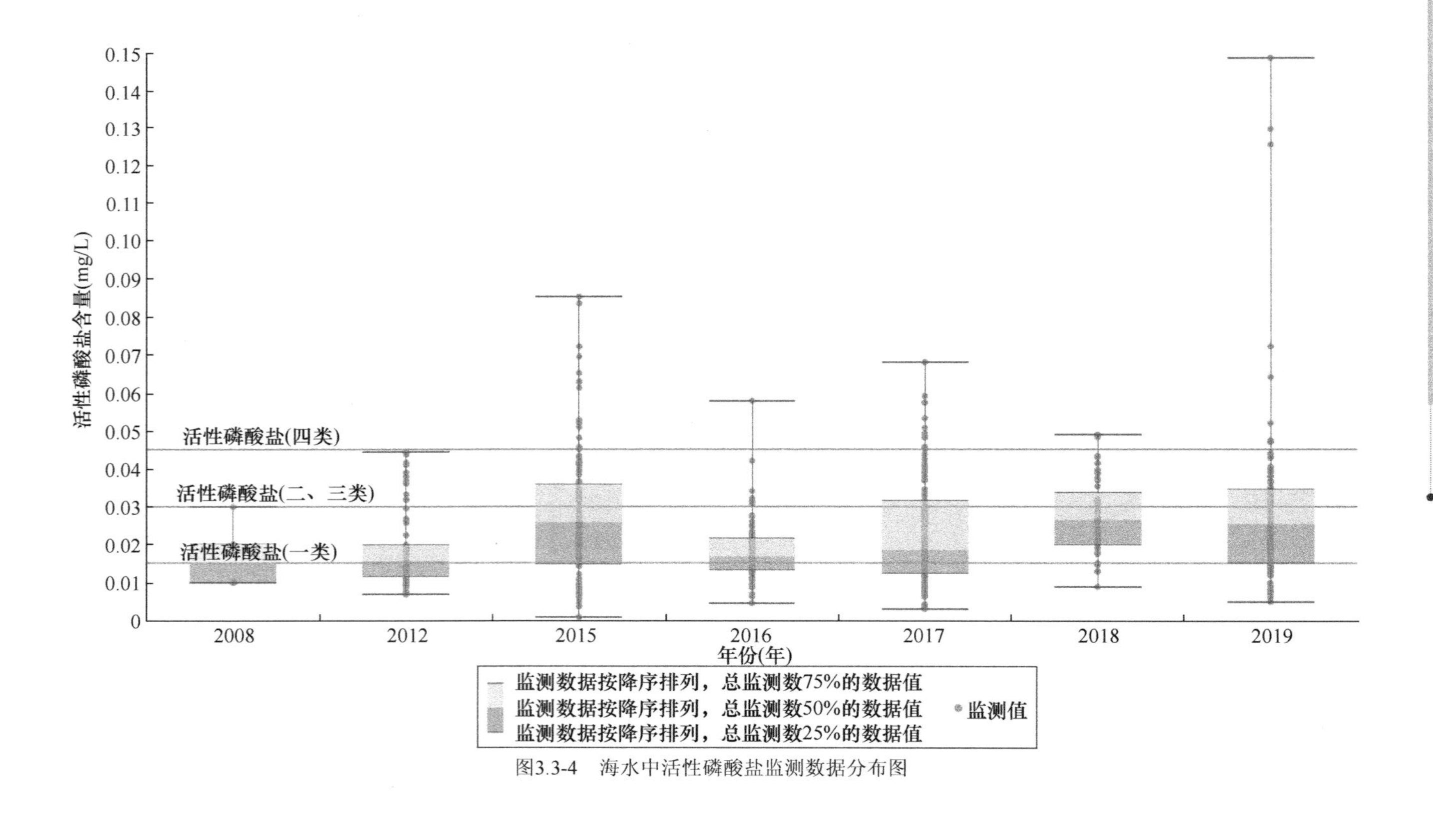


图3.3-4　海水中活性磷酸盐监测数据分布图

(2)除2006年砷和锌、2011年汞和2019年锌这三项指标,其余年份的调查数据主要分布区间均低于沉积物一类标准;

(3)部分年份调查数据出现了超一类标准的现象,但主要集中在2006年和2011年,自2012年以来,绝大部分调查数据均符合一类标准。

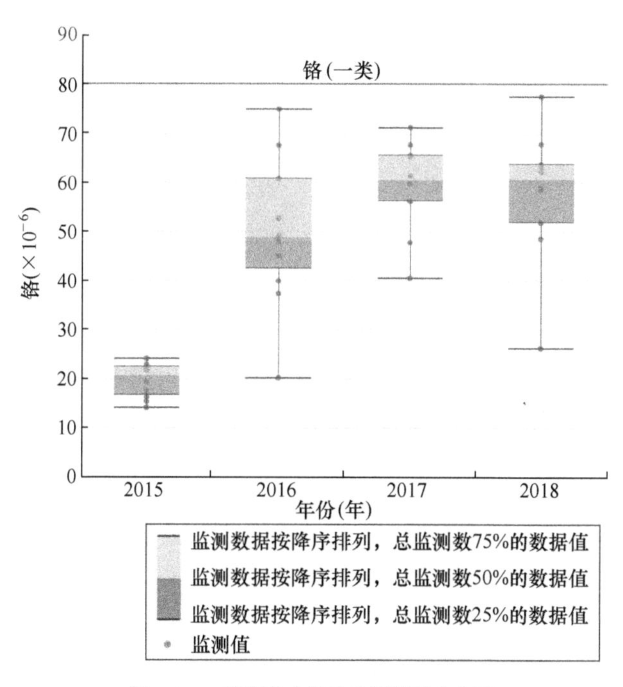


图3.3-5 沉积物中铬的监测数据分布图

3)铜和有机碳

评估范围内多年沉积物中铜和有机碳的监测数据分布如图3.3-7所示。从图中分析可知:

(1)2006年铜和2015年有机碳个别点位超沉积物二类标准,但均符合三类标准;

(2)铜的主要分布区间位于沉积物一类标准和二类标准之间,中位数在一类标准附近波动,总体上约一半站位达二类标准,一半站位达一类;

(3)除2015年外,有机碳的主要分布区间均低于沉积物一类标准。

4)小结

评价范围内沉积物质量较好,大部分站位的监测指标符合沉积物质量一类标准,年际间波动幅度不大。

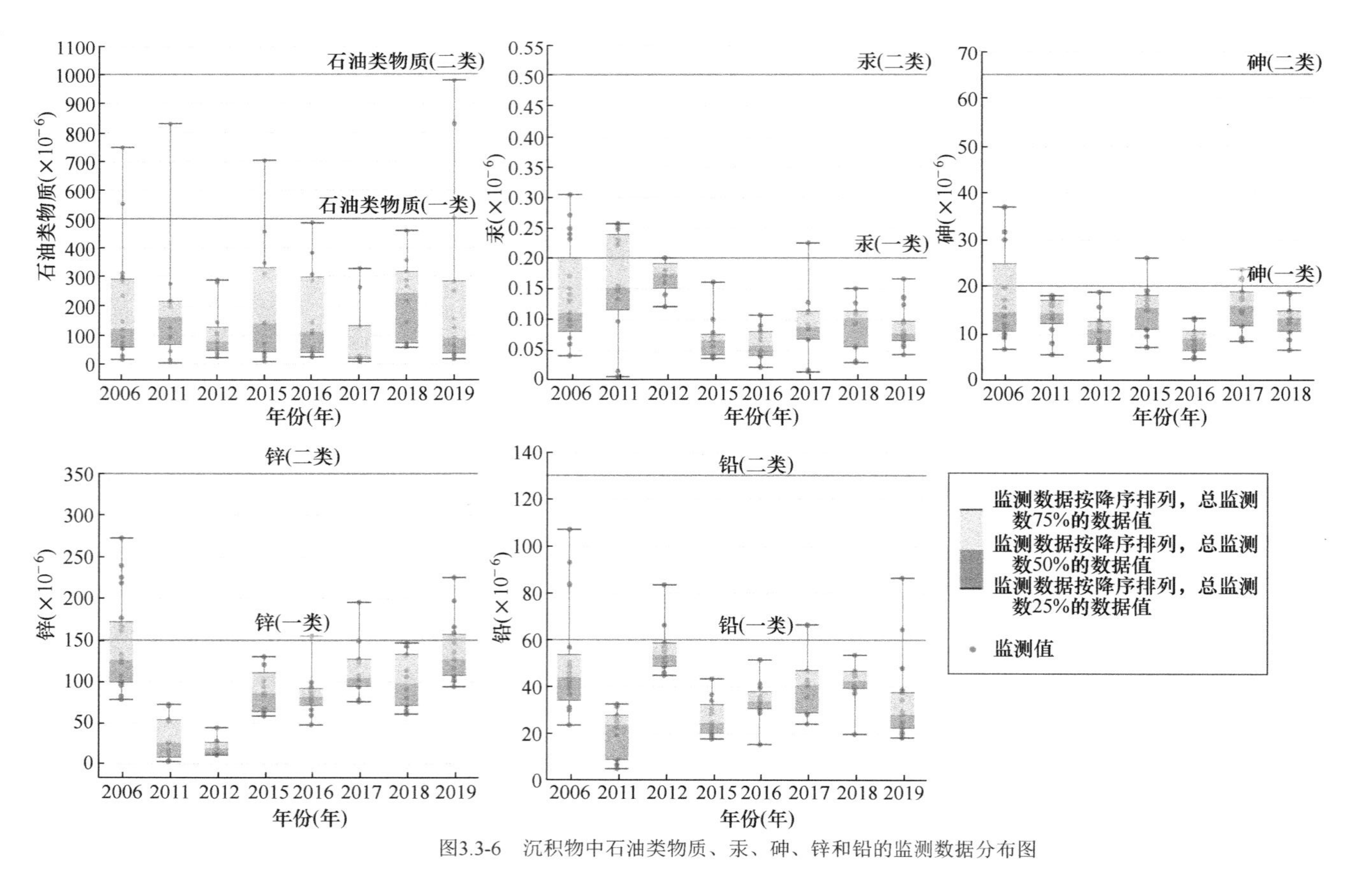


图3.3-6 沉积物中石油类物质、汞、砷、锌和铅的监测数据分布图

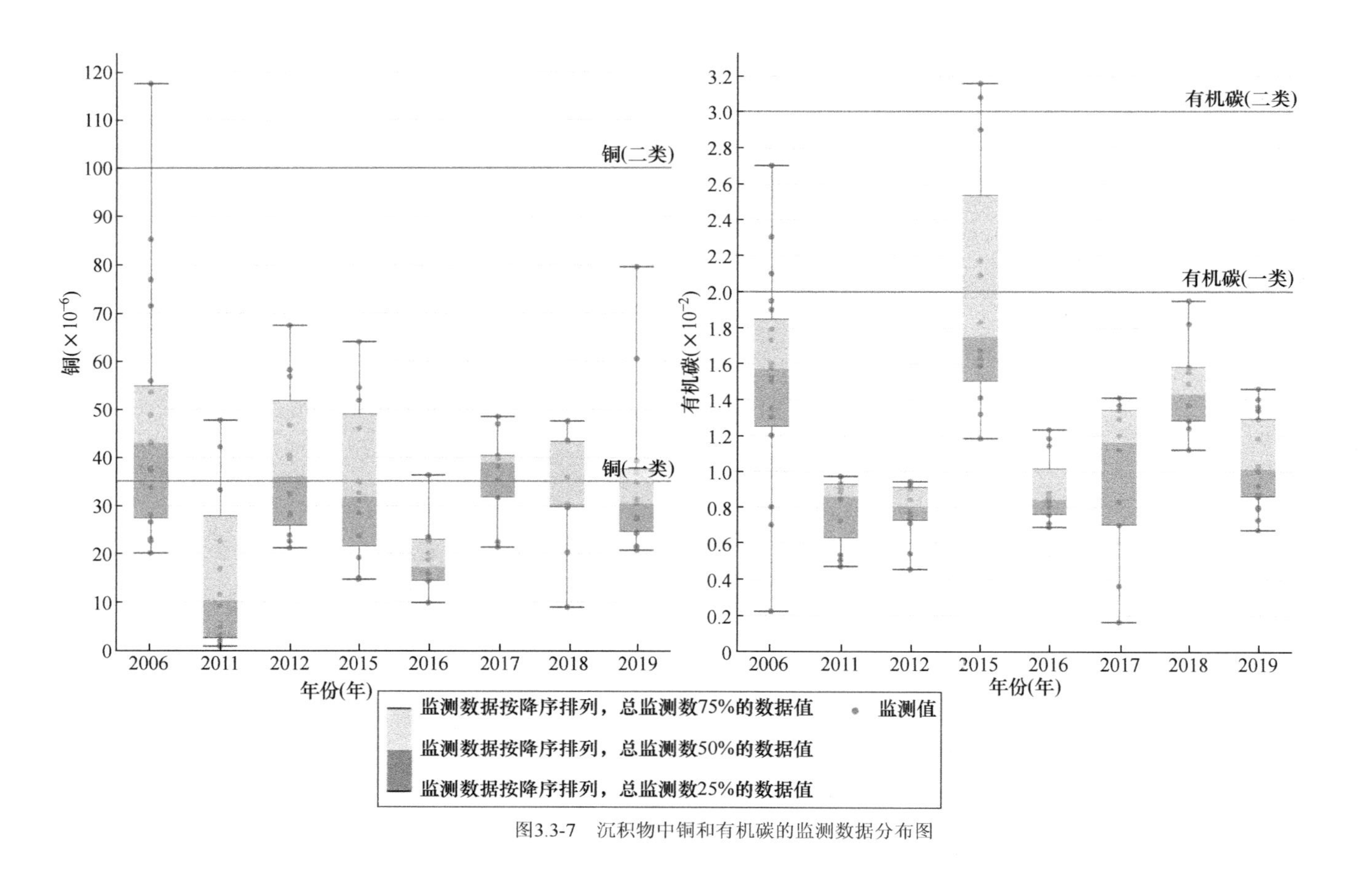


图3.3-7 沉积物中铜和有机碳的监测数据分布图

### 3.3.3 海洋生物生态

1)叶绿素 a

共收集到2008 年4 月、2011 年8 月、2012 年3 月、2012 年8 月、2015 年4 月、2015 年9 月、2016 年11 月、2017 年4 月、2017 年11 月和2018 年4 月共计10 个航次的叶绿素 a 现状调查数据。

调查海域11 航次叶绿素 a 含量变化趋势如图3. 3-8 所示。由图中可知,春季和秋季叶绿素 a 含量均呈现出先下降后升高的趋势;就季节变化而言,叶绿素 a 含量季节变化不明显。

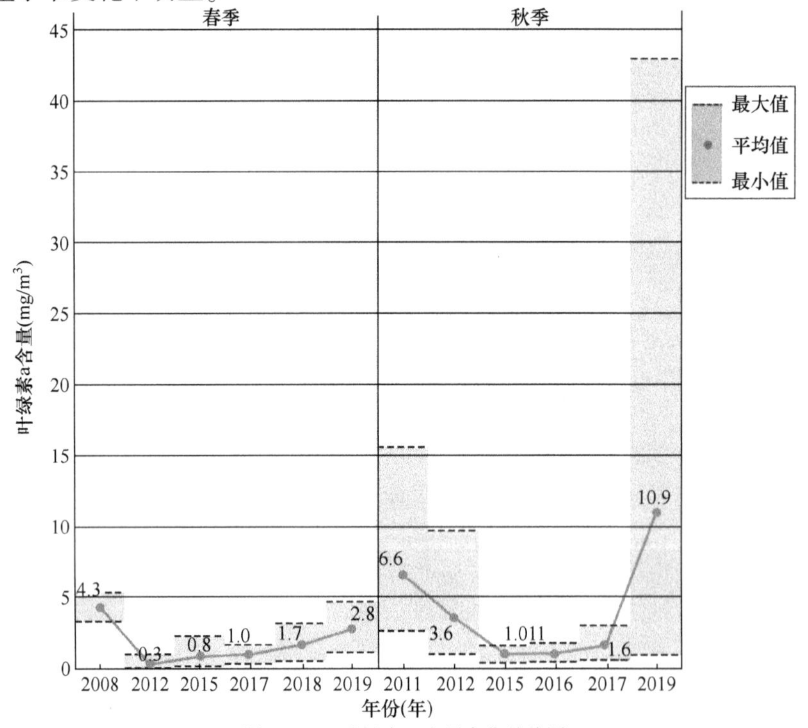


图3. 3-8 叶绿素 a 含量变化趋势图

2)浮游植物

(1)种类组成。

各航次调查浮游植物种类组成如图3. 3-9 所示,各航次均以硅藻占绝对优势,其次是甲藻和绿藻,季节变化不显著。其中2019 年秋季种类最多,2015 年秋季种类最少。

(2)丰度。

各航次调查浮游植物细胞丰度如图3. 3-10 所示,浮游植物细胞丰度呈现出秋季高于春季的趋势,年际间无明显变化规律。春季浮游植物细胞丰度平均含量2015年最高,秋季浮游植物细胞丰度平均含量2019年最高。

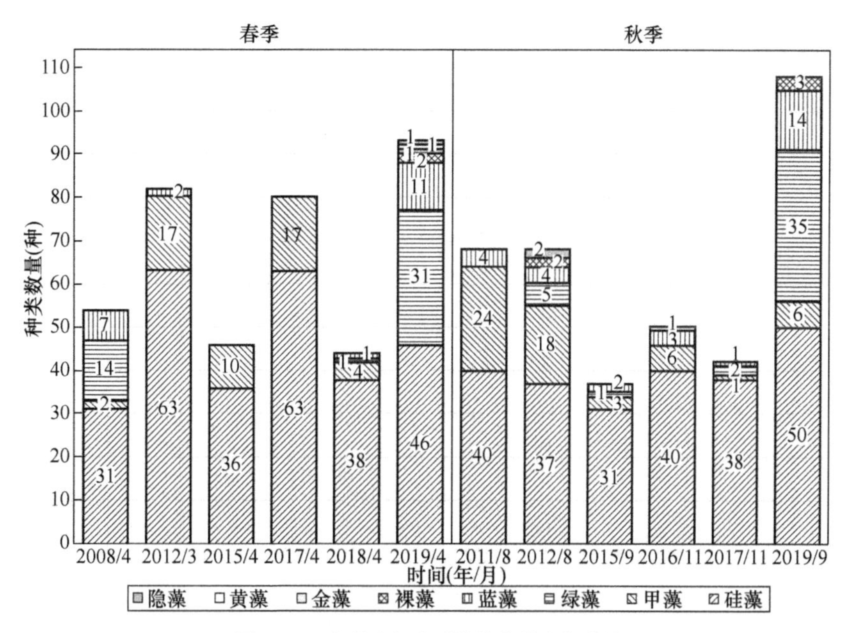


图3.3-9 各航次调查浮游植物种类统计图

(3)多样性指数。

各航次调查浮游植物多样性指数如图3.3-11所示,浮游植物多样性指数呈现出春季高于秋季的趋势,年际间无明显变化规律。春季浮游植物多样性指数平均值2017年最高,秋季浮游植物多样性指数平均值2012年最高。

(4)优势种。

各航次调查浮游植物优势种见表3.3-2。在共计12个航次的调查中,中肋骨条藻作为优势种在8个航次中均有出现,其次是琼氏圆筛藻在5个航次中出现,再次是布氏双尾藻、柔弱菱形藻、颗粒直链藻和颗粒直链藻极狭变种在3个航次中出现。2017年4月优势种最多,有9种。

3)浮游动物

(1)种类组成。

由于2019年调查资料仅给出种类总数,未提供各类群的具体种类数,因此,在绘制的各航次调查浮游动物种类组成(图3.3-12)时未包含2019年数据,但从调查结果可知,绝大部分航次以桡足类占优势,其次是幼体类和腔肠动物水母类。种类以2016年11月最多,2008年4月最少。

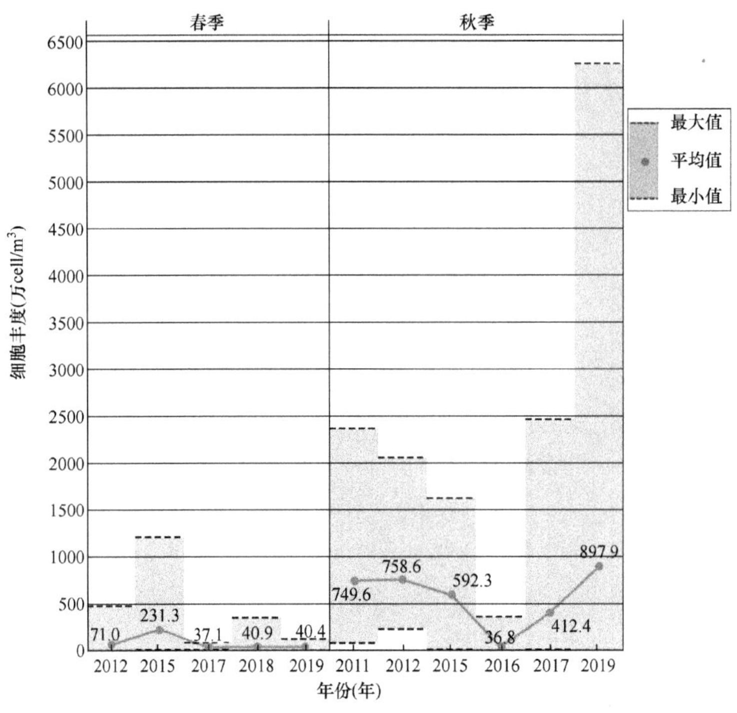


图 3. 3-10　各航次调查浮游植物细胞丰度统计图

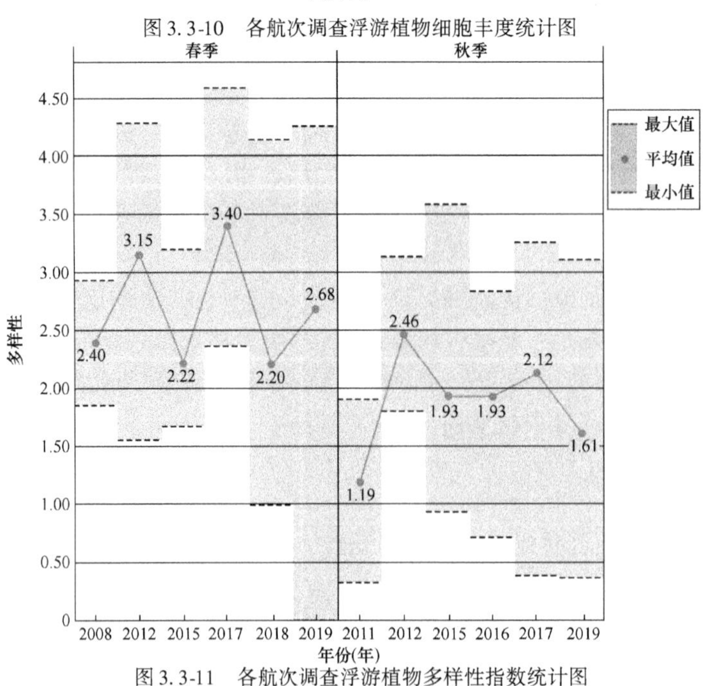


图 3. 3-11　各航次调查浮游植物多样性指数统计图

各航次浮游植物优势种 表3.3-2

| 优势种 | 2008年4月 | 2011年8月 | 2012年3月 | 2012年8月 | 2015年4月 | 2015年9月 | 2016年11月 | 2017年4月 | 2017年11月 | 2018年4月 | 2019年3月 | 2019年9月 | 出现次数 |
|---|---|---|---|---|---|---|---|---|---|---|---|---|---|
| 颗粒直链藻 | + | | | | | | | | | | + | + | 3 |
| 远距直链藻 | + | | | | | | | | | | | | 1 |
| 颗粒直链藻极狭变种 | + | | | | | | | | | | + | + | 3 |
| 岛直链藻 | | | | | | | | | | | + | | 1 |
| 中肋骨条藻 | | + | + | + | + | + | + | | + | | | + | 8 |
| 布氏双尾藻 | | + | + | | | | | | + | | | | 3 |
| 红海束毛藻 | | + | | | | | | | | | | | 1 |
| 中心圆筛藻 | | | + | | | | | | | | | | 1 |
| 虹彩圆筛藻 | | | + | | | | | | | + | | | 2 |
| 中华盒形藻 | | | + | | | | | | | | | | 1 |
| 夜光藻 | | | + | | | | | + | | | | | 2 |
| 变异直链藻 | | | | + | | | | | | | | | 1 |
| 琼氏圆筛藻 | | | | + | + | | + | | + | + | | | 5 |
| 短角弯角藻 | | | | | + | | | + | | | | | 2 |
| 并基角毛藻 | | | | | + | | | | | | | | 1 |

续上表

| 优势种 | 2008年4月 | 2011年8月 | 2012年3月 | 2012年8月 | 2015年4月 | 2015年9月 | 2016年11月 | 2017年4月 | 2017年11月 | 2018年4月 | 2019年3月 | 2019年9月 | 出现次数 |
|---|---|---|---|---|---|---|---|---|---|---|---|---|---|
| 热带骨条藻 | | | | | | + | | | + | | | | 2 |
| 柔弱菱形藻 | | | | | | + | | | | + | + | | 3 |
| 铁氏束毛藻 | | | | | | | + | | | | | | 1 |
| 三角角藻 | | | | | | | | + | | | | | 1 |
| 优美辐杆藻 | | | | | | | | + | | | | | 1 |
| 威氏圆筛藻 | | | | | | | | + | | | | | 1 |
| 哈德半盘藻 | | | | | | | | + | | | | | 1 |
| 短角角藻 | | | | | | | | + | | | | | 1 |
| 叉角藻 | | | | | | | | + | | | | | 1 |
| 具尾鳍藻 | | | | | | | | + | | | | | 1 |
| 蛇目圆筛藻 | | | | | | | | | + | | | | 1 |
| 冕孢角毛藻 | | | | | | | | | | + | | | 1 |
| 美丽漂流藻 | | | | | | | | | | + | | | 1 |
| 总计 | 3 | 3 | 6 | 3 | 4 | 3 | 3 | 9 | 5 | 5 | 4 | 3 | |

注:“+”表示调查到该优势种。

(2)生物密度和生物量。

各航次调查浮游动物生物密度如图 3. 3-13 所示。由图中可知,春、秋季调查海域浮游动物生物密度均值呈现波动趋势,季节性差异也不明显。2017 年 11 月航次调查的浮游动物生物密度最高,2016 年 11 月航次调查的浮游动物生物密度最低。

各航次浮游动物生物量如图 3. 3-14 所示。由图中可知,春、秋季调查浮游动物生物量均值呈现出逐渐降低的趋势,但在 2019 年有明显的提高,最高值出现在 2019 年 9 月,最低值出现在 2017 年 11 月。

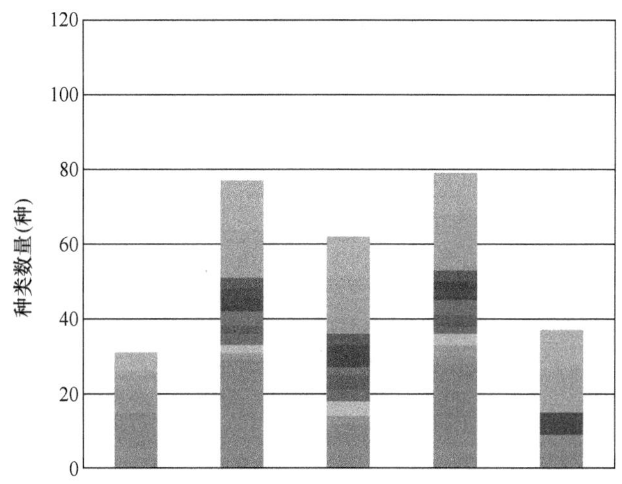


| 种类 | 时间 | | | | |
|---|---|---|---|---|---|
| | 2008年4月 | 2012年3月 | 2015年4月 | 2017年4月 | 2018年4月 |
| 浮游幼虫 | 5 | 13 | 11 | 11 | 10 |
| 水母类 | 1 | 13 | 11 | 14 | 12 |
| 软体动物 | | | 4 | 1 | |
| 原生动物 | | 3 | 3 | 3 | |
| 毛颚类 | | 6 | 6 | 5 | 6 |
| 被囊类 | | 4 | 2 | 4 | |
| 糠虾类 | | | 2 | 2 | |
| 十足类 | | 2 | 1 | 1 | |
| 莹虾类 | | | 1 | | |
| 介形类 | | 3 | 3 | 2 | |
| 磷虾类 | | 2 | 4 | 3 | |
| 端足类 | 4 | 1 | | 3 | |
| 枝角类 | 6 | 1 | 2 | 2 | |
| 桡足类 | 15 | 29 | 12 | 28 | 9 |

桡跳类 枝角类 端足类 磷虾类 介形类 莹虾类 十足类 糠虾类 被囊类 毛颚类 原生动物 软体动物 水母类 浮游幼虫

a)春季

图 3. 3-12

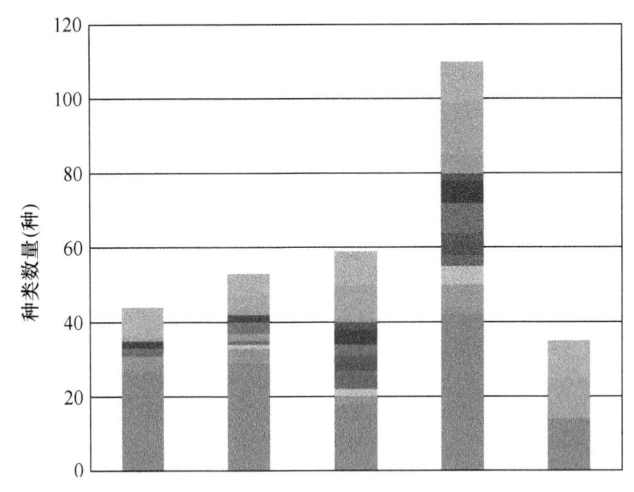


| 种类 | 时间 | | | | |
|---|---|---|---|---|---|
| | 2011年8月 | 2012年8月 | 2015年9月 | 2016年11月 | 2017年11月 |
| 浮游幼虫 | 8 | 6 | 9 | 11 | 10 |
| 水母类 | 1 | 4 | 9 | 14 | 11 |
| 软体动物 | | 1 | 1 | 5 | |
| 原生动物 | | | 2 | 2 | |
| 毛颚类 | 2 | 2 | 4 | 6 | |
| 被囊类 | 1 | 3 | 3 | 8 | |
| 糠虾类 | | | 1 | 2 | |
| 十足类 | | | 1 | 4 | |
| 莹虾类 | | | 2 | | |
| 樱虾类 | | 2 | | | |
| 介形类 | 1 | 1 | 5 | 3 | |
| 磷虾类 | | 1 | 2 | 5 | |
| 端足类 | | | | 6 | |
| 枝角类 | 4 | 4 | 2 | 2 | |
| 桡足类 | 27 | 29 | 18 | 42 | 14 |



b）秋季

图 3. 3-12　各航次调查浮游动物种类统计图

(3)多样性指数。

各航次调查浮游动物多样性指数如图 3. 3-15 所示。浮游动物多样性指数均值春季呈现出波动性下降的趋势,秋季呈现出先升后降的趋势,整体上秋季高于春季。春季浮游动物多样性指数平均值 2008 年最高,2017 年最低;秋季浮游动物多样性指数平均值 2015 年最高,2019 年最低。

(4)优势种。

各航次调查浮游动物优势种见表 3. 3-3。在共计 12 个航次的调查中,中华异水蚤作为优势种在 8 个航次中出现,其次是刺尾纺锤水蚤在 7 个航次中出现,再次是中华异水蚤在 6 个航次中出现。2015 年 9 月优势种最多,有 5 种。

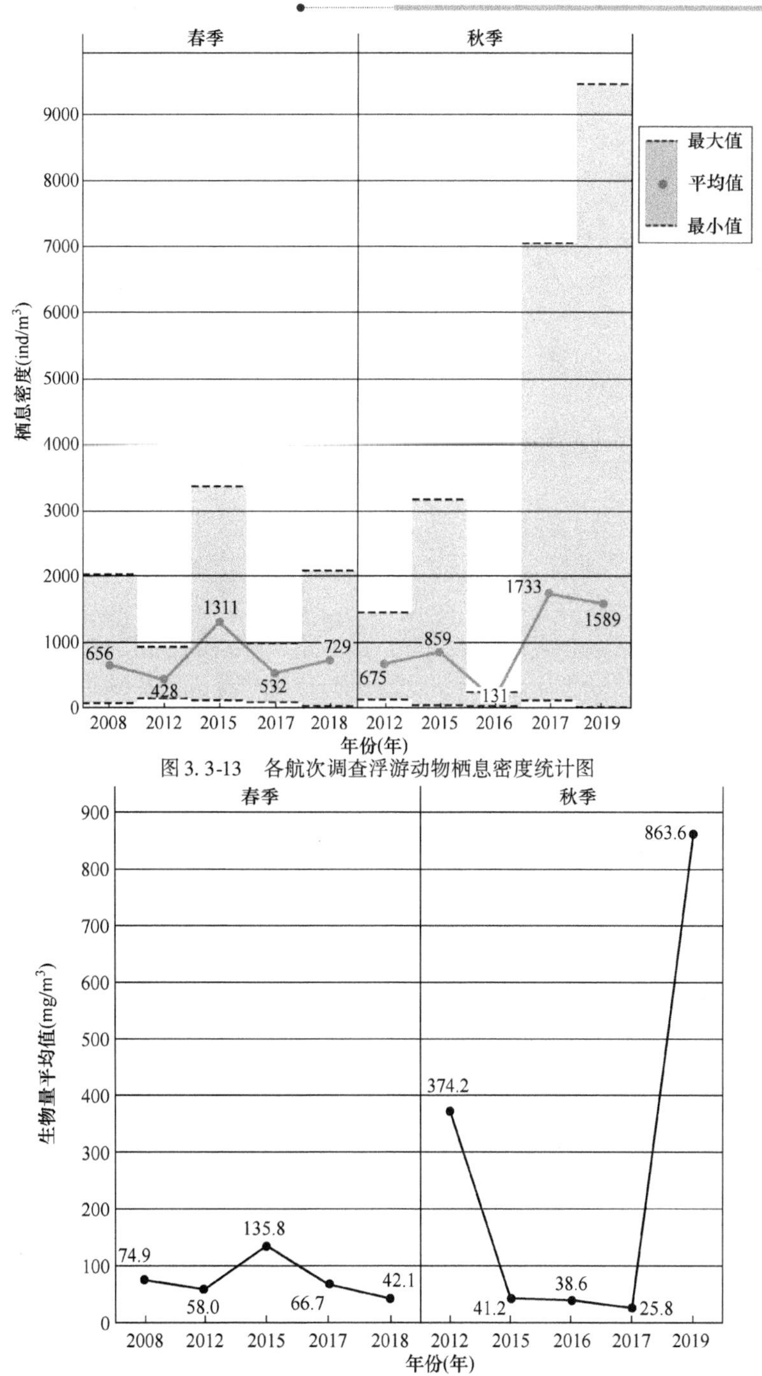


图 3. 3-13 各航次调查浮游动物栖息密度统计图

图 3. 3-14 各航次调查浮游动物生物量统计图

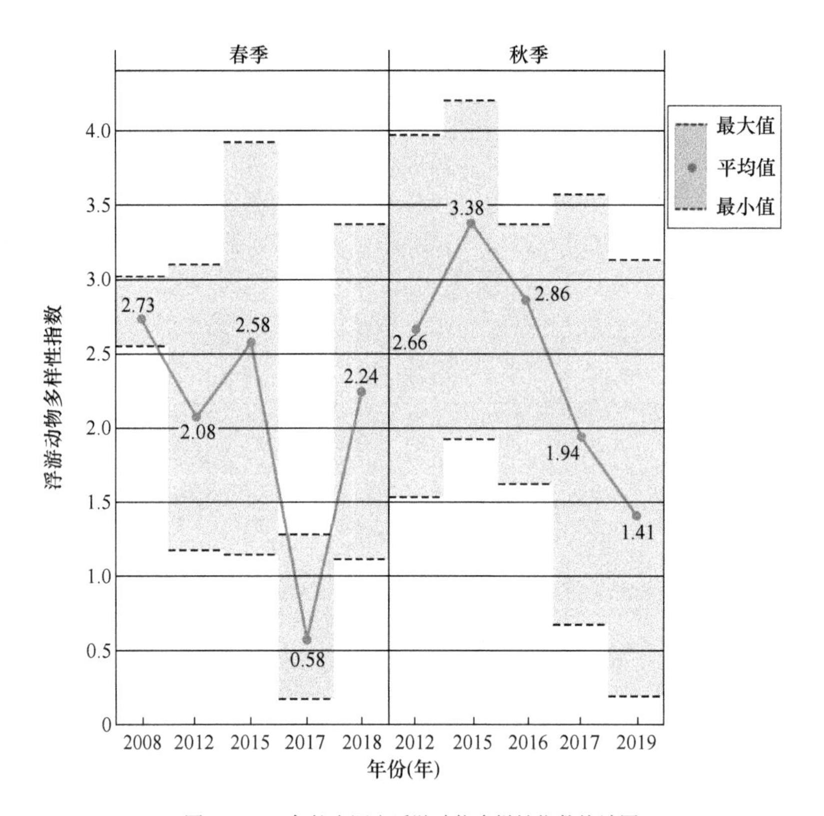


图 3. 3-15　各航次调查浮游动物多样性指数统计图

4）底栖动物

（1）种类组成。

各航次底栖动物种类组成如图 3. 3-16 所示，各航次均以环节动物、节肢动物和软体动物占优势，种类以 2011 年 8 月最多，2015 年 4 月种类最少。

（2）生物密度和生物量。

各航次调查底栖动物生物密度如图 3. 3-17 所示。由图中可知，春季调查海域底栖生物的栖息密度均值呈现波动上升的趋势，秋季则比较平稳，整体上春季高于秋季。2015 年 4 月航次调查的底栖生物的栖息密度均值最大，2015 年 9 月航次调查的底栖生物的栖息密度均值最小。

**各航次调查底栖动物优势种** 表 3.3-3

| 优势种 | 2008年4月 | 2011年8月 | 2012年3月 | 2012年8月 | 2015年4月 | 2015年9月 | 2016年11月 | 2017年4月 | 2017年11月 | 2018年4月 | 2019年3月 | 2019年9月 | 出现次数 |
|---|---|---|---|---|---|---|---|---|---|---|---|---|---|
| 多刺裸腹溞 | + | | | | | | | | | | | | 1 |
| 直额裸腹溞 | + | | | | | | | | | | | | 1 |
| 火腿许水蚤 | + | | | | | | | | + | + | | | 3 |
| 中华异水蚤 | + | | + | | + | + | | | + | + | + | + | 8 |
| 强额拟水蚤 | | + | | | | | | | | | | | 1 |
| 左指华哲水蚤 | | + | | + | | | | | | | | | 2 |
| 小拟哲水蚤 | | + | | | | | | | | | | | 1 |
| 夜光虫 | | | + | | | | | + | | | | | 2 |
| 刺尾纺锤水蚤 | | | + | + | + | + | | + | + | + | | | 7 |
| 球状许水蚤 | | | | + | | | | | | | | | 1 |
| 鸟喙尖头溞 | | | | + | | + | + | + | | | | | 4 |
| 锥形宽水蚤 | | | | | | + | | | | | | | 1 |
| 孪生萤虾 | | | | | | + | | | | | | | 1 |
| 微刺哲水蚤 | | | | | | | + | | | | | | 1 |
| 亚强真哲水蚤 | | | | | | | + | | | | | | 1 |
| 肥胖箭虫 | | | | | | | + | | | | | | 1 |
| 右突歪水蚤 | | | | | | | | | | + | | | 1 |
| 太平洋纺锤水蚤 | | | | | | | | | | | | + | 1 |
| 火腿伪镖水蚤 | | | | | | | | | | | + | + | 2 |
| 桡足类幼体 | | | | | | | | | | | + | | 1 |
| 总计 | 4 | 3 | 3 | 4 | 2 | 5 | 4 | 3 | 3 | 4 | 3 | 3 | 41 |

注："+"表示调查到该优势种。

各航次调查底栖生物生物量如图 3.3-18 所示。由图中可知,春季调查底栖生物生物量均值呈现出波动性下降的趋势,秋季调查则呈现出逐年上升的趋势,但在 2019 年有所下降,整体上春季高于秋季。底栖生物生物量均值最高值出现在 2008 年 4 月,最低值出现在 2019 年 9 月。

(3)多样性指数。

各航次调查底栖生物多样性指数如图 3.3-19 所示。由图中可知,底栖生物多样性指数均值春季呈现出先降后升的趋势,秋季则呈现出波动性下降的趋势,季节差异不明显。底栖生物多样性指数均值最高值出现在 2012 年 8 月,最低值出现在 2015 年 4 月。

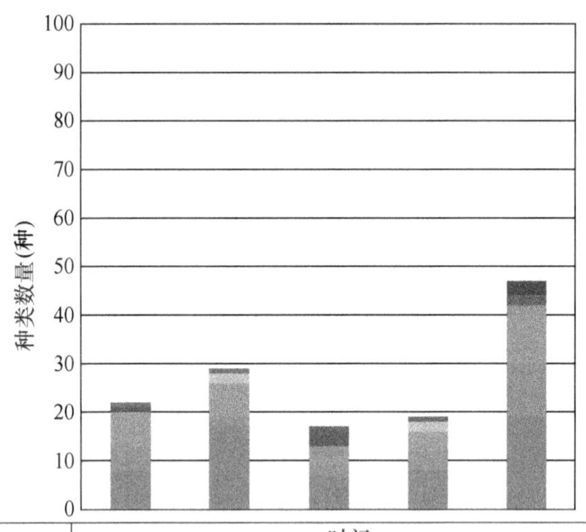


| 种类 | 时间 | | | | |
|---|---|---|---|---|---|
| | 2008年4月 | 2012年3月 | 2015年4月 | 2018年4月 | 2019年3月 |
| ■ 刺胞动物 | | | | | 3 |
| ■ 螠虫动物 | 1 | 1 | | | |
| ■ 纽形动物 | | | 1 | 1 | 2 |
| ■ 鱼类 | | | 3 | | |
| ■ 半索动物 | 1 | | | | |
| ■ 脊索动物 | | | 2 | | 2 |
| ■ 棘皮动物 | | 2 | | 2 | |
| ■ 软体动物 | 7 | 7 | 2 | 4 | 10 |
| ■ 节肢动物 | 5 | 2 | 2 | 4 | 11 |
| ■ 环节动物 | 8 | 17 | 7 | 8 | 19 |

a) 春季

图 3.3-16

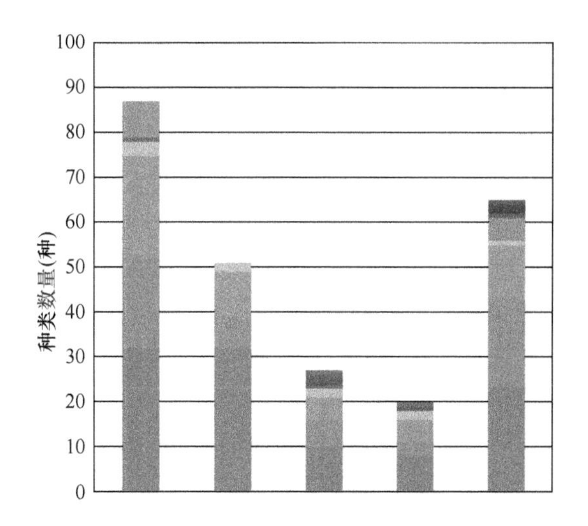


| 种类 | 时间 | | | | |
|---|---|---|---|---|---|
| | 2011年8月 | 2012年8月 | 2015年9月 | 2017年11月 | 2019年9月 |
| 扁形动物 | | | | | 1 |
| 刺胞动物 | | | | | 2 |
| 螠虫动物 | | | 1 | 1 | |
| 纽形动物 | | | 1 | 1 | 1 |
| 鱼类 | | | 2 | | |
| 脊索动物 | 8 | | | | 5 |
| 星虫动物 | 1 | | | | |
| 棘皮动物 | 3 | 2 | 2 | 2 | 1 |
| 软体动物 | 23 | 10 | 5 | 5 | 12 |
| 节肢动物 | 20 | 7 | 6 | 3 | 19 |
| 环节动物 | 32 | 32 | 10 | 8 | 24 |

b) 秋季

图 3.3-16　各航次调查底栖动物种类统计图

(4)优势种。

各航次调查底栖生物优势种见表 3.3-4。在共计 10 个航次的调查中,光滑河篮蛤作为优势种在 5 个航次中有出现,其次是背蚓虫在 3 个航次中出现。2008 年 4 月、2015 年 9 月、2017 年 11 月、2019 年 3 月和 2019 年 9 月优势种最多,有 4 种。

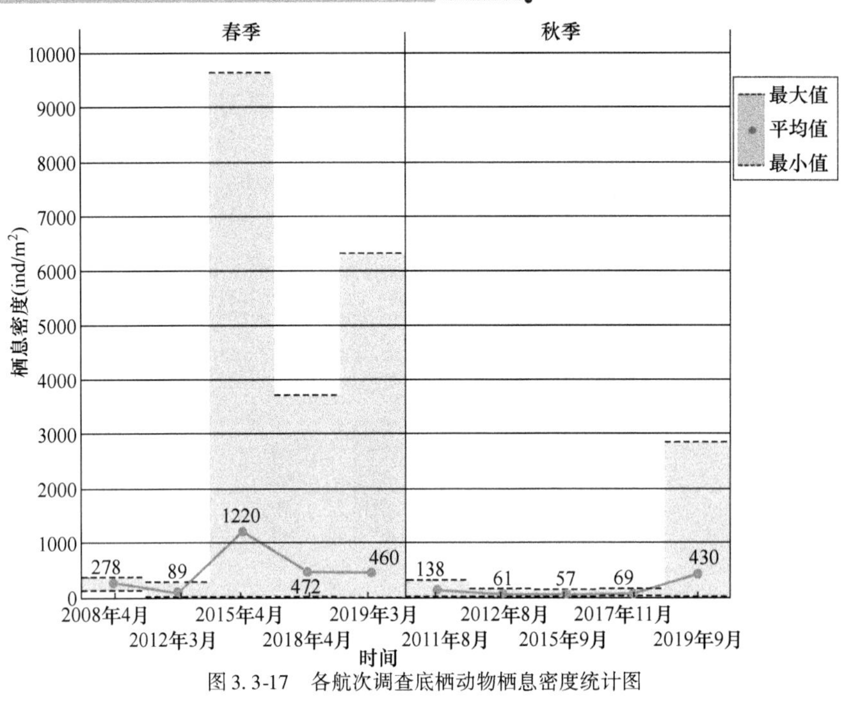


图 3.3-17　各航次调查底栖动物栖息密度统计图

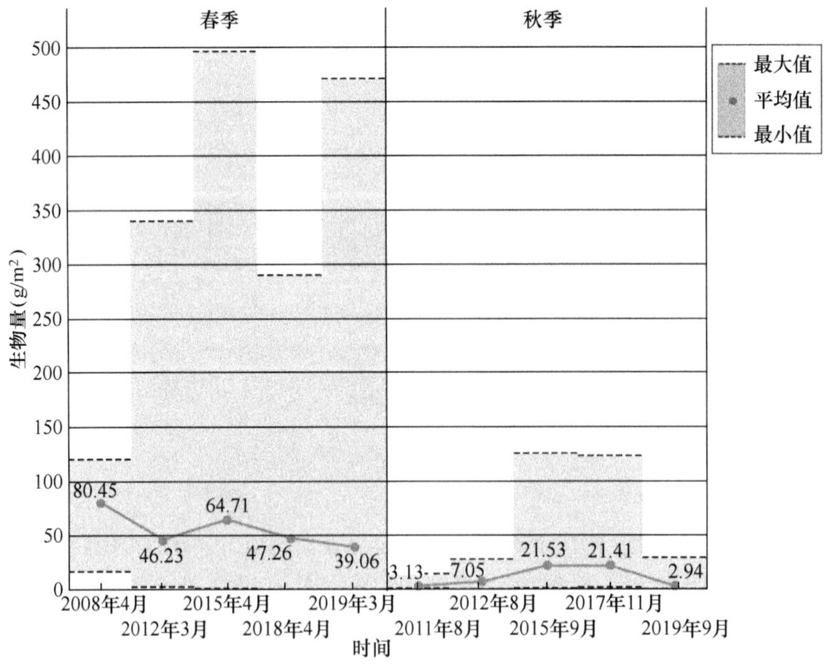


图 3.3-18　各航次调查底栖动物生物量统计图

### 3.3.4 游泳动物

1)种类组成

各航次调查游泳动物种类组成如图3.3-20所示。可以看出各航次均以鱼类占优势,其次为甲壳类,其中2017年4月种类最多。各航次调查结果相差不大,调查结果在正常范围内波动。

2)质量密度

各航次调查游泳动物质量密度如图3.3-21所示。从趋势性来看,各航次游泳动物质量密度呈波动性上升,在2017年和2019年秋出现了两个波峰,最高值出现在2017年。

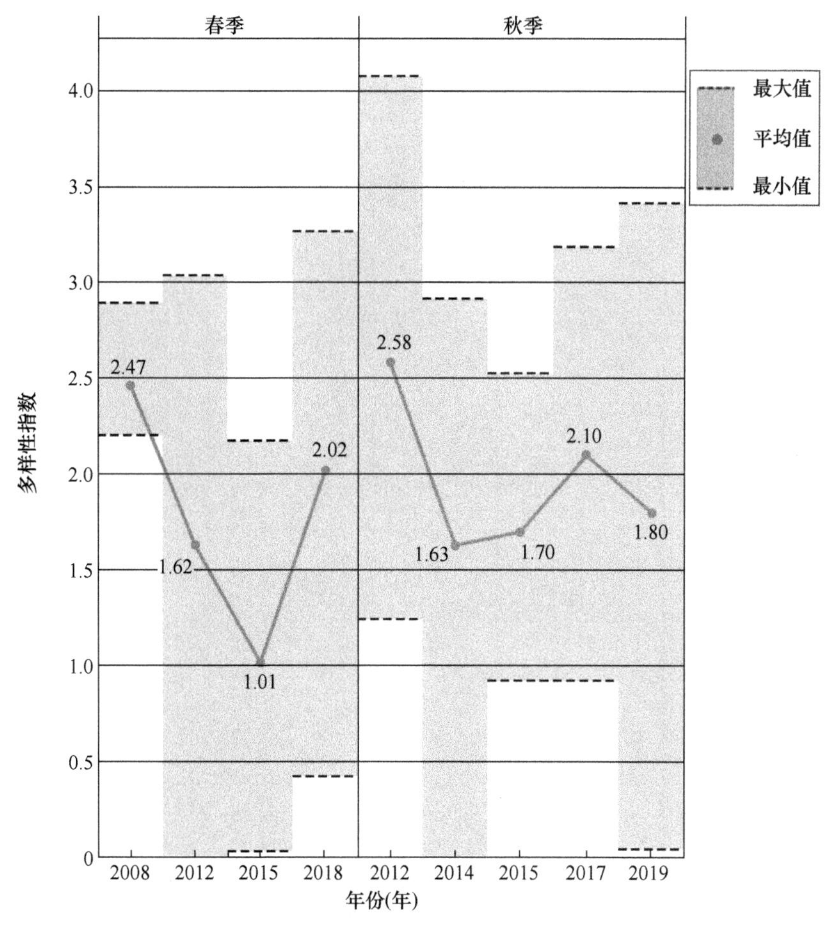


图3.3-19 各航次调查底栖动物多样性指数统计图

各航次调查底栖生物优势种

表 3.3-4

| 优势种 | 2008 年 4 月 | 2011 年 8 月 | 2012 年 3 月 | 2012 年 8 月 | 2015 年 4 月 | 2015 年 9 月 | 2017 年 11 月 | 2018 年 4 月 | 2019 年 3 月 | 2019 年 9 月 | 出现次数 |
|---|---|---|---|---|---|---|---|---|---|---|---|
| 光滑河篮蛤 | + | + |  | + | + |  |  |  | + |  | 5 |
| 异蚓虫 | + |  |  |  |  |  |  |  |  |  | 1 |
| 奇异稚齿虫 | + |  |  | + |  |  |  |  |  |  | 2 |
| 凸壳肌蛤 | + |  |  |  |  |  |  |  |  |  | 1 |
| 双腮内卷齿蚕 |  | + |  |  |  |  |  |  |  |  | 1 |
| 棒锥螺 |  |  | + |  |  |  |  | + |  |  | 2 |
| 洼鄂倍棘蛇尾 |  |  | + |  |  |  |  | + |  |  | 2 |
| 双齿围沙蚕 |  |  |  |  |  | + | + |  |  |  | 2 |
| 厚鳃蚕 |  |  |  |  |  | + |  |  |  |  | 1 |
| 背蚓虫 |  |  |  |  |  | + | + | + |  |  | 3 |
| 贪食鼓虾 |  |  |  |  |  | + | + |  |  |  | 2 |
| 膜质伪才女虫 |  |  |  |  |  |  | + |  |  |  | 1 |
| 水丝蚓 |  |  |  |  |  |  |  |  | + | + | 2 |
| 长额刺糠虾 |  |  |  |  |  |  |  |  | + |  | 1 |
| 沟虾 |  |  |  |  |  |  |  |  | + | + | 2 |
| 寡鳃齿吻沙蚕 |  |  |  |  |  |  |  |  |  | + | 1 |
| 溪沙蚕 |  |  |  |  |  |  |  |  |  | + | 1 |
| 总计 | 4 | 2 | 2 | 2 | 1 | 4 | 4 | 3 | 4 | 4 | 30 |

注：“+”表示调查到该优势种。

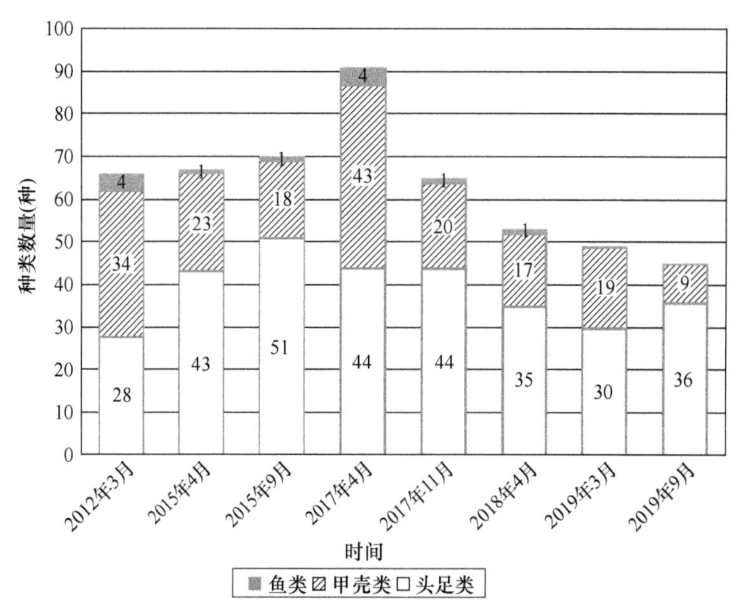


图 3.3-20　各航次调查游泳动物种类组成

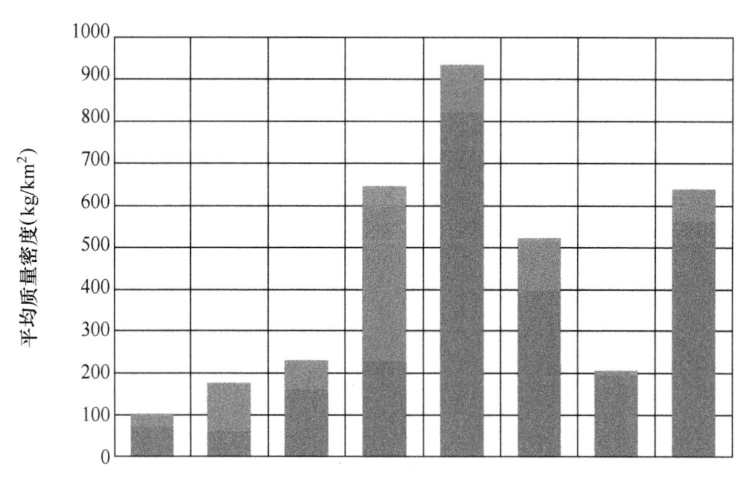


| 种类 | 时间 | | | | | | | |
|---|---|---|---|---|---|---|---|---|
| | 2012年3月 | 2015年4月 | 2015年9月 | 2017年4月 | 2017年11月 | 2018年4月 | 2019年3月 | 2019年9月 |
| 头足类 | 2.82 | 0.73 | 0.18 | 43.39 | 5.71 | 1.10 | — | — |
| 甲壳类 | 25.30 | 112.69 | 66.61 | 374.25 | 107.95 | 121.68 | 12.40 | 77.34 |
| 鱼类 | 71.88 | 60.86 | 161.15 | 228.34 | 821.21 | 396.71 | 194.60 | 561.88 |

图 3.3-21　游泳动物质量密度趋势分析

3)优势种

各航次调查游泳生物优势种见表3.3-5。在共计8个航次的调查中,棘头梅童鱼作为优势种在6个航次中有出现,2017年4月优势种最多,有12种。

各航次调查游泳生物优势种　　表3.3-5

| 优势种 | 2012年3月 | 2015年4月 | 2015年9月 | 2017年4月 | 2017年11月 | 2018年4月 | 2019年3月 | 2019年9月 | 出现次数 |
|---|---|---|---|---|---|---|---|---|---|
| 短吻鲾 | + | | + | + | | | | | 3 |
| 日本蟳 | + | | | | | | | | 1 |
| 隆线强蟹 | + | | | | | | | | 1 |
| 长蛸 | + | | | | | | | | 1 |
| 棘头梅童鱼 | | + | + | | + | + | + | + | 6 |
| 髷鰕虎鱼 | | + | | | | | | | 1 |
| 李氏鱼衔 | | + | | | | | | | 1 |
| 舌鰕虎鱼 | | + | | | | + | | | 2 |
| 红狼牙鰕虎鱼 | | + | + | | + | + | | | 4 |
| 皮氏叫姑鱼 | | + | + | | | | | | 2 |
| 海鳗 | | + | | | | + | | | 2 |
| 凤鲚 | | + | + | | | | + | + | 4 |
| 孔鰕虎鱼 | | + | + | + | | | + | | 4 |
| 大鳞舌鳎 | | + | | + | | | | | 2 |
| 前鳞骨鲻 | | | + | | | | | | 1 |
| 鲬 | | | + | | | | | | 1 |

续上表

| 优势种 | 2012 年 3 月 | 2015 年 4 月 | 2015 年 9 月 | 2017 年 4 月 | 2017 年 11 月 | 2018 年 4 月 | 2019 年 3 月 | 2019 年 9 月 | 出现次数 |
|---|---|---|---|---|---|---|---|---|---|
| 黄魟 | | | + | | | | | | 1 |
| 七丝鲚 | | | | + | + | + | | | 3 |
| 拟矛尾鰕虎鱼 | | | | + | | + | | | 2 |
| 中华小沙丁鱼 | | | | | + | + | | | 2 |
| 康氏小公鱼 | | | | | | + | | | 1 |
| 鲻 | | | | | | + | | | 1 |
| 浅色黄姑鱼 | | | | | + | | | | 1 |
| 中华海鲇 | | | | | + | | | | 1 |
| 卵鳎 | | | | + | | | | | 1 |
| 杜氏叫姑鱼 | | | | + | | | | | 1 |
| 矛尾鰕虎鱼 | | | | + | | | | | 1 |
| 二长棘鲷 | | | | + | | | | | 1 |
| 四线天竺鲷 | | | | + | | | | | 1 |
| 蓝圆鲹 | | | | + | | | | | 1 |
| 日本红娘鱼 | | | | + | | | | | 1 |
| 颈斑鲾 | | | | | | | + | | 1 |
| 亨氏仿对虾 | | | | | | | | + | 1 |
| 拉氏狼牙虾虎鱼 | | | | | | | | + | 1 |
| 海南华鳊 | | | | | | | | + | 1 |
| 总计 | 4 | 10 | 9 | 12 | 6 | 9 | 4 | 5 | 140 |

注:“ + ”表示调查到该优势种。

### 3.3.5 鱼卵、仔鱼

1)种类组成

各航次调查鱼卵、仔鱼种类组成如图 3.3-22 所示。可以看出,2012 年 3 月鱼卵仔鱼种类最多(15 种),其次为 2018 年 4 月(9 种),2017 年 4 月种类数较少(8 种)。

通过年间对比来看,鲱科和鳀科种类数较高。

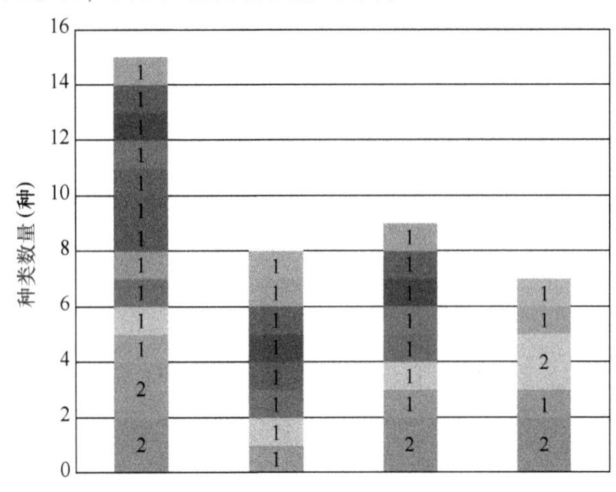


| 种类 | 时间 | | | |
|---|---|---|---|---|
| | 2012年3月 | 2017年4月 | 2018年4月 | 2019年3月 |
| 鲾科 | | | | 1 |
| 狗母鱼科 | | 1 | | |
| 舌鳎科 | 1 | 1 | 1 | 1 |
| 鲬科 | 1 | 1 | 1 | |
| 鰕虎鱼科 | 1 | 1 | 1 | |
| 鲳科 | 1 | | 1 | |
| 鲗科 | 1 | | | |
| 鯻科 | 1 | | | |
| 鲷科 | 1 | 1 | | |
| 鳍科 | 1 | | | |
| 双边鱼科 | 1 | 1 | 1 | |
| 鲻科 | 1 | 1 | 1 | 2 |
| 海龙鱼科 | 1 | | | |
| 鳀科 | 2 | 1 | 1 | 1 |
| 鲱科 | 2 | | 2 | 2 |

图 3.3-22 各航次调查鱼卵、仔鱼种类组成

2)资源密度

各航次调查鱼卵、仔鱼密度如图 3.3-23 所示,其中 2017 年春季调查鱼卵和

仔鱼密度均最低,2018 年、2019 年有明显回升,2019 年最高。

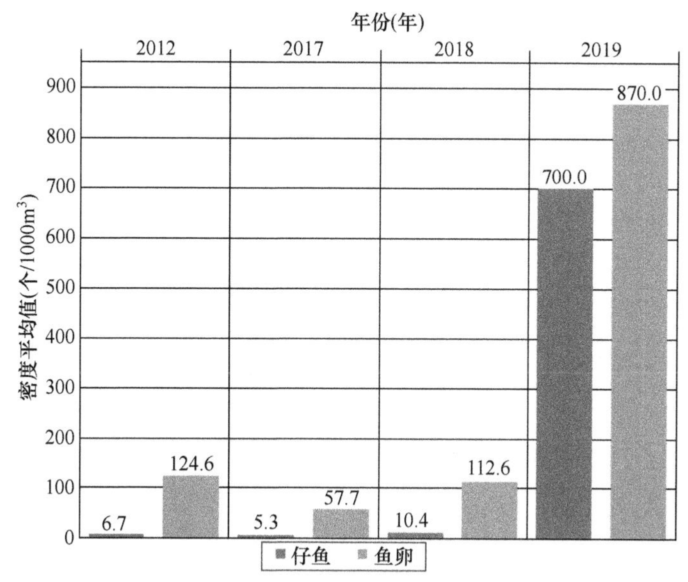


图 3.3-23 各航次调查鱼卵、仔鱼密度统计图

3)优势种

各航次调查鱼卵、仔鱼优势种见表 3.3-6。在共计 4 个航次的调查中,小公鱼和鰕虎鱼科在 3 个航次中均有出现。

**各航次鱼卵、仔鱼优势种** 表 3.3-6

| 优 势 种 | 2012 年 3 月 | 2017 年 4 月 | 2018 年 4 月 | 2019 年 3 月 | 出现次数 |
| --- | --- | --- | --- | --- | --- |
| 小沙丁鱼 | + |  | + |  | 2 |
| 康氏小公鱼 | + | + | + |  | 3 |
| 鲷科鱼 | + |  |  |  | 1 |
| 鰕虎鱼科 |  | + | + | + | 3 |
| 凤鲚 |  |  |  | + | 1 |
| 鲾属 |  |  |  | + | 1 |
| 舌鳎科 |  |  |  | + | 1 |
| 总计 | 3 | 2 | 3 | 4 | 12 |

注:"+"表示调查到该优势种。

## 3.3.6 生物体质量

收集资料中各年度超标情况如图 3.3-24 所示,生物体质量统计结果见表 3.3-7。贝类(双壳类)生物体内污染物质含量评价标准采用《海洋生物质量》(GB

18421—2001)的相应标准,其他软体动物和甲壳类、鱼类体内污染物质(除石油烃和砷外)含量评价标准采用《全国海岸带和海涂资源综合调查简明规程》中规定的生物质量标准,石油烃含量的评价标准采用《第二次全国海洋污染基线调查技术规程》(第二分册)中规定的生物质量标准。

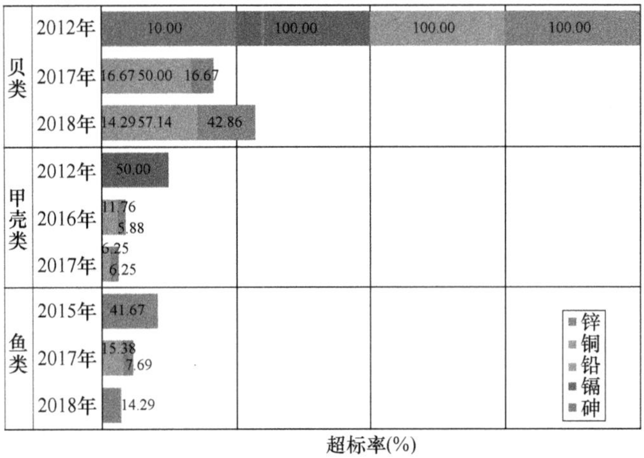

图 3.3-24 生物体质量年度超标情况分析图

由图 3.3-24 和表 3.3-7 分析可知,评价区域生物体质量较好,头足类均达标;鱼类、甲壳类和贝类的铬、汞、石油烃等监测项目均能达标,主要超标因子是铜、锌和铅,镉和砷在 2012 出现超标现象,近年来超标率呈下降趋势,2019 年春季调查无超标现象,表明生物体质量整体有所好转。

### 3.3.7 海洋生态健康评价

根据本次评价收集到的多年的监测数据,对珠江口近岸海域海洋生态系统进行健康评价。

1)评价指标及标准

海洋生态系统健康评价指标的选取遵循整体性、简明性、可操作性、代表性、差异性、科学性和独立性原则,根据《近岸海洋生态健康评价指南》(HY/T 087—2005)中的“河口及海湾生态系统生态环境健康评价方法”,遴选 5 类评价指标:①海水环境指标,包括溶解氧浓度、pH 值以及活性磷酸盐、无机氮和石油类含量;②沉积物环境指标,包括有机碳和硫化物含量;③生物栖息地指标,包括滨海湿地面积和沉积物主要组分含量的变化;④生物残毒指标,包括汞、镉、铅、砷和石油烃含量;⑤生物指标,包括浮游植物密度、浮游动物密度、浮游动物生物量、鱼卵和仔鱼密度、底栖生物密度以及底栖生物生物量。

**生物体质量统计表**

表 3.3-7

| 分类 | 监测时间 | 种类数 | 采集到的站位数量（个） | 超标情况 | 达标项目 |
|---|---|---|---|---|---|
| 鱼类 | 2012 年 3 月 | 3 种<br>棘头梅童鱼、大磷舌鳎和半滑舌鳎 | 4 | 无 | 锌、铜、铅、镉、铬、砷、汞、石油烃 |
| | 2015 年 9 月 | 5 种<br>棘头梅童鱼、皮氏叫姑鱼、前鳞骨鲻、大鳞舌鳎和花鲦 | 12 | 锌超标率 41.67% | 铜、铅、镉、铬、砷、汞、石油烃 |
| | 2016 年 11 月 | 8 种<br>棘头梅童鱼、皮氏叫姑鱼、浅色黄姑鱼、白姑鱼、大头白姑鱼、龙头鱼、卵鳎和艾氏蛇鲻 | 12 | 无 | 锌、铜、铅、镉、铬、砷、汞、石油烃 |
| | 2017 年 11 月 | 4 种<br>棘头梅童鱼、七丝鲚、中华海鲇和花鲦 | 12 | 铜超标率 15.38%；<br>锌超标率 7.69% | 铅、镉、铬、砷、汞、石油烃 |
| | 2018 年 4 月 | 5 种<br>棘头梅童鱼、七丝鲚、鲻、银鲳和鳓 | 12 | 锌超标率 14.29% | 铜、铅、镉、铬、砷、汞、石油烃 |
| | 2019 年 3 月 | 16 种<br>孔鰕虎鱼、凤鲚、海南华鳊、颈斑鲾、鲬、弓斑东方鲀、棘头梅童鱼、三角鲂、短舌鳎、鹤海鳗、鲻、黄鳍鲷、青梢红鲌、花鲦、鳗鲇、窄体舌鳎 | 41 | 无 | 锌、铜、铅、镉、汞、石油烃 |

续上表

| 分类 | 监测时间 | 种类数 | 采集到的站位数量（个） | 超标情况 | 达标项目 |
| --- | --- | --- | --- | --- | --- |
| 甲壳类 | 2012 年 3 月 | 7 种<br>脊尾白虾、亨氏仿对虾、墨吉对虾、细巧仿对虾、日本鲟、矛形梭子蟹和红星梭子蟹 | 4 | 镉超标率 50% | 锌、铜、铅、铬、砷、汞、石油烃 |
| | 2015 年 9 月 | 6 种<br>周氏新对虾、近缘新对虾、脊尾白虾、日本鲟、三疣梭子蟹和锯缘青蟹 | 12 | 铜超标率 25%；<br>锌超标率 16.67%；<br>铅超标率 16.67% | 镉、铬、砷、汞、石油烃 |
| | 2016 年 11 月 | 10 种<br>周氏新对虾、近缘新对虾、亨氏仿对虾、墨吉对虾、宽突赤虾、口虾蛄、红星梭子蟹、远海梭子蟹、日本鲟和双斑鲟 | 12 | 铜超标率 11.76%；<br>锌超标率 5.88% | 铅、镉、铬、砷、汞、石油烃 |
| | 2017 年 11 月 | 5 种<br>刀额新对虾、锯缘青蟹、亨氏仿对虾、口虾蛄和日本鲟 | 11 | 铜超标率 6.25%；<br>锌超标率 6.25% | 铅、镉、铬、砷、汞、石油烃 |
| | 2018 年 4 月 | 5 种<br>近缘新对虾、刀额新对虾、锯缘青蟹、细巧仿对虾和日本鲟 | 12 | 无 | 锌、铜、铅、镉、铬、砷、汞、石油烃 |
| | 2019 年 3 月 | 4 种<br>凡纳滨对虾、墨吉明对虾、太平洋长臂虾、光掌鲟 | 6 | 无 | 锌、铜、铅、镉、汞、石油烃 |

续上表

| 分类 | 监测时间 | 种类数 | 采集到的站位数量（个） | 超标情况 | 达标项目 |
|---|---|---|---|---|---|
| 贝类 | 2012年3月 | 3种<br>栉江珧、毛蚶和波纹巴非蛤 | 4 | 锌、铅、镉、砷超标率100% | 铜、铬、汞、石油烃 |
| | 2015年9月 | — | — | — | — |
| | 2016年11月 | — | — | — | — |
| | 2017年11月 | 3种<br>近江牡蛎、河蚬和异毛蚶 | 6 | 铜超标率50%；<br>锌超标率16.67%；<br>铅超标率16.67% | 镉、铬、砷、汞、石油烃 |
| | 2018年4月 | 4种<br>河蚬、近江牡蛎、长牡蛎和异毛蚶 | 7 | 铜超标率57.14%；<br>锌超标率42.86%；<br>铅超标率14.29% | — |
| | 2019年3月 | — | — | — | — |
| 头足类 | 2012年3月 | — | — | — | — |
| | 2015年9月 | — | — | — | — |
| | 2016年11月 | 3种<br>杜氏枪乌贼、中国枪乌贼和田乡枪乌贼 | 7 | 无 | 锌、铜、铅、镉、铬、砷、汞、石油烃 |
| | 2017年11月 | 1种<br>长蛸 | 1 | 无 | 锌、铜、铅、镉、铬、砷、汞、石油烃 |
| | 2018年4月 | 1种<br>曼氏无针枪乌贼 | 1 | 无 | 锌、铜、铅、镉、铬、砷、汞、石油烃 |
| | 2019年3月 | — | — | — | — |

河口及海湾生态系统健康状况评价各项指标权重见表3.3-8,各项评价指标标准见表3.3-9。

河口及海湾生态系统健康状况评价指标及权重　表3.3-8

| 评价指标 | 水环境 | 沉积环境 | 生物残毒 | 栖息地 | 生物 |
|---|---|---|---|---|---|
| 权重 | 15 | 10 | 10 | 15 | 50 |

河口及海湾生态系统健康状况评价指标标准　表3.3-9

| 评价指标(健康指数) | 等　级 | | |
|---|---|---|---|
| | 健康 | 亚健康 | 不健康 |
| 水环境($W_{indx}$) | $11 \leqslant W_{indx} \leqslant 15$ | $8 \leqslant W_{indx} < 11$ | $5 \leqslant W_{indx} < 8$ |
| 沉积物环境($S_{indx}$) | $7 \leqslant W_{indx} \leqslant 10$ | $3 \leqslant W_{indx} < 7$ | $1 \leqslant W_{indx} < 3$ |
| 生物栖息地($E_{indx}$) | $11 \leqslant W_{indx} \leqslant 15$ | $8 \leqslant W_{indx} < 11$ | $5 \leqslant W_{indx} < 8$ |
| 生物残毒($R_{indx}$) | $7 \leqslant W_{indx} \leqslant 10$ | $4 \leqslant W_{indx} < 7$ | $1 \leqslant W_{indx} < 4$ |
| 生物($B_{indx}$) | $35 \leqslant W_{indx} \leqslant 50$ | $20 \leqslant W_{indx} < 35$ | $10 \leqslant W_{indx} < 20$ |
| 海洋生态系统(生态健康指数$CEH_{indx}$) | $CEH_{indx} \geqslant 75$ | $50 \leqslant CEH_{indx} < 75$ | $CEH_{indx} < 50$ |

2)生态健康指数评价

利用2012—2018年多次的调查资料,分析得到珠江口近岸海域各项环境指标评价结果,见表3.3-10~表3.3-14。

海水环境评价结果　表3.3-10

| 年份(年) | 指标赋值 | | | | | 海水环境健康指数 | 等级 |
|---|---|---|---|---|---|---|---|
| | 溶解氧 | pH值 | 活性磷酸盐 | 无机氮 | 石油类 | | |
| 2012 | 11.01 | 14.93 | 5.00 | 5.00 | 12.84 | 9.76 | 亚健康 |
| 2015 | 10.88 | 15.00 | 9.44 | 5.13 | 15.00 | 11.77 | 健康 |
| 2016 | 14.75 | 15.00 | 11.38 | 11.13 | 15.00 | 13.71 | 健康 |
| 2017 | 13.38 | 14.50 | 10.06 | 9.44 | 14.69 | 12.65 | 健康 |
| 2018 | 14.00 | 15.00 | 9.25 | 5.13 | 15.00 | 12.75 | 健康 |

沉积物环境评价结果　表3.3-11

| 年份(年) | 指标赋值 | | 沉积物环境健康指数 | 等　级 |
|---|---|---|---|---|
| | 有机碳 | 硫化物 | | |
| 2012 | 10.00 | 10.000 | 10.00 | 健康 |
| 2015 | 7.25 | 10.00 | 8.63 | 健康 |

续上表

| 年份(年) | 指标赋值 | | 沉积物环境健康指数 | 等级 |
|---|---|---|---|---|
| | 有机碳 | 硫化物 | | |
| 2016 | 10.00 | 10.00 | 10.00 | 健康 |
| 2017 | 10.00 | 10.00 | 10.00 | 健康 |
| 2018 | 10.00 | 10.00 | 10.00 | 健康 |

**生物残毒评价结果** 表 3.3-12

| 年份(年) | 指标赋值 | | | | | 生物残毒健康指数 | 等级 |
|---|---|---|---|---|---|---|---|
| | 砷 | 镉 | 汞 | 铅 | 石油烃 | | |
| 2012 | 6.25 | 3.00 | 10.00 | 5.00 | 10.00 | 6.85 | 亚健康 |
| 2015 | 6.67 | 5.00 | 10.00 | 5.00 | 10.00 | 7.33 | 健康 |
| 2016 | 8.33 | 5.00 | 10.00 | 5.00 | 10.00 | 7.67 | 健康 |
| 2017 | 5.00 | 5.00 | 10.00 | 5.00 | 10.00 | 7.00 | 健康 |
| 2018 | 7.50 | 5.00 | 10.00 | 5.00 | 10.00 | 7.50 | 健康 |

**生物评价结果** 表 3.3-13

| 年份(年) | 指标赋值 | | | | | | 生物健康指数 | 等级 |
|---|---|---|---|---|---|---|---|---|
| | 浮游植物密度 | 浮游动物密度 | 浮游动物生物量 | 鱼卵和仔鱼密度 | 底栖生物密度 | 底栖生物生物量 | | |
| 2012 | 29.17 | 10.00 | 12.50 | 43.33 | 19.17 | 17.50 | 21.94 | 亚健康 |
| 2015 | 24.17 | 10.00 | 17.50 | 20.00 | 19.17 | 13.33 | 17.36 | 不健康 |
| 2016 | 11.67 | 10.00 | 30.00 | 40.00 | 21.67 | 15.00 | 21.39 | 亚健康 |
| 2017 | 21.67 | 10.00 | 17.22 | 37.78 | 22.50 | 15.00 | 20.69 | 亚健康 |
| 2018 | 16.67 | 10.00 | 11.67 | 43.33 | 18.33 | 18.33 | 19.72 | 不健康 |

**栖息地环境评价结果** 表 3.3-14

| 年份(年) | 指标赋值 | | 栖息地环境健康指数 | 等级 |
|---|---|---|---|---|
| | 5 年内滨海湿地生境减少 | 沉积物主要组分含量年度变化 | | |
| 2012 | 15 | 15 | 15 | 健康 |
| 2015 | 15 | 15 | 15 | 健康 |
| 2016 | 15 | 15 | 15 | 健康 |
| 2017 | 15 | 15 | 15 | 健康 |
| 2018 | 15 | 15 | 15 | 健康 |

珠江口近岸海域海洋生态系统评价结果见表3.3-15。海洋生态系统健康指数变化趋势图如图3.3-25所示。近几年来,珠江口近岸海域生态系统一直处于亚健康水平,海洋生态系统健康指数最低值出现在2015年,最高值出现在2016年。造成2015年健康指数偏低的主要原因是多数站位未采集到鱼卵、仔鱼,导致生物健康指数偏低。

珠江口近岸海域海洋生态系统评价 表3.3-15

| 年份(年) | 海水环境健康指数 | 沉积物环境健康指数 | 生物残毒健康指数 | 生物栖息地健康指数 | 生物健康指数 | 海洋生态系统健康指数 | 等级 |
|---|---|---|---|---|---|---|---|
| 2012 | 9.76 | 10.00 | 6.85 | 15.00 | 21.94 | 63.55 | 亚健康 |
| 2015 | 11.09 | 8.63 | 7.33 | 15.00 | 17.36 | 59.41 | 亚健康 |
| 2016 | 13.45 | 10.00 | 7.67 | 15.00 | 21.39 | 67.51 | 亚健康 |
| 2017 | 12.41 | 10.00 | 7.00 | 15.00 | 20.69 | 65.10 | 亚健康 |
| 2018 | 11.68 | 10.00 | 7.50 | 15.00 | 19.72 | 63.90 | 亚健康 |

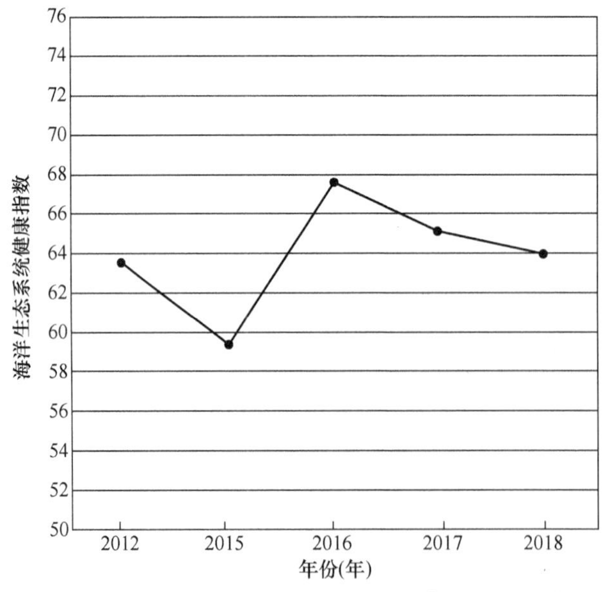


图3.3-25 珠江口近岸海域海洋生态系统健康指数变化趋势图

3)*南沙港工程用海项目海洋环境状况*

广州市海洋与渔业局自2007年开始对广州港南沙港区工程用海项目开展了海洋环境影响跟踪监测,主要监测要素包括pH值、溶解氧、化学需氧量($COD_{Mn}$)、悬浮物、营养盐、石油类、重金属、浮游植物、浮游动物等。

根据《广州市海洋环境状况公报》,2007—2010 年,南沙港区工程用海项目海域海水水质、沉积物部分指标有所增加,浮游植物和浮游动物多样性指数由轻度污染变为轻至中度污染,但海洋生态系统结构基本保持稳定,主要优势种类未发生重大变化;2011—2017 年,南沙港区工程用海项目周边海域的海水水质和沉积物质量均符合所在海域功能区要求,南沙港区工程用海项目未对该海域环境造成明显影响。

### 3.3.8 小结

(1)评价范围内水质超标因子是无机氮和活性磷酸盐,自 2016 年以来评估海域活性磷酸盐和无机氮含量均呈现出上升的趋势,COD 含量变化不大,石油类含量总体呈现降低趋势,但在 2019 年略有回升。

(2)评价范围内沉积物质量较好,大部分站位的监测指标符合沉积物质量一类标准,年际间波动幅度不大。

(3)叶绿素 a 含量年际间呈现出先下降后升高的趋势,季节变化不明显;浮游植物种类以硅藻占绝对优势,其次是甲藻和绿藻,细胞丰度、多样性指数等指标在正常范围内波动,年际间无明显变化规律;浮游动物种类以桡足类占优势,其次是幼体类和腔肠动物水母类,生物量均值及多样性指数呈现出逐渐降低的趋势;底栖动物种类以环节动物、节肢动物和软体动物占优势,春季调查底栖生物生物量均值呈现出波动性下降的趋势,秋季调查则呈现出逐年上升的趋势,底栖生物多样性指数均值春季呈现出先降后升的趋势,秋季则呈现出波动性下降的趋势,季节差异不明显;游泳动物以鱼类占优势,其次为甲壳类,质量密度呈波动性上升的趋势,主要优势种为棘头梅童鱼。

(4)评价区域生物体质量较好,头足类均达标;鱼类、甲壳类和贝类的铬、汞、石油烃等监测项目均能达标,主要超标因子是铜、锌和铅;镉和砷在 2012 出现超标现象,近年来超标率呈下降趋势,2019 年春季调查无超标现象,表明生物体质量整体有所好转。

(5)近年来珠江口生态系统一直处于亚健康水平,生态系统结构较为稳定。

## 3.4 环境保护形势分析

### 3.4.1 环境空气管理要求

为保护和改善珠江三角洲区域大气环境,防治区域性、复合型大气污染,广东省人民政府于 2009 年 3 月 30 日颁布了《广东省珠江三角洲大气污染防治办法》,并于 2009 年 5 月 1 日起施行,该办法提出省人民政府对区域内排放二氧化硫、氮氧化物、挥发性有机物、可吸入颗粒物等主要大气污染物实施总量控制制度。排放大气污染物的，不得超过国家或者地方规定的大气污染物排放标准和主要大气污染物排放总量控制指标。禁止发展和使用大气污染物排放量大的产业和产品；推进企业节能降耗，促进清洁生产。

2014 年 2 月 7 日，广东省人民政府印发了《广东省大气污染防治行动方案(2014—2017 年)》，指出到 2017 年，力争珠三角区域细颗粒物(PM2.5)年均浓度在全国重点控制区域率先达标，全省可吸入颗粒物(PM10)年均浓度比 2012 年下降 10%，珠三角地区各城市二氧化硫($SO_2$)、二氧化氮($NO_2$)和可吸入颗粒物年均浓度达标；珠三角区域细颗粒物年均浓度比 2012 年下降 15% 左右，臭氧($O_3$)污染形势有所改善；珠三角地区以外的城市环境空气质量达到国家标准要求，可吸入颗粒物年均浓度不超过 $60\mu g/m^3$、细颗粒物年均浓度不超过 $35\mu g/m^3$。

2014 年 12 月 31 日，广东省环境保护厅印发《广东省环境保护厅关于重点行业挥发性有机物综合整治的实施方案(2014—2017 年)》，推动重点行业开展挥发性有机物综合整治，以珠三角地区为重点，开展重点企业挥发性有机物达标治理和污染减排工作，加强重点行业工艺过程无组织排放控制和废气治理。提出到 2017 年底，全省挥发性有机物重点企业全部采取有效的预防和控制措施；重点行业挥发性有机物排放总量比 2013 年明显下降，稳定达到相关控制标准要求。整治范围包括炼油与石化、化学原料和化学制品制造、化学药品原料药制造等 13 个重点行业。其中，炼油与石化行业应加强有组织工艺废气排放控制。工艺废气应优先考虑生产系统内回收利用，难以回收利用的，应采用催化燃烧、热力焚烧等方式净化处理后达标排放。采取适当措施尽可能回收排入火炬系统的废气；火炬应按照相关要求设置规范的点火系统，确保通过火炬排放的挥发性有机物点燃，并尽可能充分燃烧。强化废水、废液、废渣系统逸散废气治理。废水、废液、废渣收集、储存和处理处置过程中，应对逸散挥发性有机物和产生异味的主要环节采取有效的密闭与收集措施，确保废气经收集处理后达到相关标准要求，禁止稀释排放。

2017 年 7 月 21 日，为进一步巩固提升空气质量，打好蓝天保卫战，实现全面稳定达标，广东省人民政府办公厅印发了《广东省大气污染防治强化措施及分工方案》，“方案”以工业源治理、移动源治理、面源治理和污染天气应对四个方面提冲重点强化措施，其中包括推进挥发性有机物与氮氧化物协同减排，开展珠三角区域秋季臭氧削峰专项行动；大力实施船舶污染治理。严格落实《广东省珠三角水域船舶排放控制区实施意见》，排放控制区内航行、停泊、作业的船舶按要求使用低硫燃油，确保落实施工现场围蔽、砂土覆盖、路面硬化、洒水压尘、车辆冲净、场地绿化“六个100%”等相关措施。

2018年11月29日,广东省第十三届人民代表大会常务委员会通过了《广东省大气污染防治条例》,于2019年3月1日起施行,该条例规定了工业污染防治的监督管理、移动源污染防治的监督管理和扬尘污染防治的监督管理等各类大气污染防治监督管理职责,并提出重点大气污染物排放实行总量控制制度,重点大气污染物包括国家确定的二氧化硫、氮氧化物等污染物和广东省确定的挥发性有机物等污染物。新建、改建、扩建新增排放重点大气污染物的建设项目,建设单位应当在报批环境影响评价文件前按照规定向生态环境主管部门申请取得重点大气污染物排放总量控制指标。

### 3.4.2 污染物排放要求

为全面贯彻落实《国务院关于印发水污染防治行动计划的通知》(国发〔2015〕17号),切实推进广东省水污染防治工作,2015年12月31日,广东省人民政府印发《广东省水污染防治行动计划实施方案》(粤府〔2015〕131号)。该方案提出主要指标,到2020年,全省地表水水质优良(达到或优于Ⅲ类)比例达到84.5%;对于划定地表水环境功能区划的水体断面,珠三角区域消除劣Ⅴ类,全省基本消除劣Ⅴ类;地级以上城市建成区黑臭水体均控制在10%以内;地下水质量维持稳定,极差的比例控制在10%以内;近岸海域水质维持稳定,水质优良(一、二类)比例保持70%以上。到2030年,全省地表水水质优良(达到或优于Ⅲ类)比例进一步提升。

为保护和改善环境、防治污染和其他公害,广东省颁布了《广东省环境保护条例》(2018年修正),该条例规定企业事业单位和其他生产经营者排放污染物应当符合国家或者地方规定的污染物排放标准和重点污染物排放总量控制指标;排放污染物的企业事业单位和其他生产经营者是环境安全的责任主体,对其排放污染物的行为以及造成的环境污染和生态破坏承担责任,应当依法采取有效措施防治环境污染和生态破坏。

### 3.4.3 海洋环境保护要求

2017年10月27日,广东省人民政府和国家海洋局印发了《广东省海岸带综合保护与利用总体规划》,该规划提出强化湿地保护和恢复,坚守海洋生态红线区面积占管理海域面积比例的生态功能保障基线,建立陆海联动污染防控的新机制,实施流域环境和近岸海域综合治理,确保近岸海域水质优良比例的环境质量底线。提出到2020年海洋生态红线区面积占管辖海域面积比例28.07%,大陆自然岸线保有率大于或等于35%,海岛自然岸线保有率大于或等于85%,

近岸海域水质优良面积比例大于或等于85%。

同样为全面贯彻落实《国务院关于印发水污染防治行动计划的通知》,2015年12月31日广东省人民政府颁布了《广东省水污染防治行动计划实施方案》,提出严格执行《广东省地表水环境功能区划》《广东省近岸海域环境功能区划》等区划,地表水Ⅰ、Ⅱ类水域和Ⅲ类水域中划定的保护区、游泳区以及一类海域禁止新建排污口,现有排污口执行一级标准且不得增加污染物排放总量;加强船舶污染控制,积极治理船舶污染。依法强制报废超过使用年限的船舶。航行于广东省水域的国际航线船舶,要实施压载水交换或安装压载水灭活处理系统;增强港口码头污染防治能力。同时,要求2016年6月底前编制实施港口、码头、装卸站污染防治方案。加快垃圾接收、转运及处理处置设施建设,提高含油污水、化学品洗舱水等接收处置能力及污染事故应急能力。位于沿海和内河的港口、码头、装卸站及船舶修造厂,分别于2017年底前和2020年底前达到建设要求。港口、码头、装卸站的经营人应制定防治船舶及其有关活动污染水环境的应急计划。

为深入贯彻落实《近岸海域污染防治方案》和《广东省水污染防治行动计划实施方案》,打好污染防治攻坚战,大力实施近岸海域环境综合整治,2018年7月6日,广东省环境保护厅、广东省海洋与渔业厅联合印发了《广东省近岸海域污染防治实施方案(2018—2020年)》,该方案明确工作目标,即2020年全省近岸海域水质优良面积比例大于或等于85%,入海河流水质与2015年相比有所改善并消除水质劣于Ⅴ类的水体。2020年底前,大陆自然岸线保有率不低于35%,海洋生态红线面积占管辖海域总面积比例保持不低于28.07%,近海与海岸湿地面积不少于8000$km^2$,红树林面积不少于198 $km^2$。该方案还提出保护海洋生态,包括严守海洋生态红线、严格控制围填海等开发建设活动、加大自然岸线保护力度、保护典型海洋生态系统和重要渔业水域、加强海洋生物多样性保护、推进海洋生态整治修复,同时提出加强沿海地区污染物排放控制。新建、改建和扩建城镇污水处理设施出水要全面执行一级A标准及广东省《水污染物排放限值》的较严值。推进城镇污水处理设施达标尾水的资源化利用,减少排入自然水体的污染物负荷。

### 3.4.4 环境风险防控要求

2018年7月6日,广东省环境保护厅、广东省海洋与渔业厅联合印发的《广东省近岸海域污染防治实施方案(2018—2020年)》提出,提升船舶与港口码头污染事故应急处置能力,加强沿海地区突发环境事件风险防控。完善陆域环境风险源和海上溢油及危险化学品泄漏对近岸海域影响的相关内容和风险防控措施,定期开展应急演练。加强环境应急能力标准化建设,发展应急机动观测,提升海洋应急观测能力。海上溢油及危化学品泄漏风险。开展海上溢油及危险化学品泄漏环境风险评估。以珠江口、大亚湾为重点,开展海上溢油及危险化学品泄漏污染近岸海域风险评估,加强环境监测,健全应急响应机制,防范溢油等污染事故发生。

“十三五”以来,广东省深入强化环境风险防控。印发实施《广东省环境应急管理“十三五”规划》,提出从企业风险监管、流域预警监控、应急救援能力、应急技术支撑四个层面建立完善风险防控与应急管理体系。先后出台《广东省突发环境事件应急预案》《广东省环境保护厅突发环境事件应急预案》《广东省环境保护厅突发环境事件应急预案操作手册》等,完善应急预案体系建设,强化应急保障能力。

### 3.4.5 生态保护红线

2017 年 9 月,广东省人民政府批复了《广东省海洋生态红线》(粤府函〔2017〕275 号)。红线划定了 13 类、268 个海洋生态红线区,确定了广东省大陆自然岸线保有率、海岛自然岸线保有率、近岸海域水质优良(一、二类)比例等控制指标。岸线保护方面,全省共划定各种类型大陆自然岸线总长 1440.18km,占全省大陆自然岸线保有率的 35.01%。红线区保护方面,根据广东省海域生态环境特征,全省海洋生态红线区分为 13 种类型,根据每种类型区域特点,实行差别化管控措施。《广东省海洋生态红线》是广东省海洋生态安全的基本保障和底线,根据广东省人民政府的批复,应严控制红线区开发利用活动,不得擅自改变红线区范围或调减红线区面积,禁止在红线区围填海;要深入推进红线区生态保护与整治修复工作,强化红线区及周边区域污染联防联治,以保护海洋生态环境,保障广东省海洋经济可持续发展。

### 3.4.6 小结

近年来,广东省以环境质量改善为核心,以解决突出环境问题为重点,高标准抓好中央环保督察反馈问题整改、中央环保督察“回头看”及固体废物环境问题专项督察整改等重点工作落实,各项工作已取得成效。

生态环境质量方面,2018 年,广东省空气质量总体保持优良,全省大气六项污染物评价浓度连续四年达标。地表水质量达到或好于Ⅲ类水体的考核评价比例为 78.9%,地表水质量劣Ⅴ类水体比例为 12.7%;近岸海域水质优良面积比例为 86.3%。污染物排放总量指标方面,2018 年广东省化学需氧量、氨氮、二氧化硫、氮氧化物排放总量分别比 2015 年累计下降 8.53%、7.77%、9.48%、

4.73%。生态保护修复指标方面，全省共有国家级自然保护区15个，陆域面积达14.46亿$m^2$，海域面积达33.76亿$m^2$；2017年自然岸线保有率为35.99%。

广东省着力推动沿海经济带发展与生态保护协同并进稳步，推进“三线一单”编制工作，生态保护红线划定方案通过国家审核，形成全省生态保护红线“一张图”，筑牢“两屏一带一网”的生态安全战略格局，实现对生态功能重要性和生态环境敏感性等区域的严格保护。

# 4 规划实施环境影响评价

## 4.1 已实施项目环境影响及与规划环评的对比分析

### 4.1.1 对水动力环境的影响评价

广州港规划实施对水动力环境的影响主要来自南沙作业区(龙穴岛)填海造陆工程,在规划执行期间,龙穴岛陆域面积增加了 14.5 $km^2$。

1)南沙作业区(龙穴岛)围填海实施情况

龙穴岛岸线长度及陆域面积变化情况见表4.1-1。填海造陆工程实施后,龙穴岛岸线长度增加了21.4km,陆域面积增加了14.5$km^2$。

各阶段龙穴岛岸线长度及陆域面积　　表4.1-1

| 阶　段 | 岸线长度(km) | 陆域面积($km^2$) |
| --- | --- | --- |
| 规划环评阶段 | 36.5 | 35.21 |
| 现状(2020年) | 57.9 | 49.7 |

龙穴岛围填海现状与规划对比如图4.1-1所示。由图中对比可知,南沙作业区填海造陆主要集中在南沙港区一期工程以南和南沙粮食通用码头北侧两块区域。与规划相比,中部挖入式港池实施了约三分之一,北部挖入式港池未实施,北部挖入式港池北侧区域填海造陆工程也未实施。

2)南沙作业区规划实施对水动力环境的影响

2019年广州南沙开发区管委会组织编制了《广州市南沙区龙穴岛围填海项目生态评估报告》,对龙穴岛围填海现状和对海洋生态环境的影响进行了评估。评估报告分析认为,龙穴岛围填海实施后未改变伶仃洋涨落潮流往复流性质,由于围填海项目都是顺着龙穴岛走向向南围垦扩建,对过水断面起到了一定的束窄作用,导致涨落急时刻流速有所加大,南沙港区东侧近岸水域流速也呈增大趋势。其余区域流速改变以减小趋势为主。从流速变化绝对值来看,全部围填海实施后涨落潮段平均流速变化基本在±0.10m/s以内。

3)与规划环评结论对比分析

南沙作业区已实施完大部分规划的填海造陆工程内容,将规划实施所造成的实际环境影响与规划环评结论进行对比分析,结果详见表4.1-2。由分析结果可知,规划环评结论与评估报告结论基本一致。

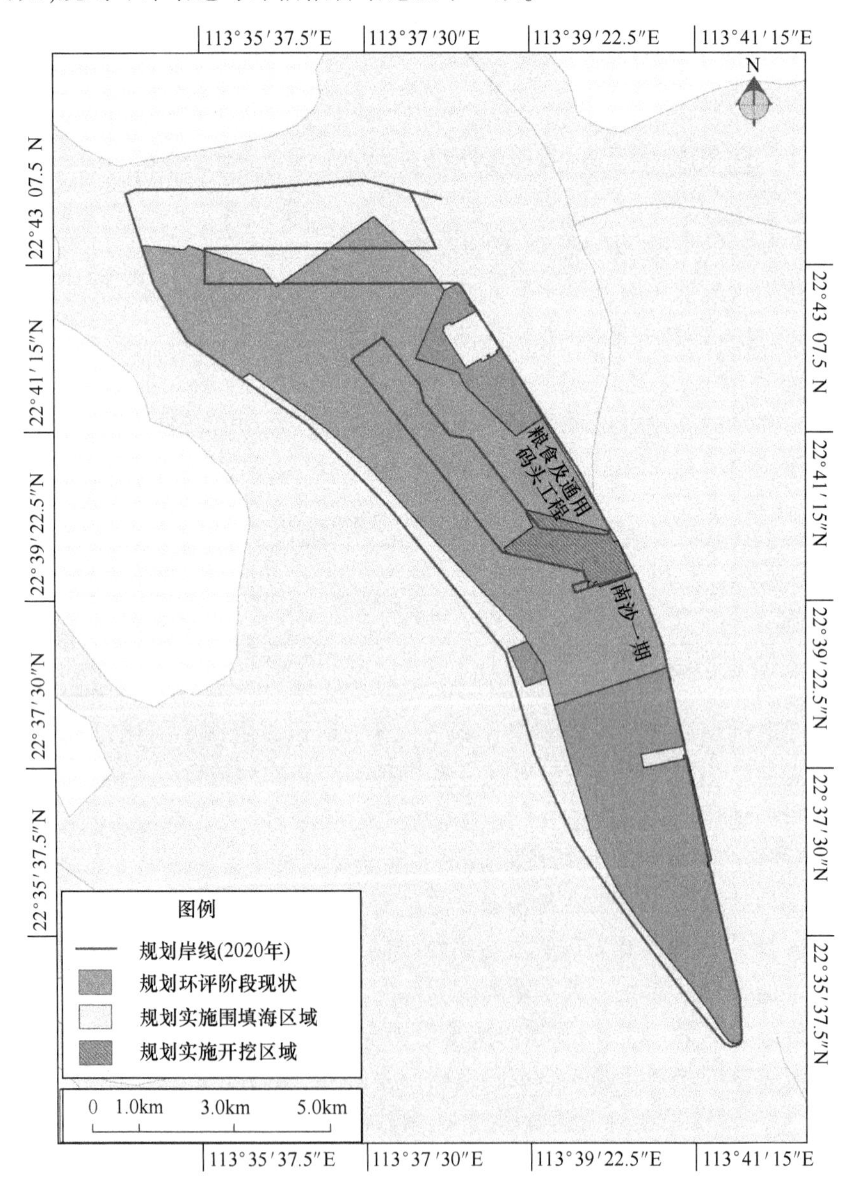


图4.1-1 南沙作业区(龙穴岛)规划区域与现状区域对比示意图

水动力环境影响对比分析　　表4.1-2

| 项　　目 | 评估报告分析结论 | 规划环评结论 | 对 比 分 析 |
| --- | --- | --- | --- |
| 潮流性质 | 往复流 | 往复流 | 一致 |
| 大范围流场 | 影响很小 | 影响很小 | 一致 |
| 局部流场 | 蕉门水道和南沙港区东侧近岸水域流速增大 | 蕉门水道流速增大 | 基本一致 |
| 流速变化 | ±0.10m/s 以内 | ±0.13m/s 以内 | 基本一致 |

### 4.1.2　对冲淤环境的影响评价

伶仃洋是喇叭口形河口湾，走向接近 NNW—SSE 方向，湾顶（虎门）宽约4km，湾口（澳门至香港大濠岛）宽约30km，纵向长达72km，水域面积2110km²。

广州港南沙港区位于珠江口虎门下游西侧龙穴岛沿岸，北侧为凫洲水道，南侧为伶仃西滩。南沙港区处在西、北江三角洲前缘沉积地貌体系和虎门潮汐通道沉积地貌体系的交汇地带，同时受上游河口来沙及西滩泥沙的影响，泥沙来源相对较为丰富。

根据伶仃洋及南沙港区实测含沙量资料及卫星遥感资料，正常水文条件下，南沙港区水域的含沙量基本在0.1kg/m³左右，在大洪水时可达0.1~0.3kg/m³。南沙港区港池内的沉积物以粉砂质黏土和黏土质粉沙为主，中值粒径约介于0.0031~0.0011mm之间，平均值约为0.0054mm。港池淤积物质与周边浅滩及悬沙物质接近，显示南沙港区的泥沙淤积主要为悬沙落淤。

近年来，伶仃洋北部受人类活动影响，大规模采砂使得中滩和中槽地形发生突变。根据调查海域2008年、2011年和2016年实测地形进行冲淤对比分析可知：

（1）2008—2011年，矾石水道和矾石浅滩北部地形普遍加深6m以上，局部增深15m以上，矾石水道中段出现南北长约15 km、东西宽3~4km、深浅不一且形状不规则的挖砂坑；挖砂引起的浑水向周边扩散导致局部深槽和浅滩产生淤积，局部淤厚可达0.5~1.0m。

（2）2011—2016年，伶仃航道和矾石航道之间的挖沙坑水域多呈淤积状，淤积幅度多在1~5m之间，局部深坑处淤积超过5m。龙穴岛南端附近西滩有所淤积，淤厚达0.5~2m；南沙港区港池东侧拦江沙浅滩也有所淤积，淤厚达0.5~1.0m。由于挖沙坑不断向南移动，伶仃洋原有的挖沙坑地形处于调整恢复期，地形普遍呈淤积趋势。

（3）挖沙引起中槽和中滩产生巨大的挖沙坑地形，由于内伶仃岛附近矾石水道和下游暗士盾水道并未连通，矾石水道挖沙坑也并未与伶仃水道连通，因此，伶仃洋内三滩两槽的地貌格局并未发生改变。但是应当关注挖沙引起的伶仃洋新的地形变化对南沙港区及伶仃航道的影响。

根据《广州市南沙区龙穴岛围填海项目生态评估报告》，对2001年（围填海前）和2016年（围填海后）的水深测量图进行对比分析，围填海工程实施前后该海域水深地形整体变化不大，龙穴岛东南侧近岸局部水域的水深变深，水深变化幅度为 -0.3 ~ -0.5m，靠近东北侧的局部水域呈现淤积趋势，而东侧离岸较远的水域主要是受到广州港出海航道疏浚清淤的影响，广州港出海航道通过实施出海航道一、二、三期工程和航道拓宽工程，航道通航水深加深、通航宽度加宽，造成龙穴岛东部离岸海域水深变化幅度相对较大。龙穴岛与万顷沙之间水道由于围填海项目顺着龙穴岛走向向南围垦扩建，对过水断面起到了一定的束窄作用，导致流速有所加大，因此对海床造成一定程度的冲刷，同时由于水道具有通航功能，航道疏浚清淤造成水道整体水深有所变深。

### 4.1.3 对水环境的影响评价

广州港规划实施对水环境的影响主要体现在以下方面：一是在工程建设施工期间，由于疏浚工程施工对水体的扰动，造成水体中SS（悬浮物）含量增大，进而影响水质；二是填海造陆工程实施导致溢流口附近悬浮物含量增大；三是部分企业设有污水排放口，生产、生活污水经处理达标后排放入海，也会对水环境造成一定的影响。由图4.1-2分析可知，航道工程施工由于施工范围大、施工时间长、对水环境影响较大，因此，本书重点分析航道工程施工对水环境的影响。另外，本书还将对各港区各项目生产、生活污水发生及排放情况进行分析梳理，分析其对水环境的影响。

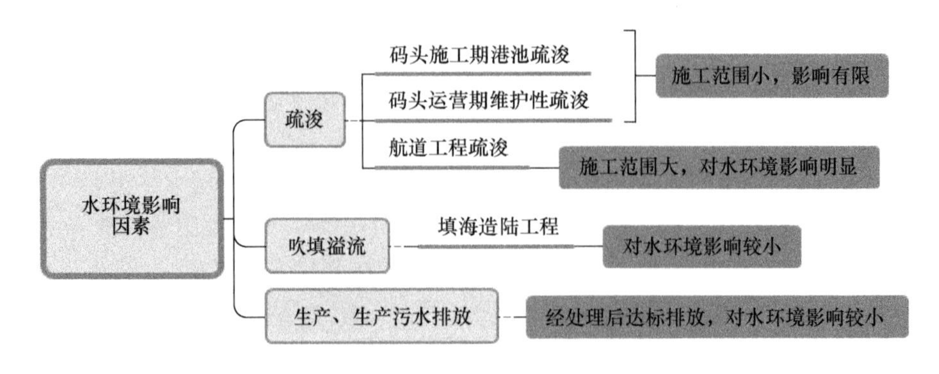


图4.1-2 水环境影响因素分析图

规划执行期间,广州港实施了出海航道三期工程(施工期2007—2012年)和深水航道拓宽工程(施工期2016—2020年)。由于环大虎岛公用航道工程正在施工中,本书将不对其产生的环境影响进行评价。

1)出海航道三期工程建设对水环境的影响

根据《广州港出海航道三期工程海洋环境影响跟踪监测报告》(广东省海洋与渔业环境监测中心,2012年10月),广州港出海航道三期工程在施工期和试运营期均开展了跟踪监测工作。为了说明航道工程建设对水环境的影响,对工程建设前后附近海域水质监测结果进行对比分析,对比结果见表4.1-3。

对比结果表明,施工期各项监测指标均出现了一定程度的波动,但与建设前相比,除石油类和COD含量有所增大外,其余监测因子的含量有所减小,对工程附近海域水质影响较小;试运营期间DO、石油类含量略劣于2006年8月和2011年8月,$COD_{Mn}$较2006年8月略有增加,较2011年8月稍有改善,其他监测结果均不劣于2006年8月和2011年8月的监测结果,运营期间未对水环境质量产生明显影响。

2)深水航道拓宽工程建设对水环境的影响

根据《广州港深水航道拓宽工程竣工环境保护验收调查报告》(交通运输部水运工程科学研究所,2021年9月),深水航道拓宽工程在施工期和试运营期均开展了跟踪监测工作。为了说明航道工程建设对水环境的影响,对工程建设前后附近海域水质监测结果进行对比分析,对比结果见表4.1-4。

由对比结果分析可知,施工期各项监测指标均出现了一定程度的波动,但与建设前相比,除溶解氧、COD、石油类、铅、汞的含量在部分年份有所增大外,其余监测因子的含量有所减小,对工程附近海域水质影响较小;试运营后(2020年11月)与建设前(2014年11月)相比,工程附近海域的悬浮物、锌、铜的含量明显下降,无机氮含量略有增大,除上述以外的监测因子含量变化较小,仅在一定区间内出现了小幅波动。

3)港区运营产生的污水对水环境的影响

表4.1-5统计了广州港各港区年污水发生量情况及排放去向,内港港区、黄埔港区以及南沙港区的小虎作业区和芦湾作业区污水通过市政管网送至附近污水处理厂,新沙港区由于喷淋水需求较大,所产生的污水全部回用,南沙港区的沙仔岛作业区和南沙作业区由于尚不具备纳入市政污水处理的条件,因此,以企业自建污水处理设施,处理达标后排海为主,部分回用于绿化、道路喷洒等。

表 4.1-3

航道三期工程建设前后海域水质监测特征值对比表

| 时期 | 潮时 | 类别 | DO | SS | $COD_{Mn}$ | 石油类 | Cu | Pb | Zn | Cd | Hg |
|---|---|---|---|---|---|---|---|---|---|---|---|
| | | | mg/L | | | | μg/L | | | | |
| 2012 年 8 月（施工后） | 大潮 | 最小值 | 2.4 | 6 | 1.5 | 0.009 | — | — | 2.7 | — | — |
| | | 最大值 | 6.3 | 285 | 5.0 | 0.072 | 7.8 | 0.9 | 24.3 | 0.25 | 2.675 |
| | | 平均值 | 4.8 | 56 | 2.4 | 0.025 | 2 | 0.1 | 9.4 | 0.05 | 0.094 |
| | 小潮 | 最小值 | 3.2 | 10 | 1.0 | 0.003 | — | — | — | — | — |
| | | 最大值 | 8 | 170 | 4.5 | 0.041 | 5.1 | 1.2 | 12 | 0.13 | 2.526 |
| | | 平均值 | 5.8 | 25 | 2.2 | 0.017 | 2 | 0.2 | 6.5 | 0.004 | 0.106 |
| 2011 年 8 月（施工期） | 大潮 | 最小值 | 3.6 | 12 | 1.0 | — | 1 | — | 3.6 | — | — |
| | | 最大值 | 7.1 | 217 | 3.9 | 0.032 | 20 | 3.1 | 25.5 | 0.17 | 0.021 |
| | | 平均值 | 5.7 | 56 | 2.4 | 0.014 | 4.1 | 0.9 | 12.7 | 0.06 | 0.011 |
| | 小潮 | 最小值 | 4.8 | 3 | 1.7 | 0.008 | 1.3 | — | — | — | — |
| | | 最大值 | 7.6 | 224 | 5.0 | 0.07 | 21.8 | 2.7 | 30.2 | 1.18 | 0.02 |
| | | 平均值 | 6 | 35.8 | 2.7 | 0.023 | 3.1 | 0.3 | 12.8 | 0.13 | 0.01 |
| 2006 年 8 月（施工前） | 大潮 | 最小值 | 3.6 | 30 | 0.4 | — | — | — | — | — | — |
| | | 最大值 | 6.3 | 249 | 3.6 | 0.02 | 20 | 40 | 270 | 2 | — |
| | | 平均值 | 5.2 | 91 | 1.8 | 0.013 | 13 | 27 | 102 | 1.3 | — |
| | 小潮 | 最小值 | 3.6 | 23.8 | 0.4 | — | — | — | — | — | — |
| | | 最大值 | 6 | 397 | 3.1 | 0.03 | 20 | 50 | 350 | 1 | — |
| | | 平均值 | 5.2 | 149.8 | 1.8 | 0.015 | 17 | 48 | 130 | 1 | — |

**建设前后工程海域水质监测特征值对比表** 表 4. 1-4

| 监测时间 | | 悬浮物 | 溶解氧 | COD | 活性磷酸盐 | 无机氮 | 石油类 | 锌 | 镉 | 铅 | 铜 | 砷 | 汞 |
|---|---|---|---|---|---|---|---|---|---|---|---|---|---|
| | | mg/L | | | | | | μg/L | | | | | |
| 建设前(2014 年) | 最大值 | 82. 6 | 8. 79 | 2. 4 | 0. 047 | 2. 442 | 0. 179 | 70. 67 | 0. 75 | 4. 81 | 14. 14 | 3. 78 | 0. 084 |
| | 最小值 | 3 | 5. 47 | 0. 08 | 0. 001 | 0. 074 | 0. 014 | 6. 48 | 0. 05 | 0. 01 | 1. 34 | 2. 02 | 0. 02 |
| | 平均值 | 42. 8 | 7. 13 | 1. 24 | 0. 024 | 1. 258 | 0. 0965 | 38. 575 | 0. 4 | 2. 41 | 7. 74 | 2. 9 | 0. 052 |
| 施工期(2017 年) | 最大值 | 57. 82 | 9. 38 | 1. 37 | 0. 03 | 0. 77 | 0. 55 | 19. 62 | 0. 54 | 12. 79 | 3. 37 | 2. 84 | 2. 16 |
| | 最小值 | 6. 8 | 7. 27 | 1. 01 | 0. 03 | 0. 07 | 0. 02 | 0. 68 | 0. 03 | 0. 14 | 0. 54 | 0. 51 | 0. 04 |
| | 平均值 | 32. 31 | 8. 325 | 1. 19 | 0. 03 | 0. 42 | 0. 285 | 10. 15 | 0. 285 | 6. 465 | 1. 955 | 1. 675 | 1. 1 |
| 施工期(2018 年) | 最大值 | 31. 50 | 7. 91 | 2. 93 | 0. 02 | 1. 31 | 0. 02 | 6. 26 | 0. 38 | 1. 77 | 1. 26 | 1. 81 | 0. 07 |
| | 最小值 | 24. 53 | 7. 44 | 2. 44 | 0. 01 | 1. 19 | 0. 01 | 5. 34 | 0. 17 | 0. 08 | 0. 31 | 1. 21 | 0. 06 |
| | 平均值 | 28. 02 | 7. 68 | 2. 69 | 0. 02 | 1. 25 | 0. 02 | 5. 80 | 0. 28 | 0. 93 | 0. 79 | 1. 51 | 0. 07 |
| 施工期(2019 年) | 最大值 | 37. 89 | 7. 19 | 1. 35 | 0. 02 | 0. 92 | 0. 11 | 11. 93 | 0. 05 | 0. 25 | 1. 37 | 1. 64 | 0. 03 |
| | 最小值 | 14. 29 | 6. 84 | 1. 14 | 0. 01 | 0. 46 | 0. 06 | 7. 06 | 0. 04 | 0. 12 | 0. 91 | 1. 39 | 0. 03 |
| | 平均值 | 26. 09 | 7. 015 | 1. 245 | 0. 015 | 0. 69 | 0. 085 | 9. 495 | 0. 045 | 0. 185 | 1. 14 | 1. 515 | 0. 03 |
| 试运营期(2020 年) | 最大值 | 27 | 8. 7 | 2. 25 | 0. 042 | 3. 7348 | 0. 057 | 30. 9 | 0. 2 | 1. 82 | 5. 6 | 3. 7 | 0. 033 |
| | 最小值 | 6. 3 | 5. 4 | 0. 28 | 0. 002 | 0. 2392 | 0. 016 | 11. 1 | 0. 01 | — | 0. 6 | 1. 3 | — |
| | 平均值 | 16. 65 | 7. 05 | 1. 265 | 0. 022 | 1. 987 | 0. 0365 | 21 | 0. 105 | — | 3. 1 | 2. 5 | — |

广州港各港区污水发生量及排放去向表　　表 4.1-5

| 港区 | 作业区 | 污水发生量(万 t/年) | 排放去向 |
|---|---|---|---|
| 内港港区 | — | 177.9 | 市政管网 |
| 黄埔港区 | 老港作业区 | 9.7 | 市政管网→大沙地污水处理厂 |
| | 新港作业区 | 80.7(其中回用 18.0) | 市政管网→开发区西区污水处理厂 |
| | 莲花山作业区 | 9.4 | 市政管网→化龙污水处理厂、前锋净水厂 |
| 新沙港区 | — | 27.3(全部回用) | 回用 |
| 南沙港区 | 沙仔岛作业区 | 15.3 | 处理达广东省《水污染物排放限值》(DB44/26—2001)第二时段一级标准后排海 |
| | 小虎作业区 | 15.0(其中回用 4.9) | 市政管网→黄阁污水处理厂、小虎岛污水处理厂<br>华润电厂码头和珠江电厂码头回用 |
| | 芦湾作业区 | 3.4 | 南沙污水厂 |
| | 南沙作业区 | 37.4(其中回用 9.0) | 处理达广东省《水污染物排放限值》(DB44/26—2001)第二时段一级标准后排海<br>南沙三期及南沙粮食码头部分回用 |
| 合计 | | 376.1<br>(其中回用 59.2) | — |

注:未包含船厂数据。

据粗略统计,整个广州港年污水发生量约为 376.1 万 t,其中纳入市政污水处理系统污水量约为 273.2 万 t/年,处理达标后回用水量为 59.2 万 t/年,处理达标后排海水量为 43.7 万 t/年,经处理达标后排海的水量约占整个广州港污水发生量的 11.6%。

根据文献《广州市再生水利用现状分析与发展前景预测》(陈绮,庞园,广东水利水电,2020 年第 4 期),2018 年广州市实际处理污水 180217.90 万 t,回用 45601.27 万 t,由此推算出排放入海污水量为 134616.63 万 t。广州港处理达标后排海水量为 43.7 万 t/年,约占整个广州市入海污水量的 0.03%。

通过 3.3.1 小节对多年珠江口水域主要水质指标的变化趋势分析可知,近年来,珠江口水域活性磷酸盐和无机氮含量呈现出上升的趋势,也是区域的主要超标因子。分析认为,陆源污染和河流径流是造成活性磷酸盐和无机氮含量增大的主要原因,港区污水(主要是生活污水)排海虽然也会增加区域的污染负荷,但广州港处理达标后排海水量仅占整个广州市入海污水量的 0.03%,其贡献值很小,对区域水环境影响也很小。

4)与规划环评结论对比分析

在规划环评阶段,内港港区和黄埔港区的发展定位以改造为主,因此,规划环评未对内港港区和黄埔港区的污水发生情况进行预测,重点对新沙港区和南沙港区进行了预测分析。将规划实施所产生的污水情况与规划环评结论进行对比分析,结果详见表4.1-6(规划环评的污水发生量引用的是2020年的预测数据)。

由分析结果可知:

(1)在规划执行过程中,能够遵照规划环评的要求对各类污水进行妥善处置,对水环境影响很小,与规划环评结论一致;

(2)由于沙仔岛和龙穴岛的市政污水处理厂尚未建设,因此,沙仔岛作业区和南沙作业区由码头自建污水处理设施处理达标后排海,且均已取得排污许可;

(3)通过对港区污水发生情况实际调查,规划环评对南沙港区污水发生量预测值偏大。

### 4.1.4 对沉积物环境的影响评价

广州港规划实施过程中,对底质扰动较大,对沉积物产生一定影响的项目主要是航道工程。航道工程属线路工程,施工范围大,施工时间长,对沉积物环境影响较大,因此,本书重点分析航道工程施工对沉积物环境的影响。

1)出海航道三期工程建设对沉积物环境的影响

根据《广州港出海航道三期工程海洋环境影响跟踪监测报告》(广东省海洋与渔业环境监测中心,2012年10月),广州港出海航道三期工程在施工期和试运营期均开展了跟踪监测工作。为了说明航道工程建设对沉积物环境的影响,将工程建设前后附近海域沉积物监测结果进行对比分析,对比结果见表4.1-7。

一共对比了4个站位的监测数据,其中有1个站位(GH19)位于航道中心线上,该点位所有监测项目施工期的监测结果相较2006年8月均未升高,试运营期有机碳、硫化物、铅、隔和汞5个监测项目的监测结果较2011年8月稍有升高,其中硫化物、铅、隔和汞4个监测项目的监测结果较施工前稍有升高;距航道中心线较近的GH25点位除铜、锌和砷3个监测项目的监测结果较2006年8月稍有升高外,其他监测项目的监测结果较2006年8月均未升高,试运营期除锌外,其余监测指标均高于施工前。另两个对比点位距离航道较远,其中GH02站位有机碳、硫化物和石油类3个监测项目的监测结果较2006年8月稍有升高,试运营期除锌外,其余监测指标均高于施工前,GH17站位石油类的监测结果较2006年8月稍有升高,试运营期硫化物、石油类、镉和汞4个监测项目的监测结果较施工前稍有升高。

**水环境影响对比分析**

表 4.1-6

| 项目 | | | 规划环评结论 | 实际情况 | 对比分析 |
|---|---|---|---|---|---|
| 污水发生量 | 陆域污水发生量（万 t/年） | 内港港区 | 未预测 | 177.9 | — |
| | | 黄埔港区 | 未预测 | 99.8 | — |
| | | 新沙港区 | 22.31 | 27.3 | 预测值与实际情况较接近 |
| | | 南沙港区 | 137.98 | 71.1 | 预测值偏大 |
| | 船舶污水发生量（万 t/年） | 内港港区 | 未预测 | 由第三方服务公司接收，港区无统计数据 | — |
| | | 黄埔港区 | 未预测 | | |
| | | 新沙港区 | 17.71 | | |
| | | 南沙港区 | 41.86 | | |
| 处置方式 | 内港港区 | | 为了满足港区污水综合利用的要求，港区应改进污水处理工艺，增加污水深度处理设施 | 市政管网 | 污水综合利用水平不高 |
| | 黄埔港区 | | | | |
| | 新沙港区 | | 新沙港务公司配备了一定数量的生活污水、含油污水和含尘污水处理系统，近期现有的污水处理设施的处理规模和处理能力能够满足港区污水处理的要求，随着城市污水管网的不断完善，远期可依托城市污水处理厂 | 港区自建生产污水处理设施和生活污水处理设施 | 一致 |
| | | | 船舶污水交由广州港珠江防污有限公司接收处理 | 广东港航环保科技有限公司 | 由有资质的单位接收处理，虽换了服务单位，但能够满足规划环评要求 |

续上表

| 项目 | | 规划环评结论 | 实际情况 | 对比分析 |
|---|---|---|---|---|
| 处置方式 | 新沙港区 | 新沙港区对再生水利用具有较好的发展需求，近期可在现有污水处理设施的基础上增设污水深度处理设施，达到现行《城市污水再生利用城市杂用水水质标准》(GB/T 18920)的标准后回用，远期可结合城市总体规划，布设低质水供水管网，再生水由城市污水处理厂统一供应 | 全部回用 | 一致 |
| | 南沙港区 | 规划建设的污水处理厂的处理能力能够满足港区近期和远期污水处理要求，但由于到不同作业区以及污水处理厂分期建设，因此，近期建设的码头可考虑自建污水处理设施，远期全部依托污水处理厂处理 | 小虎作业区、芦湾作业区污水依托小虎岛污水厂、黄阁污水厂以及南沙污水处理厂来进行处理，沙仔岛作业区和南沙作业区污水由码头自建污水处理设施处理达标后排海 | 一致 |
| | | 含油污水需预处理达《水污染物排放限值》(DB44/26—2001)三级标准后方可排入市政管网，可在港区设置集中式的含油污水处理设施，或在各个码头作业区设置单独的污水预处理单元 | 以各个码头设置单独的污水预处理单元为主 | 一致 |
| | | 船舶含油污水由环保接收船接收送指定污水处理厂处理或由专业的防污公司接收处理 | 全部由第三方服务公司接收处理 | 一致 |
| 环境影响 | | 港口规划所产生的污水量不大，且通过采取适当的污水处理技术能够实现污水的综合利用，对水环境的影响很小 | 在规划执行过程中，能够遵照规划环评的要求对各类污水进行妥善处置，对水环境影响很小 | 一致 |

**广州港出海航道三期工程施工前后沉积物监测数据比较表**（单位：$\times 10^{-6}$，其中有机碳为$\times 10^{-2}$）　表 4.1-7

| 站 | 位 | 有机碳 | 硫化物 | 石油类 | 铜 | 铅 | 锌 | 镉 | 砷 | 汞 |
|---|---|---|---|---|---|---|---|---|---|---|
| GH00－1 黄埔新港 | 2012 年 8 月 | 2.168 | 381.75 | 630.7 | 169.6 | 53.4 | 285.4 | 2.41 | 12.29 | 0.258 |
| | 2011 年 8 月 | 2.905 | 362.43 | 340.2 | 27.1 | 31.5 | 86.8 | 0.50 | 3.71 | 0.259 |
| | 2006 年 8 月 | 1.600 | 0.1 | 25 | 23.0 | 44.0 | 100.0 | <0.15 | 9.20 | 0.07 |
| GH00－2 虎门大桥 | 2012 年 8 月 | 1.319 | 224.54 | 550.7 | 62.7 | 38.5 | 165.9 | 0.85 | 12.42 | 0.132 |
| | 2011 年 8 月 | 0.783 | 224.19 | 552.2 | 35.5 | 33.9 | 116.8 | 1.56 | 3.50 | 0.162 |
| | 2006 年 8 月 | 1.950 | 0.1 | 73 | 71.4 | 92.9 | 239.2 | 2.40 | 36.90 | 0.24 |
| GH02 蕉门口 | 2012 年 8 月 | 0.75 | 5.8 | 106.8 | 28.2 | 83.4 | 43.8 | 0.39 | 18.80 | 0.20 |
| | 2011 年 8 月 | 0.50 | 0.11 | 21.0 | 19.0 | — | 59.0 | <0.15 | 8.03 | 0.015 |
| | 2006 年 8 月 | 0.22 | 0.1 | 13.0 | 22.7 | 23.3 | 82.1 | <0.15 | 12.00 | 0.06 |
| GH17 淇澳东北 | 2012 年 8 月 | 0.90 | 11.6 | 84.7 | 32.3 | 44.8 | 27.4 | 0.21 | 6.60 | 0.20 |
| | 2011 年 8 月 | 0.97 | 0.15 | 74.2 | 42.1 | 31.2 | 153.4 | <0.15 | 17.46 | 0.05 |
| | 2006 年 8 月 | 1.57 | 0.2 | 62.0 | 53.6 | 50.3 | 166.9 | <0.15 | 31.6 | 0.06 |
| GH19 航道中心 12 | 2012 年 8 月 | 0.84 | 0.60 | 52.4 | 27.9 | 48.6 | 13.2 | 0.18 | 8.30 | 0.12 |
| | 2011 年 8 月 | 0.72 | 0.12 | 211.1 | 38.0 | 26.4 | 103.8 | — | 13.28 | 0.05 |
| | 2006 年 8 月 | 1.52 | 0.2 | 234.0 | 43.0 | 36.7 | 106.8 | <0.15 | 30.00 | 0.09 |
| GH25 桂山岛东南 | 2012 年 8 月 | 0.93 | 1.0 | 99.7 | 56.8 | 46.0 | 12.5 | 0.19 | 11.40 | 0.17 |
| | 2011 年 8 月 | 0.74 | 0.08 | 12.2 | 31.0 | 24.6 | 102.2 | — | 11.01 | 0.04 |
| | 2006 年 8 月 | 0.8 | 0.1 | 13 | 20.0 | 30.0 | 98.0 | <0.15 | 10.00 | 0.06 |

注："—"代表未检出。

通过对施工位置和施工过程中环境影响的分析，分析认为部分站位部分项目监测结果升高与航道工程施工关联性不显著，因此，广州港出海航道三期工程在施工期间未对沉积物质量产生明显影响。

2）深水航道拓宽工程建设对水环境的影响

根据《广州港深水航道拓宽工程竣工环境保护验收调查报告》（交通运输部水运科学研究所，2021 年 6 月），深水航道拓宽工程在施工期和试运营期均开展了跟踪监测工作。为了说明航道工程建设对沉积物环境的影响，将工程建设前后附近海域沉积物监测结果进行对比分析，对比结果见表 4. 1-8。

由对比分析结果可知，施工期工程附近海域沉积物中重金属含量均出现较大波动，较建设前含量有所增加；在试运营期，除锌外各类重金属含量较施工期均有所降低，但大部分指标仍高于施工前；施工期工程附近海域沉积物中的石油类含量波动较小，较建设前小幅增长。试运营后海域沉积物中石油类含量进一步增大；工程附近海域沉积物中有机碳波动较小，施工期和试运营期监测结果均低于施工前。

### 4. 1. 5 对生态环境的影响评价

1）出海航道三期工程建设对海洋生态环境的影响

根据《广州港出海航道三期工程海洋环境影响跟踪监测报告》（广东省海洋与渔业环境监测中心，2012 年 10 月），试运营期（2012 年 8 月监测）与 2006 年 8 月相比，浮游植物的种类数仅为当时的 60%，硅藻种类数减少了约一半，平均丰度较低，但分布较为均衡，优势种除中肋骨条藻外均不同，生物多样性水平略有降低。以上差异部分是由于监测站位分布不同造成的，相比 2006 年，2012 年的站位更集中于航道附近水域。而与 2011 年同期相比，浮游植物的总种类数不变，但组成中除硅藻、甲藻、蓝藻外还增加了金藻、裸藻和绿藻，硅藻的优势度有所下降，优势种的组成也发生了改变，浮游植物丰度与 2011 年相当，分布较均衡，生物多样性水平有了较大幅度的提高。以上结果显示，运营期内浮游植物群落虽仍不如施工前水平，但已较施工期水平有所恢复。

与 2006 年同期相比，浮游动物的种类数略少，水母类与桡足类的种类数减少较多，生物量的分布较均匀，平均生物量较高，平均丰度增加。桡足类仍是主要类群，其他类群所占份额有所改变，优势种以桡足类为主，而不是 2006 年的双生水母，生物多样性水平仍较低。与 2011 年同期相比，浮游动物的种类有所增加，优势种类也有所增加，共有优势种为强额拟水蚤，生物多样性水平大幅提升。以上结果说明，运营期内浮游动物群落也有了较大程度的恢复。

广州港深水航道拓宽工程施工前后沉积物监测特征值对比表

表 4.1-8

| 监测时间 | 铜 | 铅 | 锌 | 镉 | 汞 | 砷 | 石油类 | 有机碳 | 占比 |
|---|---|---|---|---|---|---|---|---|---|
| | mg/kg | | | | | | | | % |
| 建设前(2012年) | 最大值 | 22.00 | 25.80 | 75.50 | — | 0.04 | 19.21 | 321.41 | 2.68 |
| | 最小值 | 1.70 | 3.40 | 8.00 | — | 0.01 | 2.01 | 0.88 | 1.05 |
| | 平均值 | 13.24 | 18.92 | 51.75 | — | 0.02 | 13.58 | 57.85 | 2.12 |
| 施工期(2017年) | 最大值 | 151.00 | 57.00 | 186.00 | 0.58 | 0.16 | 28.50 | 442.20 | — |
| | 最小值 | 73.40 | 20.40 | 87.90 | 0.12 | 0.09 | 11.20 | 56.50 | — |
| | 平均值 | 106.88 | 35.88 | 116.35 | 0.31 | 0.12 | 18.23 | 180.48 | — |
| 施工期(2018年) | 最大值 | 58.30 | 60.60 | 97.70 | 0.74 | 0.27 | 22.30 | 212.00 | 0.79 |
| | 最小值 | 30.30 | 39.30 | 55.10 | 0.25 | 0.11 | 8.84 | 13.00 | 0.46 |
| | 平均值 | 45.86 | 49.40 | 79.34 | 0.44 | 0.18 | 14.19 | 85.44 | 0.57 |
| 施工期(2019年) | 最大值 | 68.90 | 48.30 | 234.10 | 0.80 | — | 0.09 | 134.1 | 1.02 |
| | 最小值 | 30.40 | 28.70 | 132.20 | 0.15 | — | 0.07 | 28.90 | 0.62 |
| | 平均值 | 45.19 | 37.50 | 170.48 | 0.34 | — | 0.07 | 74.18 | 0.85 |
| 试运营期(2020年) | 最大值 | 35.20 | 56.60 | 210.40 | 0.29 | 0.15 | 14.92 | 992.60 | 1.22 |
| | 最小值 | — | 17.50 | 22.80 | — | — | 4.96 | 3.60 | 0.55 |
| | 平均值 | 16.37 | 39.51 | 141.85 | 0.15 | 0.11 | 10.33 | 253.06 | 0.91 |

注:“—”代表未检出。

底栖动物方面，与2006年相比，运营期内的种类数保持相当，但组成有所改变，2012年调查中多毛类的种类较多，甲壳动物和软体动物的种类有所减少，平均栖息密度和生物量均有较大幅度的减少，但多样性水平较高。与2011年相比，底栖动物种类数有所减少，但均以多毛类为主要类群，栖息密度有所降低但生物量有所恢复，分布更不均匀，两年的优势种相似，包含光滑河蓝蛤以及多毛类的种类，生物多样性水平有所降低。

总体而言，随着施工期的结束，调查海域的海洋生态正在逐步恢复。

2）深水航道拓宽工程建设对海洋生态环境的影响

根据《广州港深水航道拓宽工程竣工环境保护验收调查报告》（交通运输部水运科学研究所，2021年6月），与施工前（2014年）相比，施工期和试运营期工程验收时浮游植物的种类数、生物多样性以及丰度均有所增加，其中丰度增加较为明显；施工期和试运营期工程海域浮游动物的种类数降低，但个体密度、生物量、多样性指数有所增加，其中个体密度增加较明显；施工后大型底栖生物的种类数、个体密度以及多样性指数均高于施工前和施工期，生物量相较施工前有所减少。

可见，航道拓宽工程施工期间，调查海域叶绿素a含量及浮游动物的种类数与工程建设前相比较有一定程度的下降；浮游植物、底栖生物的种数较建设前有所增加。建设单位科学合理安排施工，避免了在鱼类繁殖旺盛季节进行施工作业，减少了对调查海域海洋生态环境和渔业资源的影响。

试运营后与建设前相比，浮游植物、浮游动物及底栖生物的密度均有所上升，航道拓宽工程对所在水域的浮游植物、浮游动物、底栖生物密度及种类影响不大。

深水航道拓宽工程建设前后海洋生态指标对比表见表4.1-9。

**航道拓宽工程建设前后海洋生态指标对比表** 表4.1-9

| 类别 | 指标 | | 施工前 | 施工期 | | | 施工后 |
|---|---|---|---|---|---|---|---|
| | | | 2014年 | 2017年 | 2018年 | 2019年 | 2020年 |
| 叶绿素a | 叶绿素a（$mg/m^3$） | 表层 | 1.87 | — | — | — | 0.63 |
| | | 底层 | 1.42 | — | — | — | 0.54 |
| 浮游植物 | 种类数（种） | | 44 | 78 | 78 | 56 | 111 |
| | 丰度（$\times 10^4$ cells/$m^3$） | | 47.14 | 124.63 | 312.01 | 122.48 | 1494.73 |
| | 多样性指数 $H'$ | | 1.62 | 3.35 | 2.95 | 3.52 | 1.686 |

续上表

| 类别 | 指　　标 | 施工前 | 施　工　期 | | | 施工后 |
|---|---|---|---|---|---|---|
| | | 2014 年 | 2017 年 | 2018 年 | 2019 年 | 2020 年 |
| 浮游动物 | 种类数(种) | 96 | 34 | 22 | 45 | 74 |
| | 个体密度($ind/m^3$) | 151.33 | 233.04 | 97.51 | 406.8 | 7042.82 |
| | 生物量($mg/m^3$) | 70.72 | 113.9 | 421.8 | 833.98 | 403.57 |
| | 多样性指数 $H'$ | 2.96 | 3.91 | 3.31 | 4.37 | 3.245 |
| 底栖生物 | 种类数(种) | 23 | 46 | 20 | 20 | 61 |
| | 个体密度($ind/m^2$) | 70.75 | 302.78 | 56.25 | 61.46 | 146.25 |
| | 生物量($g/m^2$) | 26.75 | 9.28 | 8.58 | 15.45 | 4.04 |
| | 多样性指数 $H'$ | 1.84 | 2.93 | 1.8284 | 1.92 | 2.516 |

3)南沙作业区(龙穴岛)围填海工程建设对海洋生态环境的影响

2019 年广州南沙开发区管委会组织编制的《广州市南沙区龙穴岛围填海项目生态评估报告》对龙穴岛围填海现状和对海洋生态环境的影响进行了评估。评估报告收集了 2004 年 7 月(实施前,调查站位 7 个)、2008 年 8 月(实施中)、2011 年 5 月(实施中)和 2014 年 5 月(实施后)、2016 年 5 月(实施后)共 5 期海洋生态监测资料;潮间带生物调查数据为 2005 年 1(实施中)、2014 年 11 月(实施后)、2016 年 11 月(实施后)共 3 期监测资料进行分析。

南沙作业区(龙穴岛)围填海工程实施前后海洋生态指标对比表见表 4.1-10,潮间带生物调查结果比较表见表 4.1-11,主要优势种调查结果比较表见表 4.1-12。

**南沙作业区(龙穴岛)围填海工程实施前后海洋生态指标对比表**　　表 4.1-10

| 类别 | 指　　标 | 实施前 | 实　施　中 | | 实　施　后 | |
|---|---|---|---|---|---|---|
| | | 2004 年 7 月 | 2008 年 8 月 | 2011 年 5 月 | 2014 年 5 月 | 2016 年 5 月 |
| 叶绿素 a | 叶绿素 a($mg/m^3$) | 5.45 | 6.73 | 6.25 | 2.47 | 1.62 |
| 初级生产力 | 初级生产力 $mg \cdot C/(m^2 \cdot d)$ | 42.06 | 118 | 217 | 122 | 72.55 |
| 浮游植物 | 种类数(种) | 48 | 68 | 25 | 46 | 53 |
| | 丰度($\times 10^4$ $cells/m^3$) | 0.92 | 620.7 | 24.4 | 9.4 | 59.47 |
| | 多样性指数 $H'$ | 0.48 | 2.20 | 1.82 | 1.52 | 2.21 |

续上表

| 类别 | 指标 | | 实施前 | 实施中 | | 实施后 | |
| --- | --- | --- | --- | --- | --- | --- | --- |
| | | | 2004年7月 | 2008年8月 | 2011年5月 | 2014年5月 | 2016年5月 |
| 浮游动物 | 种类数(种) | | 42 | 25 | 46 | 40 | 41 |
| | 个体密度(ind/$m^3$) | | 161 | 120.87 | 1328.6 | 383.27 | 3644.22 |
| | 生物量(mg/ $m^3$) | | 36.36 | 76.48(湿重) | 274 | 75.71 | 104.87 |
| | 多样性指数 $H'$ | | 4.07 | — | 1.94 | 2.2 | 1.79 |
| 底栖生物 | 种类数(种) | | 22 | 35 | 60 | 45 | 45 |
| | 个体密度(ind/$m^2$) | | 15 | 34 | 30 | 33.1 | 95.7 |
| | 生物量(g/$m^2$) | | 0.8 | 4.77 | 6.64 | 3.2 | 31.26 |
| | 多样性指数 $H'$ | | — | — | 2.78 | 2.22 | 2.04 |
| 生物体质量 | 鱼类($\times 10^{-6}$) | 铜 | 1.4 | — | 1.51 | 0.33 | 2.78 |
| | | 铅 | 2.2 | — | 0.31 | 0.27 | 未检出 |
| | | 锌 | 26 | — | 9.87 | 8.4 | 10.62 |
| | | 镉 | 0.04 | — | 0.03 | 0.05 | 0.0548 |
| | | 铬 | — | — | 0.22 | — | — |
| | | 汞 | 0.019 | — | 0.012 | 0.012 | 0.003 |
| | | 石油烃 | — | — | 7.49 | 6.58 | 4.14 |
| | 甲壳类($\times 10^{-6}$) | 铜 | 10.7 | — | 5.85 | 6.42 | 11.1 |
| | | 铅 | 1.5 | — | 0.2 | 0.17 | 未检出 |
| | | 锌 | 14.8 | — | 11.75 | 14.43 | 10.2 |
| | | 镉 | 0.36 | — | 0.07 | 0.04 | 0.104 |
| | | 铬 | — | — | 0.19 | — | — |
| | | 汞 | 0.008 | — | 0.008 | 0.009 | 0.002 |
| | | 石油烃 | 3.72 | — | 11.19 | 10.42 | 0.9 |

**潮间带生物调查结果比较表** 表4.1-11

| 调查时间 | 种类数 | 个体数(ind/$m^2$) | 生物量(g/$m^2$) | 主要种类 |
| --- | --- | --- | --- | --- |
| 2005年1月 | 58 | 63.64 | 335.63 | 渔舟蜒螺、紫游螺、条蜒螺、鳞笠藤壶、笠藤壶、刺螯鼓虾、短吻栉鰕虎鱼、肠浒苔、浒苔、裂片石纯 |
| 2014年11月 | 13 | 24.64 | 14.72 | 黑荞麦蛤群落、悦目大眼蟹群落 |

续上表

| 调查时间 | 种类数 | 个体数($ind/m^2$) | 生物量($g/m^2$) | 主要种类 |
|---|---|---|---|---|
| 2016年11月 | 25 | 38.45 | 47.92 | 粗糙滨螺、方格短沟蜷、粒结节滨螺、纵带滩栖螺淡水泥蟹、宽身闭口蟹、肉球近方蟹、褶痕相手蟹、软疣沙蚕、巧言虫、疣吻沙蚕、弹涂鱼 |

**主要优势种调查结果比较表** 表4.1-12

| 类别 | | 浮游植物 | 浮游动物 | 底栖生物 |
|---|---|---|---|---|
| 实施前 | 2004年7月 | 颗粒直链藻最窄变种<br>中肋骨条藻 | 鸟喙尖头溞<br>尖笔帽螺<br>肥胖三角溞<br>拟铃虫 | 青斑细刺鰕虎鱼<br>太平洋长臂虾<br>脊尾白虾 |
| 实施中 | 2008年8月 | 颗粒直链藻<br>颗粒直链藻最窄变种<br>格孔单突盘星藻 | 鸟喙尖头溞<br>中华异水蚤 | 肉球近方蟹<br>锯齿长臂虾<br>红狼牙鰕虎鱼<br>脊尾白虾<br>刀额新对虾<br>光滑河蓝蛤<br>帘蛤 |
| | 2011年5月 | 颗粒直链藻<br>颗粒直链藻最窄变种<br>中心圆筛藻 | 腿许水蚤<br>中华异水蚤<br>宽额假磷虾<br>鸟喙尖头溞 | 平蛤蜊<br>近方蟹<br>狼牙鰕虎鱼 |
| 实施后 | 2014年5月 | 颗粒直链藻最窄变种<br>念珠直链藻 | 火腿许水蚤<br>中华纺锤水蚤<br>鸟喙尖头溞<br>肥胖三角溞 | 矛尾鱼<br>棘头梅童鱼<br>红狼牙鰕虎鱼<br>狭额绒螯蟹<br>脊尾白虾<br>近缘新对虾<br>光滑河蓝蛤<br>尖刺缨虫<br>纽虫 |
| | 2016年5月 | 颗粒直链藻<br>辐射圆筛藻<br>微囊藻<br>单角盘星藻具孔变种 | 中华异水蚤<br>火腿许水蚤<br>桡足类幼体 | — |

各项指标变化趋势分析如下：

初级生产力：整体而言，龙穴岛海域初级生产力水平一直处于较低水平。

浮游植物：项目实施后浮游植物生物量比项目实施前生物量高，围填海工程实施对浮游植物影响不大，颗粒直链藻最窄变种是占绝对优势的生物。

浮游动物：种类数变化不大，项目实施后生物密度和生物量有回升。

底栖生物：实施前底栖生物的种类数、生物密度和生物量最低，项目实施中和实施后各项指标有回升，最高值出现在2011年。

潮间带生物：2014年11月调查潮间带生物的个体数和生物量均低于2005年1月水平，但2016年11月调查潮间带种类数、个体数和生物量都有所增加，虽然仍低于实施前水平。

生物体质量：除铜外，项目实施后鱼类和甲壳类中其他污染物含量低于项目实施前或实施中，项目实施后鱼类和甲壳类的铜符合相应的生物质量标准，在正常变化范围内。

分析认为，围填海实施对区域内海洋环境和海洋生物资源造成了一定损害，一定程度上改变了围填海区原有的湿地生态系统服务功能，但对围填海区外没有显著的影响。通过对比工程实施前、实施中和实施后同季节的海洋生物生态的调查数据，围填海工程实施对潮间带生物有一定影响，对其他生物生态要素影响不大。

### 4.1.6 对环境空气的影响评价

1）内港港区环境空气质量变化情况分析

规划执行期间，内港港区共新建泊位3个，泊位吨级均小于1000吨级，泊位用途为客运码头。

内港港区位于中心城区，主要在荔湾区和海珠区。本次评价收集了2016—2020年5年荔湾区和海珠区环境空气中的常规监测因子的浓度，具体列于表4.1-13中。

由表中结果分析可知，广州市荔湾区和海珠区的主要污染物为颗粒物、二氧化氮、臭氧。内港港区以客运为主，而对客运码头而言，其主要大气污染物为船舶尾气，船舶尾气主要污染物以二氧化硫最为明显，结合荔湾区和海珠区的空气质量情况，二氧化硫浓度呈现逐渐下降的趋势，因此，本次评价认为内港港区运营对荔湾区和海珠区的环境空气质量基本无影响。而且目前珠江游船逐步电动化，今后对环境空气的影响将会更小。

**广州市域各行政区环境空气质量** 表4.1-13

(单位:μg/m³,一氧化碳为mg/m³)

| 年份(年) | 荔湾区 | | | | | | 海珠区 | | | | | |
|---|---|---|---|---|---|---|---|---|---|---|---|---|
| | PM2.5 | PM10 | 二氧化氮 | 二氧化硫 | 臭氧 | 一氧化碳 | PM2.5 | PM10 | 二氧化氮 | 二氧化硫 | 臭氧 | 一氧化碳 |
| 2016 | 37 | 57 | 51 | 11 | 157 | 1.4 | 35 | 55 | 44 | 11 | 152 | 1.4 |
| 2017 | 38 | 59 | 57 | 11 | 151 | 1.4 | 56 | 36 | 49 | 12 | 159 | 1.3 |
| 2018 | 38 | 55 | 55 | 9 | 152 | 1.3 | 34 | 55 | 47 | 11 | 160 | 1.2 |
| 2019 | 33 | 55 | 48 | 8 | 175 | 1.4 | 30 | 52 | 43 | 7 | 178 | 1.2 |
| 2020 | 27 | 46 | 38 | 8 | 154 | 1.0 | 24 | 43 | 35 | 7 | 160 | 1.0 |
| 评价标准 | 35 | 70 | 40 | 60 | 160 | 4.0 | 35 | 70 | 40 | 60 | 160 | 4.0 |

2)黄埔港区环境空气质量变化情况分析

黄埔港区干散货吞吐量较大,二氧化硫作为船舶及运输车辆的主要污染物、PM2.5和PM10为散货码头的特征污染物,本次评价将重点关注以上三个指标的变化情况。

结合2016—2020年《广州市环境质量状况公报》中黄埔区的监测数据进行比较,具体见表4.1-14。由表中可知,二氧化硫、PM2.5和PM10均呈现出逐渐下降的趋势,说明黄埔港区码头建设对环境空气的影响很小。

**黄埔区常规污染物监测值**(单位:μg/m³,一氧化碳为mg/m³) 表4.1-14

| 年份(年) | 黄埔区 | | | | | |
|---|---|---|---|---|---|---|
| | PM2.5 | PM10 | 二氧化氮 | 二氧化硫 | 臭氧 | 一氧化碳 |
| 2016 | 35 | 61 | 38 | 12 | 118 | 1.3 |
| 2017 | 34 | 62 | 41 | 13 | 154 | 1.0 |
| 2018 | 31 | 60 | 44 | 12 | 156 | 1.1 |
| 2019 | 30 | 58 | 40 | 7 | 151 | 1.0 |
| 2020 | 23 | 47 | 38 | 8 | 148 | 0.9 |
| 评价标准 | 35 | 70 | 40 | 60 | 160 | 4.0 |

3)新沙港区环境空气质量变化情况分析

新沙港区为综合性港区,以集装箱、煤炭、矿石、粮食和化肥等物资运输为主,作为广州港四大港区之一,干散货吞吐量较大,本次评价重点关注二氧化硫、PM2.5和PM10的变化特征。

结合2016—2020年《东莞市环境质量状况公报》中东莞的监测数据进行比较，具体见表4.1-15。由表中可知，二氧化硫、PM2.5和PM10均呈现出逐渐下降的趋势，说明新沙港区码头建设对环境空气的影响很小。

**东莞市常规污染物监测值**（单位：μg/m³，一氧化碳为mg/m³） 表4.1-15

| 年份（年） | 东莞市 | | | | | |
|---|---|---|---|---|---|---|
| | PM 2.5 | PM 10 | 二氧化氮 | 二氧化硫 | 臭氧 | 一氧化碳 |
| 2016 | 35 | 49 | 34 | 11 | 166 | 1.3 |
| 2017 | 37 | 51 | 41 | 12 | 170 | 1.2 |
| 2018 | 36 | 50 | 39 | 10 | 171 | 1.2 |
| 2019 | 32 | 48 | 37 | 10 | 191 | 1.1 |
| 2020 | 24 | 38 | 27 | 8 | 155 | 0.9 |
| 评价标准 | 35 | 70 | 40 | 60 | 160 | 4.0 |

4）南沙港区环境空气质量变化情况分析

南沙港区是广州港的重点发展港区，结合2016—2020年《广州市环境质量状况公报》中南沙区的监测数据进行比较，具体见表4.1-16。由表中可知，二氧化硫、PM2.5呈现出逐渐下降的趋势，PM10则呈现出波动性下降的趋势，说明南沙港区建设对环境影响很小。

**南沙区常规污染物监测值**（单位：μg/m³，一氧化碳为mg/m³） 表4.1-16

| 年份（年） | 南沙区 | | | | | |
|---|---|---|---|---|---|---|
| | PM2.5 | PM10 | 二氧化氮 | 二氧化硫 | 臭氧 | 一氧化碳 |
| 2016 | 31 | 47 | 40 | 17 | 155 | 1.2 |
| 2017 | 31 | 50 | 43 | 17 | 177 | 1.4 |
| 2018 | 28 | 48 | 35 | 11 | 162 | 1.2 |
| 2019 | 27 | 52 | 36 | 9 | 188 | 1.3 |
| 2020 | 21 | 40 | 32 | 8 | 163 | 1.1 |
| 评价标准 | 35 | 70 | 40 | 60 | 160 | 4.0 |

5）与原规划环评结论对比分析

通过对各港区散货码头运营情况，所采取的环保设施有效性分析并与规划环评结论进行对比，分析各个港区在规划执行期间所产生的环境空气影响，认为：

（1）规划执行期间，内港港区以客运为主，部分货运码头进行功能调整或关停，仍从事货运的泊位主要以满足城市物资需求为主，对环境空气影响很小。

(2)在规划执行期内,黄埔港区一方面液体散货吞吐量大幅度减小,另一方面干散货码头采取了多种干式、湿式抑尘措施,如散粮存放于筒仓、皮带机密闭传输、设置移动喷淋系统、修建防风网和防网抑尘墙等。因此,在这两方面的综合作用下,黄埔港区规划实施对环境影响很小。

(3)新沙港区无液体散货运输,干散货吞吐量明显高于规划预测值。在规划执行期间,新沙港区对既有码头进行了多次技术改造,如卸船机新增干雾喷淋系统,新建挡风抑尘墙等,新建码头设置了散装粮食仓库和筒仓区,以上措施具有良好的抑尘效果。根据港区每年的例行监测数据,港界处监测结果满足广东省《大气污染物排放限值》(DB44/27—2001)第一时段无组织排放监控浓度限值要求,说明港区运营对环境空气影响很小。

(4)南沙港区干散货吞吐量与规划预测结果相当,液体散货吞吐量则大幅低于预测值。在规划执行期间,南沙港区新建干散货码头项目均采取了物料封闭措施,如建设粮食筒仓、封闭煤仓等,并在堆场四周设置挡风抑尘墙,液体散货码头配备了油气回收设施,上述措施能够有效减少大气污染物排放。

(5)规划环评报告仅对新沙港区和南沙港区的大气环境影响进行了分析,认为在采取干式和湿式除尘措施的条件下,规划实施对环境空气影响很小。规划在实际实施过程中,不但采取了环评中提到的常规干式和湿式除尘措施,还采取了防风抑尘墙、物料封闭在筒仓或煤仓内等更严格的环保措施,保证港界处污染物浓度达相应标准。因此,规划实施对环境空气影响很小,与规划环评结论一致。

各港区大气环境影响对比分析见表 4. 1-17。

### 4.1.7 对声环境的影响评价

港区运营对声环境的影响主要来自装卸机械的机械噪声,由于内港港区以客运为主,因此,本次针对黄埔港区、新沙港区和南沙港区装卸机械噪声影响进行评价。

本次评价收集了各港区近年来的噪声监测数据,数据来源及监测结果见表 4. 1-18。由表 4. 1-18 中结果可知,近年来不论是港区厂界还是邻近敏感点,声环境都能达到相应标准要求,表明港区运营对声环境影响较小。但黄埔港区由于开发较早,随着城市生活区的扩张,港区与居民区仅一路之隔,近几年曾发生过噪声扰民投诉事件,港区也针对投诉事件开展了相应的整治工作。随着今后黄埔港区功能调整,老港港区将逐步退出货运功能,转型为以休闲客运为主,港区与城市生活区的矛盾将得到缓解。

**各港区大气环境影响对比分析**

表 4.1-17

| 类别 | | | 规划环评(预测 2020 年) | 实际 | 对比分析 |
|---|---|---|---|---|---|
| 吞吐量 | 干散货吞吐量(万 t) | 南沙港区 | 6500 | 6257 | 基本一致 |
| | | 新沙港区 | 3650 | 4890 | 高于预测值 |
| | | 黄埔港区 | 4600 | 4625 | 基本一致 |
| | | 内港港区 | 0 | 8.6 | 高于预测值主要为粮食 |
| | 液体散货吞吐量(万 t) | 南沙港区 | 4500 | 1140 | 低于预测值 |
| | | 新沙港区 | 0 | 0 | 一致 |
| | | 黄埔港区 | 1500 | 565 | 低于预测值 |
| | | 内港港区 | 0 | 175.78 | 高于预测值 |
| 影响分析 | | 南沙港区 | 采取湿式除尘和干式除尘的措施时规划方案 TSP 的环境影响满足港口和相邻功能区的要求 | 在采取湿式除尘和干式除尘措施的基础上,规划执行期间建成的散货码头还采取了散货密闭措施,具体包括:粮食及通用码头建设了散粮平仓、筒仓等设施;珠江电厂煤码头建设了圆形封闭煤仓,堆场四周设置了挡风抑尘墙;华润电厂设置了全封闭储煤仓 | 一致 |
| | | | 在采取环保措施后,NMHC 排放对周边地区影响微小 | 鸿业石化码头厂界非甲烷总烃无组织排放监测结果可满足广东省《大气污染物排放限值》中 4.0mg/m$^3$ 的标准限值要求 | 一致 |
| | | 新沙港区 | 规划新沙港区散货吞吐量接近采取湿式除尘和干式除尘的措施条件下的泊位最大吞吐能力,因此,规划新沙港区应采用更为环保的防风网和筒仓,以保证环境敏感点的环境空气质量达标 | 新建项目:11 号、12 号泊位建设了散装粮食仓库、筒仓区;<br>既有项目:1 ~ 7 号卸船机新增干雾喷淋系统,堆场局部新建挡煤墙工程,1 ~ 3 号泊位新建挡风抑尘墙;<br>根据港区每年的例行监测报告,港界处监测结果满足广东省《大气污染物排放限值》(DB44/27—2001)第一时段无组织排放监控浓度限值要求 | 一致 |

近年来广州港区噪声监测统计表

表 4.1-18

| 港区 | 资料来源 | 监测点位数(个) | 监测时间 | 监测结果[dB(A)] | 评价结果 |
|---|---|---|---|---|---|
| 黄埔港区 | 广东中外运黄埔仓码有限公司码头扩建工程环境影响报告书 | 15 | 2017 年 10 月 13—14 日 | 昼间 59.1 ~ 60.4<br>夜间 49.0 ~ 50.4 | 达标 |
| | 广东中外运东江仓码有限公司码头扩建建设工程环境影响后评价报告 | 4 | 2017 年 10 月 13—14 日 | 昼间 51.7 ~ 69.4<br>夜间 43.1 ~ 54.6 | 达标 |
| | 广州港股份有限公司新港港务分公司 11 ~ 13 号仓库建设项目 | 4 | 2015 年 6 月 16 日 | 昼间 55.9 ~ 56.7<br>夜间 44.2 ~ 46.4 | 达标 |
| | 广州番禺龙沙国际港口物流园龙沙码头二期工程项目环境影响报告书 | 8 | 2017 年 2 月 27—28 日 | 昼间 46.1 ~ 56.8<br>夜间 44.6 ~ 52.5 | 达标 |
| | 广州市番禺莲花山番港货运有限公司莲花山货运港建设项目现状环境影响评估报告 | 4 | 2016 年 6 月 17—18 日 | 昼间 54 ~ 66.5<br>夜间 46.5 ~ 52.7 | 达标 |
| 新沙港区 | 广州港新沙港区 11 号、12 号泊位工程新建项目环境影响报告书 | 9 | 2015 年 5 月 25—26 日 | 昼间 45.2 ~ 49.7<br>夜间 43.4 ~ 47 | 达标 |
| 南沙港区 | 广州港南沙国际汽车物流产业园配套码头工程环境影响报告书 | 4 | 2015 年 5 月 29—30 日 | 昼间 51 ~ 56<br>夜间 45 ~ 47 | 达标 |
| | 南沙自贸区近洋国际汽车物流枢纽及配套码头(广州港南沙港区近洋码头工程)环境影响分析报告 | 3 | 2020 年 4 月 28—29 日 | 昼间 54 ~ 58<br>夜间 46 ~ 49 | 达标 |
| | 广州港南沙港区四期工程环境影响报告书 | 4 | 2015 年 6 月 12—13 日 | 昼间 39.2 ~ 45.4<br>夜间 36.8 ~ 39.4 | 达标 |
| | 广州港南沙港区三期工程竣工环境保护验收调查报告 | 4 | 2017 年 5 月 5—6 日 | 昼间 54 ~ 58<br>夜间 44.7 ~ 48.7 | 达标 |

### 4.1.8 固体废物

1)固体废物产生及处置情况

根据各港区码头运营单位提供的数据,统计得出广州港固体废物发生量,详见表4.1-19。由表中数据分析可知,内港港区、新沙港区以生活垃圾为主,黄埔港区和南沙港区以生产垃圾为主,危险固体废物发生量约占港区固体废物发生总量的3.95%。

广州港各港区固体废物发生情况统计表　　表4.1-19

| 港区 | 作业区 | 普通生产固体废物发生量(t/年) | 普通生活固体废物发生量(t/年) | 危险固体废物发生量(t/年) |
|---|---|---|---|---|
| 内港港区 | — | 75.4 | 1356.8 | 10.9 |
| 黄埔港区 | 老港作业区 | 572 | 367 | 23.6 |
| | 新港作业区 | 625.1 | 323.6 | 177.3 |
| | 莲花山作业区 | 0 | 66.4 | 4 |
| 新沙港区 | — | 600 | 1460 | 22.5 |
| 南沙港区 | 沙仔岛作业区 | 0 | 38.25 | 0 |
| | 小虎作业区 | 884.75 | 273.75 | 78.89 |
| | 芦湾作业区 | 0 | 44.8 | 4.9 |
| | 南沙作业区 | 3528.7 | 1221.0 | 148.8 |
| 合计 | | 6285.95 | 5151.6 | 470.89 |

注:未包含船厂数据。

2)与原规划环评结论对比分析

在规划环评阶段,内港港区和黄埔港区的发展定位以改造为主,因此,规划环评未对内港港区和黄埔港区的固体废物发生情况进行预测,重点对新沙港区和南沙港区进行了预测分析。将规划实施所产生的固体废物情况与规划环评结论进和对比分析,详见表4.1-20(规划环评的固体废物发生量引用2020年的预测数据)。由分析结果可知,在规划执行过程中,能够遵照规划环评的要求对各类固体废物进行妥善处置,实现了危险废物安全处置率100%、生活垃圾无害化处理率100%和船舶固体废物接收率100%的环境指标。但在固体废物发生量估算方面,规划环评预测结果与实际情况略有偏差,其中生活垃圾预测量偏大,普通生产垃圾和危险废物预测量偏小。

**固体废物环境影响对比分析** 表 4.1-20

| 项目 | | | 规划环评结论 | 实际情况 | 对比分析 |
|---|---|---|---|---|---|
| 固体废物发生量 | 生活垃圾产生量（t/年） | 内港港区 | 未预测 | 1356.8 | — |
| | | 黄埔港区 | 未预测 | 757 | — |
| | | 新沙港区 | 11315（2020年） | 3037.8 | 预测值偏高 |
| | | 南沙港区 | | | |
| | 生产垃圾产生量（t/年） | 内港港区 | 少量 | 75.4 | 预测值偏低 |
| | | 黄埔港区 | | 1197.1 | |
| | | 新沙港区 | | 600 | |
| | | 南沙港区 | | 3528.7 | |
| | 危险废物产生量（t/年） | 内港港区 | 未预测 | 10.9 | — |
| | | 黄埔港区 | 未预测 | 204.9 | — |
| | | 新沙港区 | 150（2020年） | 255.09 | 预测值偏低 |
| | | 南沙港区 | | | |
| | 船舶垃圾产生量（t/年） | 内港港区 | 未预测 | 由第三方服务公司接收，港区无统计数据 | — |
| | | 黄埔港区 | 未预测 | | |
| | | 新沙港区 | 350（2020年） | | |
| | | 南沙港区 | | | |
| 处置方式 | 生活垃圾 | | 城市垃圾处理厂 | 城市垃圾处理厂 | 一致 |
| | 生产垃圾 | | 尽量回收利用，余下送城市垃圾处理厂 | 尽量回收利用，余下送城市垃圾处理厂 | 一致 |
| | 危险废物 | | 主要成分是有机溶剂、废矿物油类 | 主要危险废物是含油废物、废蓄电池、油漆桶等 | 一致 |
| | | | 有资质单位接收处置 | 有资质单位接收处置 | 一致 |
| | 船舶垃圾 | | 来自非疫情港口船舶垃圾同陆域生活垃圾一并送城市垃圾处理厂 | 非疫情港口船舶垃圾由第三方服务公司接收送至城市垃圾处理厂；<br>根据粤交港〔2021〕547号文件要求，有内贸航线靠泊的码头建设垃圾分类回收装置 | 一致 |
| | | | 来自疫情港口的船舶垃圾由检验检疫部门处理 | 来自疫情港口的船舶垃圾由检验检疫部门处理 | 一致 |

### 4.1.9 对中华白海豚国家级自然保护区的影响分析

1)监测站位及时间

广州港规划环评时段分为两个阶段,分别为近期2010年、远期2020年。本次引用中国水产科学研究院南海水产研究所于2010年8月—2011年1月在工程附近进行的6个月度航次的中华白海豚监测资料、2011年3月—2012年4月执行的9个月度航次的观测资料以及2017年8—12月、2018年2—4月执行的8个月度航次观测资料,并结合部分历史观测数据资料进行白海豚影响对比分析。

2)监测结果对比分析

(1)目击分布。

2010年8月—2011年1月监测期,伶仃洋中部中华白海豚的目击次数最多,其次为伶仃洋南部区域,而在伶仃洋北和澳门西南区域出现的次数较少,仅在个别的月份有出现,伶仃洋北为11月和1月,澳门西南为12月。中华白海豚出现率较高的水域包括内伶仃岛西、淇澳岛东北、粤港水域边界附近、桂山岛北面、青州—三角山岛周围等。伶仃洋北部和西南部水域在本监测期很少目击到中华白海豚。

2011年3月—2012年4月调查期间伶仃洋北部共目击7群次,仅在1—3月的枯水期有目击,4—9月丰水期间没有海豚目击;伶仃洋中部中华白海豚的目击次数最多,共有61群次,10—3月枯水期目击偏多,达40群次,4—9月丰水期仅有21群次,主要分布在内伶仃岛东附近,以及伶仃洋西航道和铜鼓航道沿线附近;伶仃洋南部共目击了51群次,枯水期和丰水期的目击次数差别不大,枯水期有27群次,丰水期为24次,主要分布在大屿山西和牛头山(位于桂山岛北部)附近。

2017年8月—2018年4月监测期中华白海豚目击几乎遍及整个伶仃洋监测区域,最北分布至深圳宝安机场附近水域,最南至珠海横琴岛东南附近,桂山岛南部的隘洲区域在本年度监测中也有少量目击。周年监测中,伶仃洋5个监测区均目击到中华白海豚分布。伶仃洋北区域于8—11月未有白海豚目击,12月开始出现白海豚,至次年4月仍有少量目击。隘洲区域仅在11月和2月目击到1~3头白海豚分布。而伶仃洋中、伶仃洋南和澳门区域在整个监测期每个航次均有一定规模的白海豚目击,因此,这3个区域属中华白海豚在伶仃洋的活动热点区域。这3个热点区域白海豚出现频率比较高水域,当属伶仃洋南与澳门区域交界处的青洲—三角山岛一带水域。根据历年的调查,中华白海豚呈季节性进入伶仃洋北部水域，一般于旱季(11 月—次年 3 月)进入该区域活动觅食。2018 年珠江三角洲地区的雨季来得迟，至 4 月中旬仍未有大规模的降水，4 月调查仍在伶仃洋北区域目击到少量的中华白海豚，推测与该年度降水偏少有一定关系。

经对比，三次调查的目击分布范围变化不大，2017 年 8 月—2018 年 4 月调查期间，规划区附近海域的白海豚目击分布增多，可见规划实施对白海豚活动基本没有影响。

(2)海豚聚群。

2010 年 8 月—2011 年 1 月监测期间目击的中华白海豚聚群大小的变化范围为 1 ~19 头。本监测期目击的海豚聚群以小群( <5 头/群)居多，约占了目击总次数的 55.3%，1 ~2 头的聚群占到了总目击次数的 32%。本监测期的聚群大小平均值为 5.2(SD = ±3.92)，比香港水域同时期监测的目击聚群平均值(3.6)略高，在香港水域的监测中 1 ~2 头出现的聚群占到了 51%。本监测期，超过 10 头的聚群有 17 次，其中有 7 次超过 15 头/群，这 7 次特大聚群主要出现伶仃洋中部水域。10 头以上聚群出现的位置基本上遍及伶仃洋北、中、南水域，在粤港水域边界附近目击到的次数稍多。

2011 年 3 月—2012 年 4 月调查期间目击的中华白海豚聚群大小的变化范围为 1 ~26 头。其间，目击的海豚聚群以 4 头或以下的小群居多，约占目击总次数的 77.1%，1 ~2 头的聚群较为常见，占到总目击次数的 50.8%。本监测期的海豚聚群大小平均值为 4.1(SD = ±4.43)。本监测期，超过 10 头的聚群有 16 次，占总目击次数的 13.6%，其中超过 15 头的聚群有 6 次。这些较大的聚群遍布伶仃洋南、中、北水域，在大屿山西至桂山岛牛头山水域较为常见。另外，伶仃洋西航道和铜鼓航道沿线附近也发现几次 10 头以上聚群的分布。

2017 年 8 月—2018 年 4 月调查期间目击的中华白海豚聚群大小的变化范围为 1 ~32 头，目击的海豚聚群以 4 头或以下的小群居多，共 115 群次，约占目击总次数的 62.5%；其中 1 ~2 头的聚群最为常见，共 69 群次，约占到总目击次数的 37.5%，其次为 3 ~4 头聚群，共 46 群次(占 25%)。超过 10 头聚群的目击共有 16 群次，仅占总目击次数的 8.7%。本次监测期中华白海豚聚群大小平均值为 4.8(SD = ±4.44)。除了隘洲区域外，其他 4 个调查区域均有 10 头以上聚群的目击，但伶仃洋北区域仅出现 1 次。10 头以上聚群出现在伶仃洋西部水域(珠海一侧)较多，东部水域(靠近香港一侧)较少，特别是内伶仃岛至桂山岛的伶仃洋东部水域没有目击到较大的聚群。

白海豚聚群大小频次分布如图 4.1-3 所示。

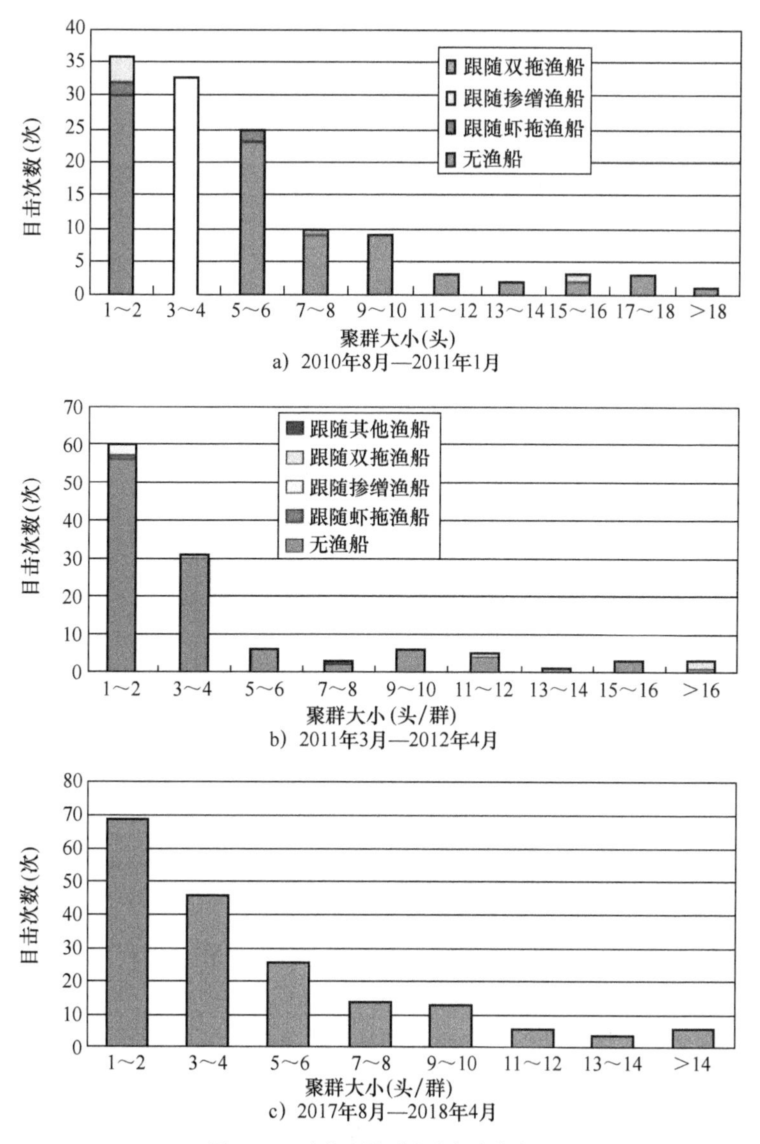


a) 2010年8月—2011年1月

b) 2011年3月—2012年4月

c) 2017年8月—2018年4月

图4.1-3 白海豚聚群大小频次分布

三次调查与伶仃洋历年调查聚群大小平均值数据比较,2005—2006 年和 2006—2007 年聚群大小平均值分别为 4.8 和 5.5,与 2010—2011 年(平均值 5.2)基本相当;2011—2012 年海豚的聚群(平均值 4.1)减小;2015—2016 年聚群大小(平均值 4.6)、2017—2018 年聚群大小(平均值 4.8)相比 2011—2012 年(平均值 4.1)逐步回升,略低于 2010—2011 年聚群大小(平均值为 5.2),与 2005—2006 年历史资料相当。可以看出,规划实施对白海豚基本无影响(图4.1-4,表4.1-21)。

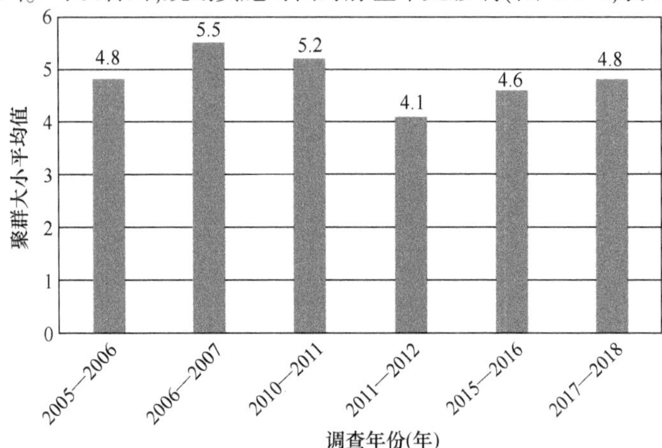


图4.1-4 中华白海豚历年调查聚群大小平均值

**中华白海豚历年调查聚群大小平均值** 表4.1-21

| 调查年份(年) | 聚群大小平均值 |
| --- | --- |
| 2005—2006 | 4.8 |
| 2006—2007 | 5.5 |
| 2010年8月—2011年1月 | 5.2±3.92 |
| 2011年3月—2012年4月 | 4.1±4.43 |
| 2015—2016 | 4.6 |
| 2017年8月—2018年4月 | 4.8±4.44 |

(3)平均分布数量。

2010年8月—2011年1月进行的6个航次的调查,目击样本有限,不再划分季节,而是合并所有航次的调查数据评估各个调查区域在这一时期(8月—次年1月)的海豚数量。2010年8月—2011年1月时期伶仃洋水域(包括伶仃洋北、伶仃洋中、伶仃洋南和澳门水域)中华白海豚分布的数量为955头(样本的变异系数CV=33.78%~100.56%),这个数量与1997—2000年同一时期相当(为951头)。

2011年3月—2012年4月进行的9个航次的调查,由于有的季节目击样本有限,因此不再划分季节,而是合并所有航次的调查数据评估各个调查区域在这一时期的海豚数量。2011年3月—2012年4月伶仃洋水域(包括伶仃洋北、伶仃洋中、伶仃洋南3个调查区)中华白海豚的分布数量约400头(CV=22.07%~76.74%),伶仃洋中南部水域(主要为保护区范围)中华白海豚的分布密度为27~29头/100km$^2$。

2017年8月—2018年4月进行了8个航次的监测,目击样本有限,不适合按季节划分进行密度与数量的评估。因此,合并了年度的监测数据来评估2017—2018年度的海豚平均密度与数量。本监测期伶仃洋水域(包括伶仃洋北、伶仃洋中、伶仃洋南和澳门4个区域)中华白海豚的平均分布数量合计为937头(CV =20.34% ~43.46%),本年度的平均分布数量与1997—2000年历史调查数量(951头)和2010—2011年数据(955头)差异不大。

中华白海豚在伶仃洋各区域历年平均分布数量对比如图4.1-5和表4.1-22所示。可以看出,伶仃洋北海区白海豚分布数量略有下降,但差异不大。2011—2012年调查期间伶仃洋中南部海区海豚数量明显下降,可能与伶仃洋南区2011年1月港珠澳大桥主体工程开始大规模施工等人为干扰有关。2017—2018年伶仃洋海域的白海豚数量基本恢复至2000年水平。可见,规划实施对白海豚基本没有影响。

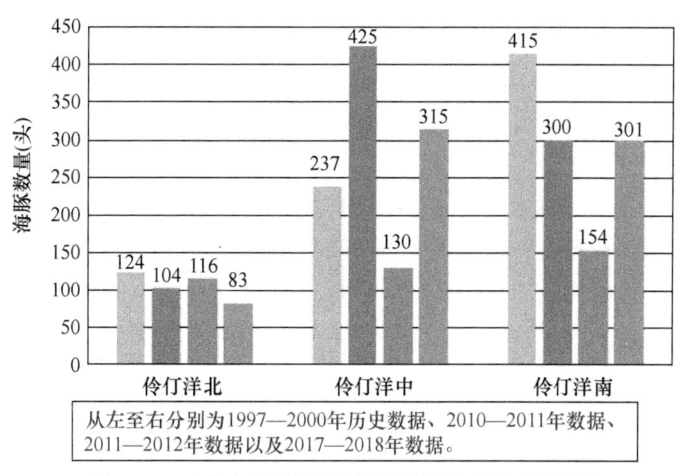


图4.1-5 中华白海豚在伶仃洋各区域历年平均分布数量

**中华白海豚在伶仃洋各区域历年平均分布数量** 表4.1-22

| 调查年份(年) | 伶仃洋北(403.8km²) | | 伶仃洋中(463.7km²) | | 伶仃洋南(515.7km²) | | 澳门(268.0km²) | | 合计 $N$(头) |
|---|---|---|---|---|---|---|---|---|---|
| | $N$(头) | CV(%) | $N$(头) | CV(%) | $N$(头) | CV(%) | $N$(头) | CV(%) | |
| 1997—2000 | 124 | 38.73 | 237 | 23.33 | 415 | 20.84 | 175 | 50.14 | 951 |
| 2010—2011 | 104 | 100.56 | 425 | 33.78 | 300 | 34.19 | 126 | 58.42 | 955 |
| 2011—2012 | 116 | 76.74 | 130 | 22.07 | 154 | 27.77 | — | — | 400(缺少澳门海域数据) |
| 2017—2018 | 83 | 43.46 | 315 | 22.06 | 301 | 20.34 | 238 | 28.66 | 937 |

(4)小结。

广州港规划环评评价时段分为两个阶段,分别为近期2010年、远期2020年。本次引用中国水产科学研究院南海水产研究所于2010年8月—2011年1月在工程附近进行的6个月度航次的中华白海豚监测资料、2011年3月—2012年4月执行的9个月度航次的观测资料以及2017年8—12月、2018年2—4月执行的8个月度航次观测资料,并结合部分历史观测数据资料进行白海豚影响对比分析。

经对比,三次调查的目击分布范围变化不大,2017年8月—2018年4月调查期间,规划区附近海域的白海豚目击分布增多,可见规划实施对白海豚活动基本没有影响。

三次调查与伶仃洋历年调查聚群大小平均值数据比较,2005—2006年和2006—2007年聚群大小平均值分别为4.8和5.5,与2010—2011年(平均值5.2)基本相当;2011—2012年海豚的聚群(平均值4.1)减小;2015—2016年聚群大小(平均值4.6)、2017—2018年聚群大小(平均值4.8)相比2011—2012年(平均值4.1)逐步回升,略低于2010—2011年聚群大小(平均值为5.2),与2005—2006年历史资料相当。可以看出,规划实施对白海豚基本无影响。

中华白海豚在伶仃洋各区域历年平均分布数量对比可以看出,伶仃洋北海区白海豚分布数量略有下降,但差异不大。2011—2012年调查期间伶仃洋中南部海区海豚数量明显下降,可能与伶仃洋南区2011年1月港珠澳大桥主体工程开始大规模施工等人为干扰有关。2017—2018年伶仃洋海域的白海豚数量基本恢复至2000年水平。可见规划实施对白海豚基本没有影响。

### 4.1.10 小结

(1)广州港规划实施对水动力环境的影响主要来自南沙作业区(龙穴岛)填海造陆工程,龙穴岛围填海实施后未改变伶仃洋涨落潮流往复流性质,涨落潮段平均流速变化基本在±0.10m/s以内,与规划环评结论一致。

(2)广州港规划实施对地形地貌与冲淤环境的影响主要来自南沙作业区(龙穴岛)填海造陆和航道工程,围填海工程实施前后该海域水深地形整体变化不大,龙穴岛东南侧近岸局部水域的水深变深,水深变化幅度为-0.3~-0.5m,靠近东北侧的局部水域呈现淤积趋势,而东侧离岸较远的水域主要是受到广州港出海航道疏浚清淤的影响,造成龙穴岛东部离岸海域水深变化幅度相对较大。龙穴岛与万顷沙之间水道流速有所加大,对海床造成一定程度的冲刷。

(3)广州港出海航道三期工程和广州港深水航道拓宽工程施工期及试运营

期各项监测指标均出现了一定程度的波动，与建设前相比，各项监测因子含量变化较小，未对工程附近海域水环境质量、沉积物环境质量产生明显影响，与规划环评结论一致。

(4)在规划执行过程中，能够遵照规划环评的要求对各类污水进行妥善处置，对水环境影响很小，与规划环评结论一致。

(5)由于沙仔岛和龙穴岛的市政污水处理厂尚未建设，因此，沙仔岛作业区和南沙作业区由码头自建污水处理设施处理达标后排海，且均已取得排污许可。

(6)广州港出海航道三期工程施工期间对海域生态环境造成了一定的影响，施工结束后海洋生态逐步得到恢复，广州港深水航道拓宽工程试运营后与建设前相比，浮游植物、浮游动物及底栖生物的密度均有所上升，航道拓宽工程对所在水域的浮游植物、浮游动物、底栖生物密度及种类影响不大。

(7)龙穴岛围填海实施对区域内海洋环境和海洋生物资源造成了一定的损害，一定程度上改变了围填海区原有的湿地生态系统服务功能，但对围填海区外没有显著的影响。通过对比工程实施前，实施中和实施后同季节的海洋生物生态的调查数据，围填海工程实施对潮间带生物有一定影响，对其他生物生态要素影响不大。

(8)规划执行期间，内港港区以客运为主，黄埔港区、新沙港区对既有码头进行了多次技术改造，取得了良好的抑尘效果，南沙港区新建项目采取了物料封闭及干、湿除尘相结合的方式，有效减少了大气污染物排放。分析多年来港口所在区域环境空气常规监测数据，多数监测因子呈现出逐渐下降的趋势，说明港区运营对环境空气质量基本无影响，与规划环评结论一致。

(9)近年来不论是港区厂界还是邻近敏感点，声环境都能达到相应标准要求，表明港区运营对声环境影响较小，但黄埔港区距离城市生活区较近，随着今后黄埔港区功能调整，港区与城市生活区的矛盾将得到缓解。

(10)在规划执行过程中，能够遵照规划环评的要求对各类固体废物进行妥善处置，实现了危险废物安全处置率100%、生活垃圾无害化处理率100%和船舶固体废物接收率100%的环境指标。

(11)分析中国水产科学研究院南海水产研究所于2010年8月—2011年1月、2011年3月—2012年4月以及2017年8—12月、2018年2—4月对珠江口中华白海豚的观测资料可知，三次调查中华白海豚的目击分布范围变化不大，聚群大小平均值和平均分布数量在一定范围内波动，但变化不大，近期调查结果与历史资料相当，规划实施对白海豚基本没有影响。

## 4.2 规划后续拟实施内容的环境影响分析

根据前文2.3节内容，将各港区后续发展方向及拟实施内容概况整理于表4.2-1。

各港区后续拟实施内容表　　表4.2-1

| 港区 | 作业区 | 拟实施内容 |
| --- | --- | --- |
| 内港港区 | — | 以功能调整为主，强化客运功能，弱化货运功能 |
| 黄埔港区 | 老港作业区 | 以休闲客运为主，货运逐步转移至其他港区 |
| | 新港作业区 | 拟新增一个LNG加注泊位 |
| | 莲花山作业区 | 增加休闲客运功能 |
| 新沙港区 | — | 已基本开发完毕，仅14号泊位尚未开发，拟建一个通用泊位 |
| 南沙港区 | 沙仔岛作业区 | 规划用途为通用及汽车滚装码头，目前无明确的开发方案 |
| | 芦湾作业区 | 以休闲客运为主，已有货运码头转型升级 |
| | 小虎作业区 | 拟在原粤海码头位置建设LNG应急调峰站及配套码头 |
| | 南沙作业区 | 拟建设大型集装箱码头、增加LNG燃料加注码头的功能 |

根据表4.2-1的内容分析可知：

内港港区、黄埔港区的老港作业区和莲花山作业区、南沙港区的芦湾作业区今后的发展方向都是休闲客运，已有货运码头转型升级，可有效避免港区生产生活对生态环境及城市生活区造成负面影响，环境污染影响可明显降低。

南沙港区南沙作业区、黄埔港区新港作业区新增LNG加注泊位，南沙港区小虎作业区新增LNG应急调峰站及配套码头，由于LNG加注、运输及日常运营操作存在一定安全风险，可能会导致LNG泄漏，甚至会出现爆炸、火灾等风险情况，因此，应对黄埔港区和南沙港区周边环境应急提出更高的要求。

南沙港区南沙作业区拟建设大型集装箱码头，相对于其他类型码头，集装箱码头对环境影响较小，但应关注危险品集装箱运输及堆存过程可能带来的环境风险。

# 5 资源与能源消耗情况分析

## 5.1 岸线资源

### 5.1.1 岸线利用情况分析

广州港内港港区和黄埔港区(老港作业区和新港作业区)以改造为主,在2006年版规划环评阶段岸线即已全部开发完毕;新沙港区在2006年版规划环评阶段开发岸线占规划总岸线的60%,在规划执行期间又开发了总岸线的22.9%,尚有17.1%的岸线未开发;南沙港区在2006年版规划环评阶段处于刚起步时期,开发岸线占总岸线的13%,在规划执行期间南沙港区建设了多个大型码头项目,如南沙港区三期工程、粮食及通用码头、龙穴造船基地等,开发了总岸线的31.4%,尚余55.6%的岸线未开发。南沙港区和新沙港区各阶段开发岸线占比如图5.1-1所示,广州港各港区不同阶段岸线开发利用情况见表5.1-1。

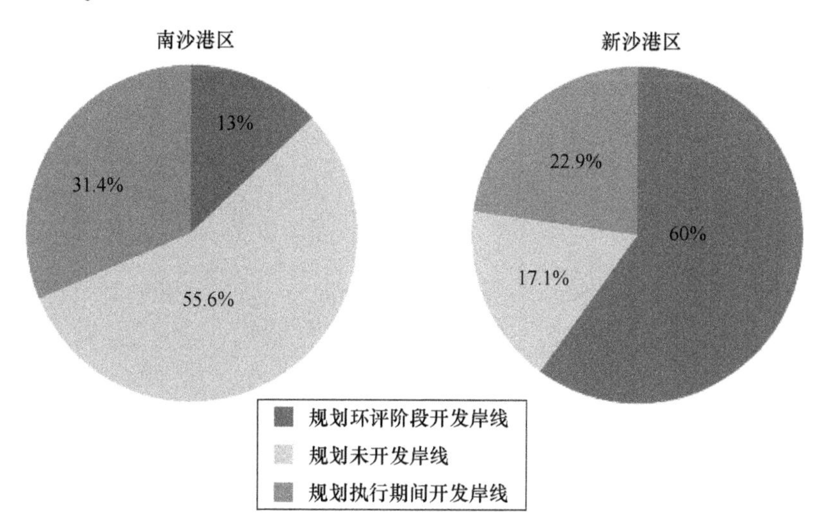


图5.1-1 南沙港区和新沙港区各阶段开发岸线占比图

表 5.1-1

**广州港各港区不同阶段岸线开发利用情况统计表**

| 港区 | 作业区 | 规划总岸线（km） | 规划环评阶段开发岸线（km） | 规划执行期间开发岸线（km） | 现状已开发岸线（km） | 规划未开发岸线（km） | 分析 |
|---|---|---|---|---|---|---|---|
| 内港港区 | | 13.5 | 13.5 | 0.4 | 13.9 | 0 | 内港港区以改造为主，仅新增3个水上巴士泊位 |
| 黄埔港区 | 老港作业区 | 5.2 | 5.2 | 0 | 5.2 | 0 | 莲花山作业区数据引自黄埔港区规划调整方案，该作业区在规划执行期间无新增项目；<br>老港作业区和新港作业区岸线在2006年版规划阶段已全部开发，规划执行期间以技改为主，无新增项目 |
| | 新港作业区 | 3.8 | 3.8 | 0 | 3.8 | 0 | |
| | 莲花山作业区 | 6.4 | 1.8 | 0 | 1.8 | 4.6 | |
| | 小计 | 15.4 | 10.8 | 0 | 10.8 | 4.6 | |
| 新沙港区 | | 3.5 | 2.1 | 0.8 | 2.9 | 0.6 | 新沙港区大部分规划岸线已开发，规划执行期间新建3个泊位 |
| 南沙港区 | 沙仔岛作业区 | 4.1 | 0.6 | 1.0 | 1.6 | 2.5 | 南沙港区开发岸线已近一半，规划执行期间开发强度最大，新建了多个大型码头项目，后续仍有很大发展空间 |
| | 小虎作业区 | 4.8 | 2.6 | 1.1 | 3.7 | 1.1 | |
| | 芦湾作业区 | 3.4 | 1.0 | 0.8 | 1.8 | 1.6 | |
| | 南沙作业区 | 52.4 | 4.2 | 17.4 | 21.6 | 30.8 | |
| | 小计 | 64.7 | 8.4 | 20.3 | 28.7 | 36 | |

### 5.1.2 规划环评控制指标达标分析

根据上一小节统计得到的各港区岸线开发利用情况，结合2020年各港区吞吐量，计算得到单位吞吐量占用的岸线长度，即岸线占用指标(m/万t吞吐量)，并将岸线利用指标与2006年版规划环评指标体系进行对比，具体见表5.1-2。

广州港各港区岸线利用指标表　　表5.1-2

| 港区名称 | 2020年吞吐量(万t) | 岸线长度(m) | 岸线占用指标(m/万t吞吐量) | 规划环评指标(m/万t吞吐量) |
|---|---|---|---|---|
| 内港港区 | 1408 | 13900 | 9.87 | <10.0 |
| 黄埔港区 | 18072 | 10800 | 0.60 | <2.0 |
| 新沙港区 | 6080 | 2900 | 0.48 | <2.0 |
| 南沙港区 | 34267 | 28700 | 0.84 | <2.0 |

从计算结果可知，内港港区、黄埔港区、新沙港区和南沙港区岸线占用指标均能满足规划环评提出的指标要求。从实际运营数据来看，除内港港区外，2006年版规划环评提出的控制指标偏于保守，各港区实际岸线占用指标明显低于环评控制指标。内港港区指标明显偏高的原因为多数码头已改为客运码头，大量客运码头占用的岸线也被计算在内。

## 5.2 土地资源

### 5.2.1 土地利用情况分析

在2006年版规划环评报告中未明确给出各港区的开发利用面积，而且本次跟踪评价关于黄埔港区的统计范围与上一轮规划环评不一致，因此，关于港区上一轮规划环评阶段土地利用情况参照历史卫星图片量算，规划执行期间土地开发面积结合各码头调研数据以及现状卫片量算得出，规划总面积是将规划图矢量化后直接量取得出，各项数据详见表5.2-1。

由表5.2-1分析可知，内港港区和黄埔港区均以改造为主，在2006年版规划环评阶段几乎已全部开发完毕；新沙港区大部分已开发完毕，在规划执行期间新建了11号、12号泊位及13号泊位两个项目，开发力度较大，新沙港区在2006年版规划环评阶段开发土地占规划总面积的48.33%，在规划执行期间又开发了总面积的40.13%，尚有11.54%的区域未开发；南沙港区是规划执行期间重点建设的港区，新建了多个大型码头项目，后续仍有很大发展空间。南沙港区在2006年版规划环评阶段开发土地占总面积的12.69%，在规划执行期间开发了总面积的19.54%，尚余67.77%的区域未开发。

**广州港各港区不同阶段土地利用情况统计表**

表 5.2-1

| 港区 | 作业区 | A:规划环评阶段开发面积（万 $m^2$） | B:规划执行期间开发面积（万 $m^2$） | 现状已开发面积（万 $m^2$）（A+B） | C:规划未实施面积（万 $m^2$） | 规划总面积（万 $m^2$）（A+B+C） | 已开发面积/规划总面积[（A+B）/（A+B+C）]（%） | 规划执行期间开发面积/规划总面积[B/（A+B+C）]（%） | 分析 |
|---|---|---|---|---|---|---|---|---|---|
| 内港港区 | | 68.80 | 0.16 | 68.96 | 0 | — | — | — | 内港港区以改造为主，仅新增3个客运泊位，新增用地面积很小 |
| 黄埔港区 | 老港作业区 | 236.37 | 0 | 236.37 | 0 | 236.37 | 100 | 0 | 黄埔港区规划范围内已全部开发，规划期内以技术改造为主，无新增项目 |
| | 新港作业区 | 183.45 | 0 | 183.45 | 0 | 183.45 | 100 | 0 | |
| | 莲花山作业区 | 55.90 | 0 | 55.90 | 0 | 55.90 | 100 | 0 | |
| | 小计 | 475.72 | 0 | 475.72 | 0 | 475.72 | 100 | 0 | |
| 新沙港区 | | 159.49 | 132.45 | 291.94 | 38.09 | 330.03 | 88.46 | 40.13 | 新沙港区大部分已开发，规划执行期间开发力度较大 |
| 南沙港区 | 沙仔岛作业区 | 42.21 | 109.59 | 151.8 | 159.2 | 311 | 48.81 | 35.24 | 开发过半，规划执行期间开发面积较大，占比较高 |
| | 小虎作业区 | 302.15 | 110.43 | 412.58 | 395.7 | 808.28 | 51.04 | 13.66 | 开发过半，规划执行期间开发面积较大 |
| | 芦湾作业区 | 77.03 | 3.1 | 80.13 | 80.9 | 161.03 | 49.76 | 1.93 | 开发过半，绝大部分是在2006年版规划环评阶段已开发的 |
| | 南沙作业区 | 405.6 | 1050.87 | 1456.47 | 3781.6 | 5238.07 | 27.81 | 20.06 | 规划执行期间开发强度最大，新建了多个大型码头项目，后续仍有很大发展空间 |
| | 小计 | 826.99 | 1273.99 | 2100.98 | 4417.40 | 6518.38 | 32.23 | 19.54 | |

注：由于黄埔港区规划范围有调整，本表按调整后的范围进行统计。

南沙港区和新沙港区各阶段土地利用占比如图 5. 2-1 所示。

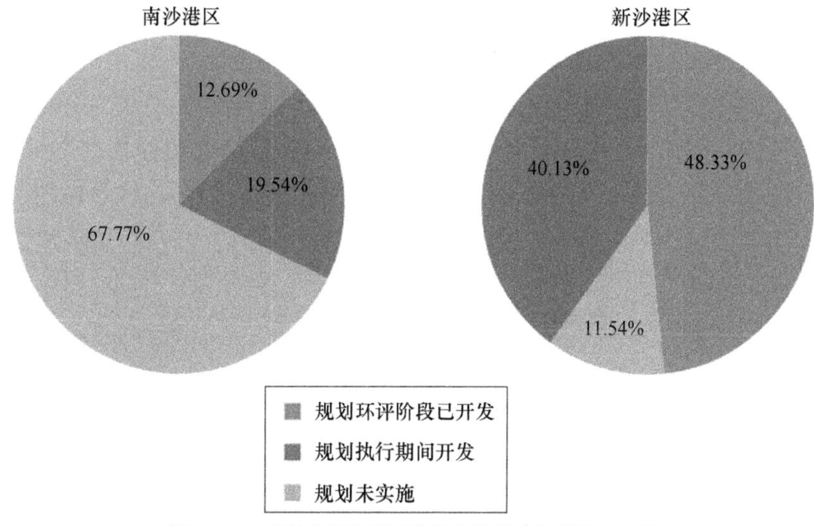


图 5. 2-1　南沙港区和新沙港区各阶段土地利用占比图

### 5. 2. 2　土地利用指标分析

根据上一小节统计得到的各港区土地开发利用情况,结合 2020 年各港区吞吐量,计算得到单位吞吐量占用的土地面积,即土地利用指标($m^2$/万 t 吞吐量)。由于 2006 年版规划环评并未提出土地利用指标,因此本书仅给出计算结果,不再与 2006 年版规划环评进行对比。广州港各港区土地利用指标表具体见表 5. 2-2。

**广州港各港区土地利用指标表**　　表 5. 2-2

| 港区名称 | 2020 年吞吐量(万 t) | 土地开发利用面积(万 $m^2$) | 土地利用指标($m^2$/万 t 吞吐量) |
|---|---|---|---|
| 内港港区 | 1408 | 68. 96 | 489. 8 |
| 黄埔港区 | 18072 | 475. 72 | 263. 2 |
| 新沙港区 | 6080 | 291. 94 | 480. 2 |
| 南沙港区 | 34267 | 1456. 47 | 425. 0 |

## 5.3 能耗

### 5.3.1 能源消耗情况分析

本次跟踪评价通过对广州港辖区内企业发放调查表的方式收集了部分企业2020年的能耗数据，虽然不能反映出各个港区的总的能源消耗情况，但可以根据已收集到的企业的能耗数据，再结合企业对应的吞吐量情况，计算得到能耗指标，即每万t吞吐量所需的能耗。该指标越大，说明完成单位吞吐量运输所需的能耗越大。该指标也能从一定程度上反映出各港区的能耗水平。各港区能耗情况统计表见表5.3-1。

**各港区能耗情况统计表**(回收调查表的企业)　　表5.3-1

| 港区 | 回收调查表的企业吞吐量(万t) | 回收调查表的企业能耗(t标煤) | 能耗指标(t标煤/万t吞吐量) | 规划环评指标(t标煤/万t吞吐量) |
|---|---|---|---|---|
| 内港港区 | 489 | 978.5 | 2.00 | <2.1 |
| 黄埔港区 | 11792 | 15784 | 1.34 | <2.1 |
| 新沙港区 | 6080 | 7306 | 1.20 | <2.1 |
| 南沙港区 | 31718 | 41268 | 1.30 | <2.0 |

从计算结果可知，内港港区、黄埔港区、新沙港区和南沙港区能耗指标均能满足规划环评提出的指标要求。

### 5.3.2 分类型码头能源消耗情况分析

为了分析比较不同类型码头能耗的差异，本次评价兼顾到码头位置、泊位类型、吞吐量等多方面因素，选取了广州港以下几个码头来进行比较分析，详见表5.3-2。这些项目涵盖了广州港各个港区及各种泊位类型，连续多年来运营稳定，也是广州港各港区承担货运的主要码头，具有一定的代表性。

**分类型能耗分析码头项目列表** 表 5.3-2

| 港区 | 码头名称 | 泊位类型 |
|---|---|---|
| 内港港区 | 河南港务 | 通用或多用途码头 |
| 黄埔港区 | 黄埔老港码头 | 通用或多用途码头 |
| | 广州港新港港务分公司码头 | 通用或多用途码头 |
| | 广州港西基港务分公司码头 | 散货码头 |
| | 广州港石油化工港务分公司码头 | 液体化工品码头 |
| | 广州集装箱码头 | 通用或多用途码头 |
| 新沙港区 | 新沙港区一期工程 | 通用或多用途码头 |
| 南沙港区 | 广州港南沙沙仔岛多用途码头 | 通用或多用途码头 |
| | 建滔码头 | 液体化工品码头 |
| | 港发石化码头 | 液体化工品码头 |
| | 珠江电厂码头 | 散货码头 |
| | 小虎石化码头 | 液体化工品码头 |
| | 粮食及通用码头 | 通用或多用途码头 |
| | 南沙港区一期工程 | 集装箱码头 |
| | 南沙港区二期工程 | 集装箱码头 |
| | 南沙港区三期工程 | 集装箱码头 |

本次评价将以上码头项目按照泊位类型分成了通用或多用途码头、散货码头、液体化工码头和集装箱码头四种类型，收集了以上码头 2011—2019 年连续多年的吞吐量和能耗情况，计算得到每一种泊位类型每年的能耗指标，分析结果如图 5.3-1 所示。

由图可知，每种类型码头能耗指标均呈现出逐年下降的趋势，可以看出广州港在规划执行期间节能工作开展得较好。从码头类型分析，集装箱码头、通用或多用途码头以及散货码头的能耗指标比较接近，液体化工码头能耗指标则要明显低于上述三类码头，分析认为液体化工码头主要采用管道将油品或液化品运输至储罐，管道运输耗能少的优势体现得非常明显。

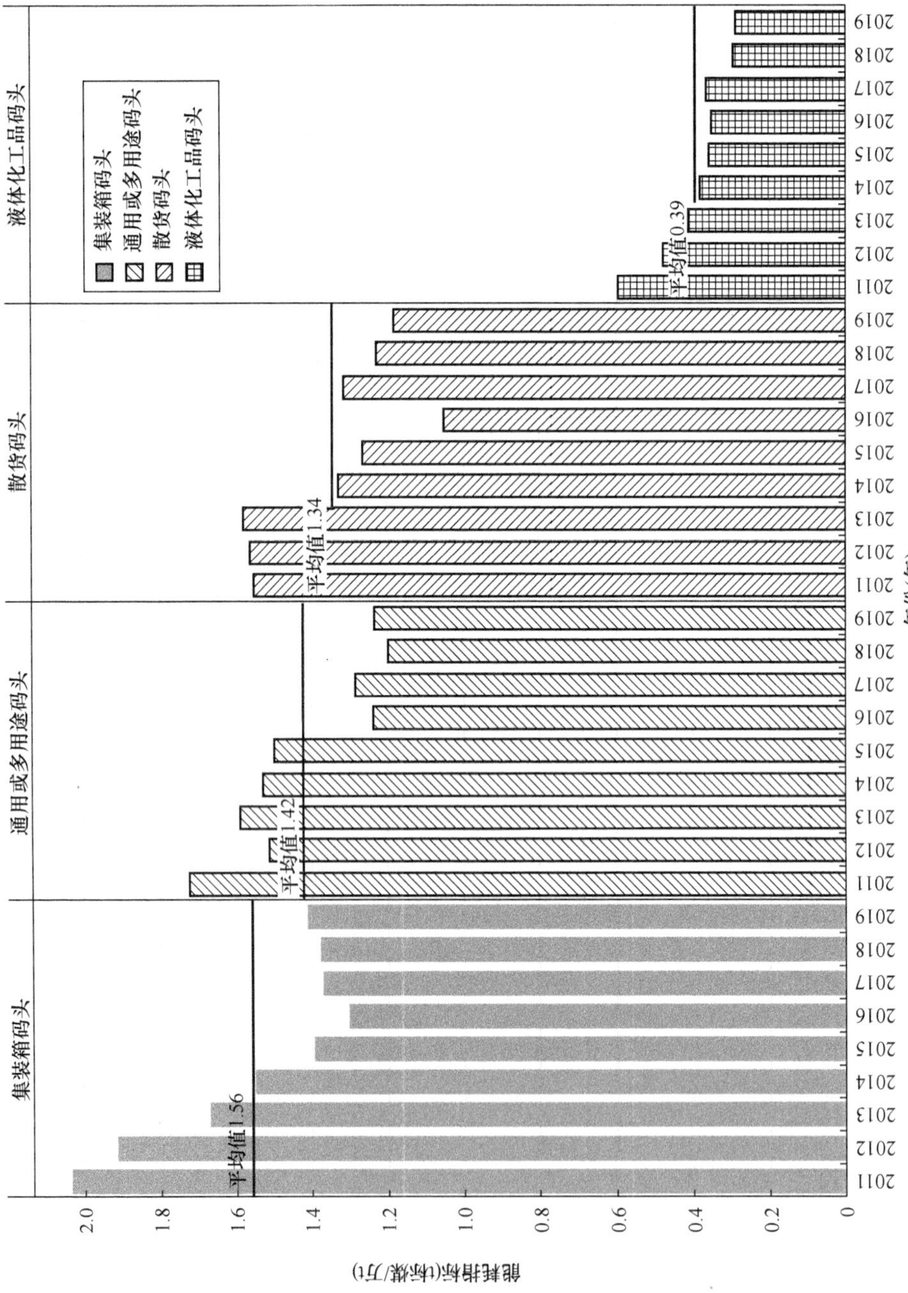

图5.3-1　广州港各类型码头能耗指标分析图

## 5.4 水资源消耗

本次跟踪评价通过对广州港辖区内企业发放调查表的方式收集了部分企业2020年的水资源消耗数据(表5.4-1),虽然不能反映出各个港区总的水资源消耗情况,但可以根据已收集到的企业的水资源消耗数据,再结合企业对应的吞吐量情况,计算得到水资源消耗指标,即每万t吞吐量所需的水资源消耗。该指标越大,说明完成单位吞吐量运输所需的水资源消耗越大。该指标也能从一定程度上反映出各港区的水资源消耗水平。

**各港区水资源消耗情况统计表**(回收调查表的企业) 表5.4-1

| 港区 | 回收调查表企业吞吐量(万t) | 回收调查表企业水耗(t) | 水耗指标(t/万t吞吐量) | 规划环评指标(t/万t吞吐量) |
|---|---|---|---|---|
| 内港港区 | 153 | 29750 | 194.1 | <250 |
| 黄埔港区 | 11364 | 1191077 | 104.8 | <250 |
| 新沙港区 | 6080 | 481900 | 79.26 | <250 |
| 南沙港区 | 25209 | 854091 | 33.9 | <160 |

从计算结果可知,内港港区、黄埔港区、新沙港区和南沙港区水耗指标均能满足规划环评提出的指标要求,但从对比结果也可以看出,规划环评确定的指标偏于保守。

## 5.5 再生水回用

据粗略统计,整个广州港年污水发生量约为376.1万t,其中纳入市政污水处理系统污水量约为273.2万t/年,由企业自建污水处理设施处理污水量为102.9万t/年,其中处理达标后回用水量为59.2万t/年,处理达标后排海水量为43.7万t/年。

广州港再生水回用有两种途径,一种是直接回用,由港区自建污水处理设施,深度处理后回用,这部分回用水量为59.2万t/年。另一种是间接回用,广州港产生的污水排入市政管网,经市政污水厂集中深度处理后向社会提供再生水,通过这种方式间接向社会提供再生水资源。根据文献《广州市再生水利用现状分析与发展前景预测》(陈绮,庞园,广东水利水电,2020年第4期),2018年广州市再生水利用率为25.3%,广州港排入市政污水处理系统污水量约为273.2万t/年,按照该指标,计算得到广州港间接再生水回用量为69.1万t/年。综上,两种途径合计利用再生水128.3万t/年,港区总的再生水回用率为34.1%。如果不考虑排入市政管网的部分污水量,仅计算港区自身处理污水的水量,则再生水回用率可达57.5%。

规划环评报告中提出南沙港区污水回用率指标为80%,其他三个港区污水回用率为60%。从港区实际运营情况对比可知,广州港再生水回用率与规划环评报告提出的指标要求尚有一定的差距,主要是由于大部分污水依托城市污水处理厂来处理,依托市政处理的污水量占整个港区的72.6%,由于整个市政再生水利用率不高,导致港区再生水回用率指标偏低。

2021年广东省交通运输厅、广东省工业和信息化厅、广东省生态环境厅、广东省住房和城乡建设厅和广东海事局联合印发《广东省深化治理港口船舶水污染物工作方案》(粤交港〔2021〕547号),该方案要求"码头位于城市建成区市政生活污水管网覆盖范围内的,应加快建设管网连接线,在办理相关排水许可手续后将生活污水接入市政生活污水管网;码头不在城市建成区、不属于市政生活污水管网覆盖范围的,应自建生活污水处理设施,或配套收集转运设施处置生活污水,确保船舶、码头生活污水合规处理。"即按照最新的管理要求,码头应积极接入市政管网,而非鼓励码头自建生活污水处理设施。目前,广州港仅南沙港区的沙仔岛作业区和南沙作业区尚未覆盖市政生活污水管网,根据广州市政府要求,今后由广州水务局牵头推动南沙港区附近的市政管网建设,待市政管网建成后,整个广州港生活污水将全部依托市政污水处理厂,大部分生产污水由码头自建污水处理设施预处理达入网标准后也将排入市政管网。鉴于此,要求港区自身再生水回用指标达60%~80%不够恰当,加强市政再生水厂和低质水管网建设才是解决再生水利用的根本。

# 6 环境风险评价

## 6.1 规划实施期间广州港水域船舶事故统计分析

### 6.1.1 船舶交通事故统计分析

1)船舶交通事故统计

2008—2018年广州海事局辖区船舶交通事故情况见表6.1-1、图6.1-1和图6.1-2。

**2008—2018年广州海事局辖区船舶交通事故情况一览表**(单位:起)

表6.1-1

| 年份(年) | 总数 | 事故等级 | | 事故类型 | | | | | | | | |
|---|---|---|---|---|---|---|---|---|---|---|---|---|
| | | 重大事故 | 大事故 | 碰撞 | 搁浅 | 触损 | 浪损 | 火灾 | 风灾 | 触礁 | 其他 | 自沉 |
| 2008 | 15 | 1 | 8 | 5 | 0 | 3 | 0 | 2 | 0 | 1 | 1 | 3 |
| 2009 | 14 | 1 | 7 | 8 | 0 | 1 | 0 | 2 | 1 | 1 | 0 | 1 |
| 2010 | 14 | 3 | 6 | 10 | 0 | 1 | 0 | 0 | 0 | 2 | 0 | 1 |
| 2011 | 12 | 3 | 4 | 7 | 0 | 2 | 0 | 1 | 2 | 0 | 0 | 0 |
| 2012 | 16 | 5 | 8 | 11 | 0 | 2 | 0 | 1 | 0 | 1 | 1 | 0 |
| 2013 | 13 | 3 | 6 | 10 | 0 | 0 | 0 | 1 | 0 | 0 | 1 | 1 |
| 2014 | 13 | 3 | 8 | 9 | 0 | 1 | 0 | 0 | 0 | 0 | 1 | 2 |
| 2015 | 16 | 0 | 1 | 5 | 0 | 0 | 0 | 2 | 0 | 1 | 6 | 2 |
| 2016 | 12 | 0 | 0 | 4 | 1 | 0 | 0 | 0 | 0 | 0 | 7 | 0 |
| 2017 | 24 | 0 | 7 | 5 | 0 | 1 | 0 | 2 | 11 | 0 | 5 | 0 |
| 2018 | 13 | 0 | 2 | 4 | 0 | 1 | 0 | 1 | 0 | 0 | 6 | 1 |
| 合计 | 162 | 19 | 57 | 78 | 1 | 12 | 0 | 12 | 14 | 6 | 28 | 11 |

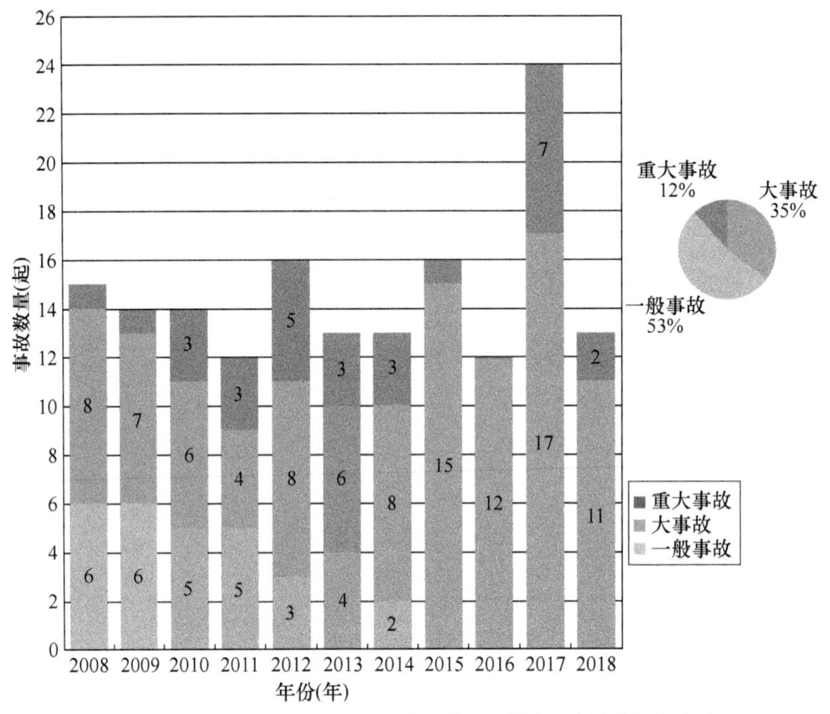


图 6. 1-1 2008—2018 年广州海事局辖区船舶交通事故等级统计图

从上述统计数据可知：

(1)广州港辖区的船舶交通事故发生次数呈逐年下降趋势，近年来基本稳定在年均 14. 7 起。

(2)从事故原因分布上看，碰撞事故是最主要的事故类型，约占 48%，说明船舶通航密度高而通航水域资源有限，导致航线交叉，从而造成碰撞事故的增加。

(3)在事故等级分布上，事故按等级从小到大呈金字塔形分布。小事故占大多数，同时也可以推断未酿成事故的通航安全隐患事件仍大量存在。

(4)从事故地点看，虎门大桥和沙角锚地附近水域是船舶事故的高发区。

2)船舶交通事故发生频率

2008—2018 年广州海事局辖区共发生船舶交通事故 162 起，平均每年发生 14. 7 起，折算成平均年进出广州港的船舶交通流量和港口货物吞吐量，可以计算得出船舶交通事故相对船舶艘次频率为 0. 228 次/千艘次，船舶交通事故相对船舶货运量频率为 0. 0005 次/万 t。

另外，根据事故种类统计分析，在 2008—2018 年发生的交通事故中，碰撞事故发生频率最高,发生频率均为平均每年发生 7.1 起。

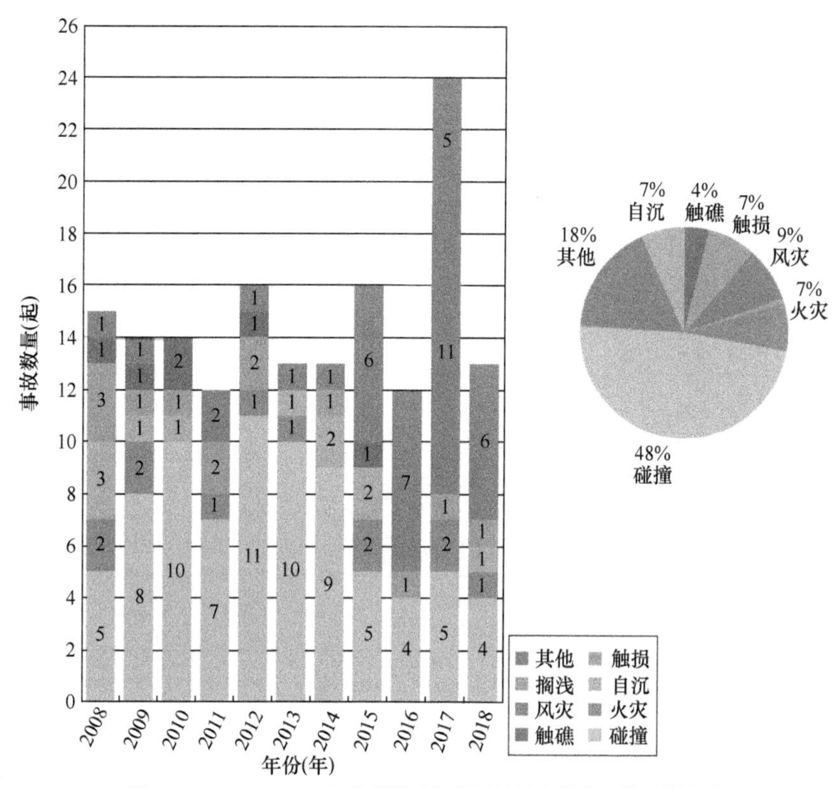


图 6.1-2 2008—2018 年广州海事局辖区船舶交通事故类型统计图

### 6.1.2 船舶污染事故统计分析

1)船舶污染事故统计与分析

近年来,广州海事局辖区范围发生部分船舶污染事故,2008—2018 年广州海事局辖区发生船舶污染事故共 14 起,其中操作性溢油事故 8 起,海难性事故 6 起。广州港水域近年船舶污染事故的统计情况具体见表 6.1-2。

**2008—2018 年广州港水域污染事故统计** 表 6.1-2

| 序号 | 时间 | 事故地点 | 船舶名称 | 船舶籍别 | 事故类型 | 污 染 情 况 |
|---|---|---|---|---|---|---|
| 1 | 2008 年<br>5 月 13 日 | 省油东码头 | 长青油 115 | 中国舟山 | 操作 | 约 100kg 燃料油泄漏 |
| 2 | 2008 年<br>6 月 12 日 | 新沙码头 | 达丽莎双子 | 利比里亚 | 操作 | 约 1t 溢出甲板,约 100kg 棕榈油入水 |

续上表

| 序号 | 时间 | 事故地点 | 船舶名称 | 船舶籍别 | 事故类型 | 污染情况 |
|---|---|---|---|---|---|---|
| 3 | 2008年9月26日 | 菠萝庙船厂 | 开伯尔 | 巴拿马 | 操作 | 约4t溢出,约50kg燃料油入水 |
| 4 | 2008年10月21日 | 中燃油库码头 | 中卓油1 | 中国 | 操作 | 250kg燃料油中约100kg溢入江面 |
| 5 | 2009年1月3日 | 大濠水道 | 丰盛油8 | 中国东莞 | 海难 | 约69.5t航空煤油泄漏 |
| 6 | 2009年4月28日 | 新港1号泊位 | 胶州海 | 中国天津 | 操作 | 约1t左右的燃料油溢出,约0.03t落水 |
| 7 | 2009年7月15日 | 新港1号泊位 | 安旭海 | 中国广州 | 操作 | 约7.5kg重油从集水井溢出落水 |
| 8 | 2010年3月2日 | 桂山引航锚地水域 | 哈奇(FRONTIER HACHI) | 巴拿马 | 海难 | 约1755t甲醇溢出 |
| 9 | 2012年3月2日 | 珠江口内伶仃岛附近 | 梦幻之星(DREAMDIVA) | 巴拿马 | 海难 | 约98.5t燃料油溢出 |
| 10 | 2012年3月16日 | 西江下游竹园渡口附近 | 穗东方089 | 中国广州 | 海难 | 2t柴油泄漏 |
| 11 | 2014年6月5日 | 广州港33LD锚地附近 | 石油510 | 中国 | 海难 | 约100kg柴油溢漏 |
| 12 | 2017年2月20日 | 菠萝涌南海神庙隧道上方 | 粤中山工2231 | 中国中山 | 操作 | 100~150L柴油泄漏 |
| 13 | 2017年8月3日 | 珠江口大蜘洲岛以南附近 | 阿波罗 | 巴拿马 | 海难 | 1016t棕榈硬脂泄漏 |
| 14 | 2018年7月7日 | 广州港伶仃航道10号灯浮至8号灯浮附近 | FORMOSA CONTAINER NO.4 | 中国台湾基隆 | 操作 | 约6L燃油 |

从广州港水域近年的船舶污染事故统计中,可以总结出以下规律:

(1)广州港水域2008—2018年共发生码头和船舶污染事故14起,其中操作性污染事故8起,占57.1%,均为小型溢油事故;海难性污染事故6起,其中重大溢油事故2起,化学品(甲醇)重大泄漏事故1起。

(2)操作性溢油污染事故均发生在码头前沿,操作不当是主要原因。

(3)海难性污染事故分别发生在航道和锚地水域,均为船舶碰撞导致的泄漏事故。

2)船舶污染事故发生频率

2008—2018 年,广州海事局辖区共发生船舶污染事故 14 起,平均每年发生 1.27 起,其中广州港水域发生操作性船舶污染事故频率为 0.73 次/年,发生海难性船舶污染事故频率为 0.55 次/年,见表 6.1-3。

**广州港水域船舶污染事故频率统计结果** 表 6.1-3

| 水域名称 | 操作性污染事故 | | 海难性污染事故 | |
|---|---|---|---|---|
| | 事故频率(次/年) | 年事故频率 | 事故频率(次/年) | 年事故频率 |
| 广州港水域 | 0.73 | 1.36 | 0.55 | 1.81 |

## 6.2 区域应急管理体系建设情况

### 6.2.1 船舶污染应急体系建设现状

1999 年,广东海事局、深圳海事局和香港海事局、澳门海事局四个海事机构开始商谈船舶溢油污染应急合作事宜,并于 2001 年联合制定了《珠江口区域海上船舶溢油应急计划》,作为对日后在广东、深圳、香港、澳门港口海事部门管辖水域发生重大油污事故时,各方合作采取相应措施及行动的依据及行动指南。该预案包括敏感资源区域划分及优先保护次序、应急组织机构、运作方式、报警程序、预案的启动和终止程序、应急资源情况等。为有效协调各合作成员的工作,在广东海事局设立秘书处,各辖区根据本辖区情况,设立应急组织。

为建立健全全省突发环境事件应对工作机制,科学有序高效应对突发环境事件,保障人民群众生命财产安全和环境安全,促进社会全面、协调、可持续发展,2017 年 10 月 16 日,广东省人民政府修订并发布了《广东省突发环境事件应急预案》,该预案适用于广东省行政区域内突发环境事件应对工作。

近年来,广东海事局和广州海事局在防止船舶污染海洋环境应急能力建设方面做了大量工作,在利用交通运输部海事局下拨的防污染专项经费增强辖区内溢油应急能力的同时,还不断整合各企业应急设备,以形成辖区内污染应急联动机制。广东海事局于 2005 年 12 月发布的《广东海事局船舶污染事故应急预案》对广东海事局辖区水域发生或受影响的船舶污染事故后的应急程序和职责分工等作出了明确的安排。广州海事局于 2008 年 8 月颁布《广州海事局船舶污染事故应急反应预案》,建立了广州海事局船舶污染事故应急反应机制,明确职责,确保迅速、准确、有序、高效地组织船舶污染事故的应急反应行动,最大程度地减少事故损害。

由广州海事局牵头编制的《广州市船舶污染水域事故应急预案》已于2017年7月由广州市政府批准颁布，该《预案》中明确规定，广州市人民政府成立船舶污染事故应急指挥中心，负责统一部署、组织指挥和协调广州水域内发生的船舶污染事故的应急处置工作及相关活动。水域污染事故应急指挥中心办公室设在广州海事局(海上搜救中心)，负责其日常管理工作。办公室下设中心值班室，负责24h应急值班。在广州市层面明确了海事、港口、环保、公安、海洋渔业、部队、医疗卫生、救助、气象、直升机公司等相关部门和单位的应急职责，发挥各自特长，形成合力，应对船舶污染事故。

广州市船舶污染事故水域应急反应程序如图6.2-1所示。

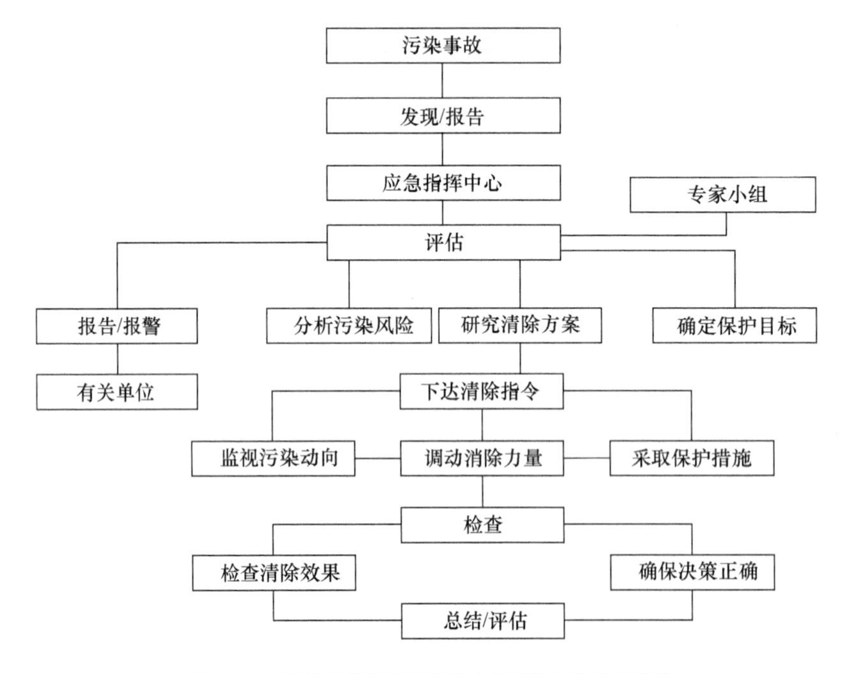


图6.2-1　广州市船舶污染事故水域事故应急反应程序

## 6.2.2　周边水域污染应急力量现状

1)广州水域污染应急力量

广东海事局和广州海事局采用主管部门引导、社会专业力量运行的模式，使社会清污公司按市场机制运作；在船舶防污染管理中运用宏观管理方式和行政管理手段，将接收船舶污染物有偿资源与污染事故应急力量建设有机结合。

经过多年建设，广州辖区水上污染应急体系已具备了一定的规模。目前，广州辖区共有4家专业船舶污染清除单位，各专业清污公司配备的溢油应急设备器材和人员情况统计汇总于表6.2-1中。

**广州辖区水域主要清污公司及应急设备统计**（截至2019年7月） 表6.2-1

| 专业清污单位名称 | 广东港航环保科技有限公司 | 广州宝裕海洋生态净化工程公司 | 广州市绿之建环保科技有限公司 | 广州净海油污水工程有限公司 |
|---|---|---|---|---|
| 设备库位置 | （1）黄埔区港前路531号大院38号/黄埔区港前路400号；（2）广州市南沙区小虎南二路38号；（3）广州市南沙区龙穴大道中12号广州港南沙港务有限公司 | 南沙区港前大道南北台东发街13号楼 | 广州市绿之建环保科技有限公司溢油应急仓库 | 广州市番禺区思贤村海运路39号 |
| 应急处置船 | 4艘 | — | 4艘 | 1艘 |
| 辅助船舶 | 8艘 | — | — | 2艘 |
| 应急卸载泵 | 3套：$250m^3/h$；$2\times60m^3/h$ | $2\times150m^3/h$ | $150m^3/h$ | 2套：$200m^3/h$；$135m^3/h$ |
| 岸滩围油栏 | 500m | — | 1000m | 2000m |
| 橡胶充气式围油栏 | 700m | — | — | — |
| 浮子式橡胶围油栏 | — | — | — | 2000m |
| 浮子式PVC围油栏 | 5380m | 4400m | 8000m | 5000m |
| 防火围油栏 | 500m | — | 400m | 400m |
| 吸油拖栏 | 2410m | 2800m | — | 4000m |
| 动态斜面收油机 | $1\times100m^3/h$ | $3\times100m^3/h$ | $3\times100m^3/h$ | $100m^3/h$ |
| 转盘转刷式收油机 | $1\times120m^3/h$ | — | — | $3\times50m^3/h$ |
| 转盘式收油机 | $3\times60m^3/h$；$1\times12m^3/h$ | $50m^3/h$ | — | — |
| 堰式收油机 | — | $100m^3/h$ | $100m^3/h$ | — |
| 真空式收油机 | $1\times2m^3/h$ | — | — | — |
| 吸油毡 | 10.5t | 10t | 1.2t | 12t |
| 化学吸附材料 | 30t | — | — | 2t |
| 溢油分散剂 | 10.3t | 6t | 2t | 20t |
| 便携式喷洒装置 | 7×40L/min | 8×40L/min | 40L/min | 2×40L/min |

续上表

| 专业清污单位名称 | 广东港航环保科技有限公司 | 广州宝裕海洋生态净化工程公司 | 广州市绿之建环保科技有限公司 | 广州净海油污水工程有限公司 |
|---|---|---|---|---|
| 船用喷洒装置 | 33L/min | — | 140L/min | 6×140L/min |
| 临时储存能力 | $10m^3$ | — | — | $100m^3$ |
| 高压蒸汽热水清洗机 | 2台 | 3台 | 1台 | 1台 |
| 高压水流冷水清洗机 | 4台 | 1台 | 1台 | 1台 |
| 高级指挥人员 | 2人 | — | 2人 | 3人 |
| 现场指挥人员 | 8人 | — | 4人 | 2人 |
| 应急操作人员 | 8人 | — | 28人 | 13人 |

2)东莞水域污染应急力量

位于小虎石化码头上游6km的虎门港水上危险品应急中心由东莞市政府投资7200万元建设,已于2012年竣工正式投入使用,委托专业清污公司经营管理和维护。目前具有50吨级规模溢油化救应急能力,远期逐渐达到100吨级规模。应急船艇和应急设备库情况详见表6.2-2。

东莞虎门港水上危险品应急中心配置表　　表6.2-2

| 序号 | 设备名称 | 单位 | 数量 | 备注 |
|---|---|---|---|---|
| 1 | 应急设备库征地 | $m^2$ | 22500 | — |
| 2 | 工作船码头 | 个 | 1 | 500吨级高桩码头(3个泊位) |
| 3 | 40m级环保用船 | 艘 | 1 | — |
| 4 | 10m级环保用船 | 艘 | 1 | — |
| 5 | GM-16B型布栏船 | 艘 | 2 | — |
| 6 | 应急车辆 | 台 | 2 | — |
| 7 | ZSTS60型收油机 | 套 | 2 | — |
| 8 | ASC40型盘收油机 | 套 | 2 | — |
| 9 | FW型防火围油栏 | m | 800 | — |
| 10 | QW1100充气式围油栏 | m | 1600 | — |
| 11 | QG9轻便型储油罐 | 个 | 4 | — |
| 12 | FND型浮动油囊 | 个 | 6 | — |
| 13 | SWR3型收油网 | 套 | 2 | — |
| 14 | GM2溢油分散剂 | t | 4 | — |
| 15 | PSB40S分散剂喷洒器 | 套 | 2 | — |

续上表

| 序号 | 设备名称 | 单位 | 数量 | 备注 |
| --- | --- | --- | --- | --- |
| 16 | 纤维类吸油材料 | t | 8 | — |
| 17 | 吸油材料分布机 | 套 | 2 | — |
| 18 | 应急监测设备 | 套 | 1 | — |

### 6.2.3 广州辖区船舶污染应急能力现状评估

本小节参考《港口码头水上污染事故应急防备能力要求》附录2中有关应急防备能力的评估方法，对广州港水域总体的应急卸载能力、应急围控与防护能力、回收与清除能力分别进行评估。

1）应急抢险能力评估

应急抢险能力主要包括应急卸载能力和拖带能力，见表6.2-3。

**应急抢险能力现状评估表** 表6.2-3

| 评估内容 | 现状 |
| --- | --- |
| 应急卸载能力 | 目前配备应急卸载泵共19台，应急卸载总能力达到2800$m^3$/h |

2）围控与防护能力评估

截至2020年底，广州辖区储备围油栏总长度达到78140m，其中主要是固体PVC浮子式，为62800m；橡胶围油栏较少；只有2440m，另有岸滩围油栏9700m，防火围油栏3200m，无充气式围油栏。围油栏基本属于港口型，可满足码头日常作业围控的需要，缺少可在恶劣水文气象条件下使用的河口型和海湾型围油栏。

3）回收与清除能力评估

根据《船舶溢油应急能力评估导则》（JT/T 877—2013），回收能力可用收油机的“有效收油能力”来表达，计算方法为：

有效收油能力 $T_1 = E \times \alpha \times (1-20\%) = 3376m^3/h \times 5\% \times (1-20\%) = 135m^3/h$。

其中，$E$代表收油机标定小时回收能力；20%为富余量；$\alpha$代表收油机的回收效率，$\alpha$的取值参考表6.2-4。

**$\alpha$取值参考表** 表6.2-4

| 油品种类 | 实际收油速率占标定收油速率的比例（α） | |
| --- | --- | --- |
| | 非开阔水域 | 开阔水域 |
| 中质原油、燃料油 | 15% | 7% |
| 重质原油、燃料油 | 10% | 5% |

根据表6.2-1,广州辖区水域的现有收油机的标定小时收油能力总计为3376m³/h。考虑到珠江口水流较急,收油机的有效回收效率按5%计,则辖区的最大有效收油能力为135m³/h,按作业3d,每天6h计算,可得到在理想条件下不同溢油量所需要的最少回收时间,见表6.2-5。

**理想条件下海上溢油所需回收时间**　　表6.2-5

| 溢油量(t) | 150 | 500 | 1000 | 2000 | 3000 | 5000 | 10000 |
|---|---|---|---|---|---|---|---|
| 理论回收时间(h) | 1.1 | 4 | 8<br>(1个工作日) | 15<br>(2个工作日) | 22<br>(4个工作日) | 55<br>(10个工作日) | 110<br>(20个工作日) |

由于珠江口水域水文条件复杂,敏感资源较多,所以即使将海面溢油有效围控住后,其清除时间也应限定在2d之内。同时,考虑到水域的主要溢油风险种类为燃料油,从有效回收溢油的角度出发,其最佳时间窗口期也应为2~3d,否则随着时间增加,一方面油膜逐渐扩散变薄,溢油回收效率会大大下降;另一方面水文气象条件容易发生变化,可能导致围控住的溢油逃逸。以每天有效作业时间8h计,可以看出,按照现有的辖区总收油能力,当溢油量不超过2000t时,在2个工作日内可基本能够清除回收,但在实际应急过程和水文条件下,现场应急效率会显著下降,至少减少50%。因此,可以认为在港池溢油等理想条件下,广州辖区水域现有的机械回收溢油能力约为1000t。

4)吸附或吸收能力评估

常规的吸油材料为吸油毡,也是目前处理海上溢油污染事故的主要材料之一,它主要用于将水面溢油直接渗透到材料内部或吸附于表面,以便回收溢油,通常有聚氨酯、聚乙烯、聚丙烯、尼龙纤维和尿素甲醛泡沫等材料。我国行业标准《船用吸油毡》(JT/T 560—2004)规定,吸油毡的吸油性应达到其本身质量10倍以上,吸水性为本身质量的10%以下,持油性保持率在80%以上。

吸附或吸收能力的计算方法为:吸油能力=吸油材料数量×吸附倍数×油保持率×实际吸附比例。

根据现有配备的吸油毡情况来看,大多数吸油毡由聚丙烯等材料制成,在实际使用条件下,吸油毡吸附倍数可设为10;油保持率设为80%;实际吸附比例设为30%。

辖区的现有吸油毡数量合计为100t,则总吸油能力为240t,基本可以满足对少量残油或收油机无法进入的水域收油的需要。考虑到现实中吸油毡吸附油的量占总溢油量的比例较小,且效率低,为此,不应将该指标作为评估现有应急能力的关键指标。

5）分散剂处理能力评估

辖区的现有溢油分散剂库存量为65t，将常规分散剂与油的使用比例取为1∶2，则分散处理溢油能力为130t，基本可以满足辖区紧急处理少量溢油或残余薄油膜的需要。

根据公式：分散溢油速率＝分散剂喷洒速率×分散剂与油的比例，辖区便携式分散设备喷洒速率合计为2560L/min，船载分散设备喷洒速率合计为4460L/min，总喷洒能力达到7020L/min、$420m^3/h$，则辖区的分散处理溢油速率可达到840t/h。若取一天喷洒工作时间为6h，则可分散5040t溢油，可完全满足需要。

6）临时存储能力评估

临时存储能力取决于有效回收能力、存储容积、转运能力等因素。临时存储能力的计算方法为：

$$S = 1 \times 6 \times E \div (1 - r) = 1 \times 6h \times 3376m^3/h \div (1 - 10\%) = 27507m^3$$

其中，$S$为临时存储能力；$E$为收油机标定小时回收能力；6为一天的工作时间（h），$r$表示存储装置在装油污水时应当保持的安全富余量，通常取10%左右；一般情况下，临时储存能力应满足收油机1d回收的油水混合物。

已知辖区的现有收油机的标定小时总收油能力约$3376m^3/h$，则临时存储能力的理论计算要求为$27507m^3$，而目前辖区的临时存储能力共为$32390m^3$，基本能够满足要求。

转运能力要求能够将通过过驳、运输、卸载等方式及时将回收的油水混合物送岸处理，以保障回收作业的连续进行。目前各专业清污公司均配备了相当数量的油污水罐车、槽车等，基本可以满足转运能力要求。

7）应急船舶能力评估

应急船舶包括溢油应急处置船舶、应急辅助船舶，具体见表6.2-6。

**应急船舶能力现状评估表** 表6.2-6

| 评估内容 | 现状 |
| --- | --- |
| 溢油应急处置船 | 专业清污船20艘，力量较强 |
| 应急辅助船舶 | 各类型围油栏布设和清污船舶76艘，辅助清污围控 |

尽管辖区各清污单位配备了溢油应急处置船舶，但由于这些单位多数是原从事油污水接收作业的单位，多数船舶兼营油污水接收作业，因此，溢油应急处置船的实际能力仍有待进一步提高。应急辅助船舶数量较多，但仍无法将全部的应急设备、物资用于海上应急，在实际的事故应急中仍需协调其他船舶参与布放围油栏、投放回收吸油毡等作业。

8)应急响应时间

应急响应时间现状评估表见表6.2-7。

应急响应时间现状评估表　　表6.2-7

| 评估内容 | 现　　状 |
| --- | --- |
| 应急响应时间 | 各清污单位设备库与码头之间的陆地距离 <10km,停泊在附近港区的应急船舶距码头海上距离 <10km,陆域速度取30~60km/h,海上速度取8~10kn,陆地运输0.5h内、海上船舶1h内可到达码头现场 |

9)小结

经过多年的建设,广州辖区海上溢油应急体系基本结构合理,已具备一定的规模。辖区目前配备的应急船舶与设备类别较齐全,应急力量较强,初步具备了5000吨级海上溢油事故的应急围控与回收清除能力;正常情况下应急设备材料4h内可运到码头水域,应急人员1h可赶到事故现场。但在实际应急过程和水文条件下,现场应急效率会显著下降,在外海时效率下降更快。

因此,目前广州港船舶污染风险应急体系还不能完全适应辖区航运发展与海洋环境保护的要求,主要存在的问题包括:

(1)海上污染事故应急能力仍需进一步加强。目前各专业清污公司配备的围油栏和设备大多属于港口型,基本满足码头附近水域日常防护作业的需要,缺少可在水流急或恶劣水文气象条件下使用的海湾型和河口型大型围控设备。

(2)应急力量的布局和结构有待完善,应急队伍的人员水平也参差不齐,由于水域近年来实际发生的重大溢油和危险化学品泄漏事故较少,所以应急人员特别是现场操作人员的缺乏相关围控清污经验,需要加强应急演练和培训。

## 6.3 广州港应急管理体系建设情况

### 6.3.1 风险应急管理

为了预防和减少突发事件的发生,广州港辖区内各企业均编制了多项环保管理制度,指定专人负责环保制度的执行与管理。针对突发事故,组织编制事故应急预案和现场处置方案,定期进行培训和事故演练。配备有专业的环保船舶,并配备围油栏以及足够数量的消油剂、吸油毡、吸油拖栏、收油机、应急卸载泵、喷洒装置、清洁装置以及化学吸附剂等防污物资和设备。在2019年,建设了全国首个危险化学品动态信息管理平台,在国内首次实现危险化学品按照“来源可循、去向可循、全过程可控”的全链条管理,实现了危险品物流跟踪、危险品物料平稳、风险研判与安全公告在线发布等功能。

为整合资源,优化配置,广州港辖区企业自发成立了港口应急联防体。

1)广州小虎作业区船舶污染应急联防体

位于小虎作业区的广州小虎石化码头有限公司、中石化广东石油分公司小虎岛油库、广州港发石油化工码头有限公司、广州港海嘉汽车码头有限公司、广州港南沙汽车码头有限公司、广州华凯石油燃气有限公司和广州近洋港口经营有限公司7家码头企业组成了广州小虎港区船舶污染应急联防体,在联防体成员各自编制的《污染事故应急预案》基础上编制了《广州港小虎港区码头联防体污染事故应急预案》,并共同委托广东港航环保科技有限公司开展联防体的运营工作。联防体成立后运行至今,每年进行突发性污染事故演练,定期邀请广东海事局、广州海事局等专家对应急救援人员进行培训,同时建立完善的管理制度,每年底开工作总结会,查漏补缺。

根据《广州港小虎港区码头联防体船舶污染海洋环境风险评估报告》,小虎港区联防体的应急能力建设目标为应对溢油240t,应对化学品泄漏60t。目前,联防体现有的围控与回收能力、临时存储能力、应急船舶能力能够满足目标要求,但应急材料储备和化学品侦检设备需要增配,包括增配2t化学品吸附材料、2台便捷式多功能水质采样器、3台有毒气体检测仪、3台便捷式可燃气体检测仪以及3台氧含量检测仪。另外,海嘉汽车码头和近洋码头为新建码头,还应在码头自身设置码头应急设备点,配备吸油毡、消油剂等基础的溢油应急物资。表6.3-1列出了联防体共享应急设备配置需求及补充配备方案。

**联防体共享应急设备配置需求及补充配备方案** 表6.3-1

<table>
<tr><th>应急能力</th><th>设备材料</th><th>规格型号</th><th>单位</th><th>评估要求</th><th>现有</th><th>补充配备</th><th>备注</th></tr>
<tr><td rowspan="4">围控与回收能力</td><td rowspan="2">围油栏</td><td>重型</td><td>m</td><td>1520</td><td rowspan="2">6620 + 1600 + 400</td><td>0</td><td rowspan="2">具体见表6.2-1</td></tr>
<tr><td>防火型</td><td>m</td><td>760</td><td>0</td></tr>
<tr><td>油拖网</td><td>$4m^3/h$</td><td>套</td><td>4</td><td>4</td><td>0</td><td>原联防体共享</td></tr>
<tr><td>收油机</td><td>环保5号</td><td>$m^3/h$</td><td>70</td><td>162</td><td>0</td><td>建议新增转盘式</td></tr>
<tr><td rowspan="5">应急材料储备</td><td rowspan="4">吸附材料</td><td>吸油毡</td><td>t</td><td>12</td><td>15.98</td><td>0</td><td rowspan="2">联防体共享</td></tr>
<tr><td>吸油拖缆</td><td>m</td><td>1600</td><td>3000</td><td>0</td></tr>
<tr><td>英必斯或化学品吸附棉</td><td>t</td><td>4</td><td>2</td><td>1</td><td rowspan="2">英必斯、化学品吸附棉协议配备</td></tr>
<tr><td>活性炭</td><td>t</td><td rowspan="2">9.6</td><td rowspan="2">11.75</td><td>1</td></tr>
<tr><td>溢油分散剂</td><td>浓缩型</td><td>t</td><td>0</td><td>注意保质期</td></tr>
</table>

续上表

| 应急能力 | 设备材料 | 规格型号 | 单位 | 评估要求 | 现有 | 补充配备 | 备注 |
|---|---|---|---|---|---|---|---|
| 临时存储能力 | 活动储存装置 | 污油舱 | $m^3$ | 140 | — | 0 | 环保5号 |
| | 固定临时存储 | 污水池 | $m^3$ | 840 | — | 0 | 各码头后方污水池 |
| 应急船舶能力 | 应急辅助船舶 | 围油栏布放艇 | 艘 | 1 | 1 | 0 | 原联防体共享 |
| | 溢油回收船 | 专业清污船 | 艘 | 1 | 3 | 0 | |
| 化学品侦检设备 | 多功能水质采样器 | 便捷式 | 台 | 2 | 0 | 2 | 联防体共享配备 |
| | 有毒气体检测仪 | 有毒气体探测仪 | 台 | 3 | 0 | 3 | |
| | 可燃气体检测仪 | 袖珍式 LEL 检测器 | 台 | 3 | 0 | 3 | |
| | 氧气检测仪 | — | 台 | 3 | 0 | 3 | |

2）南沙作业区污染风险联防体

为整合资源、优化配置、提高广州港南沙作业区整体应对海域突发污染事故的处置能力，经过友好协商，位置相邻的广州港股份有限公司南沙粮食通用码头、广州港南沙港务有限公司（南沙港区一期工程）、广州南沙海港集装箱码头有限公司（南沙港区二期工程）、广州港股份有限公司南沙集装箱码头分公司（南沙港区三期工程）和广州南沙联合集装箱码头有限公司（南沙港区四期工程）五家公司组成南沙作业区污染风险联防体，并共同委托广东港航环保科技有限公司负责联防体的日常管理运作和现场污染应急工作。

南沙粮食通用码头、南沙港区一期工程和南沙港区二期工程三家码头公司于2013年8月成立了联防体，完成了首次风险评估工作；2016年5月南沙港区三期工程码头公司加入上述联防体并补充了风险评估及应急设备配备；2018年6月南沙港区四期工程开始建设，联防体增加到5家码头公司。

目前除了在建的南沙港区四期工程外，其他4家码头在2013年前后已根据原联防体评估报告的要求，配备了码头及联防体共享的溢油污染应急设备和材料，并存放在用集装箱改造的溢油应急设备箱中，方便快速移动运输。其中，粮食码头的溢油应急箱放置在的4号通用泊位后方；南沙港区一期工程码头的2个溢油应急箱放置在1号集装箱泊位后方，南沙港区二期工程码头的2个溢油应急箱放置在5号集装箱泊位后方；南沙港区三期工程码头的2个溢油应急箱放置在11号集装箱泊位后方。其中，属于联防体共享的2000m浮子式围油栏和1000m岸滩式围油栏及其配件分别存放在南沙港区一、二、三期工程的应急箱中；联防体共享的“环保3号”溢油应急船平时停靠在小虎港区小虎石化码头。

随着联防体码头数量由原先的3个增加到现在的5个，加上码头作业量的大幅提高，南沙新联防体的溢油应急能力目标要求应由原来的50t提高到200t。由于小虎设备库的应急物资无论是通过海上还是陆上运输均可在4h内到达最远的南沙港区三期工程，满足联防体一级防备要求，因此，南沙联防体设备库可共享位于小虎港区的小虎溢油设备库。

联防体共享设备需求及补充配备方案汇总见表6.3-2。

**联防体应急物资总体需求及补充配备方案** 表6.3-2

| 应急能力 | 设备材料名称 | 规格型号 | 单位 | 评估要求 | 现有 | 补充配备 | 备注 |
|---|---|---|---|---|---|---|---|
| 围控与回收能力 | 围油栏 | 900mm高浮子式 | m | 2000 | 2000 | 0 | 联防体共享，5个码头应急箱分别存放 |
| | | 600mm高岸滩围油栏 | m | 1000 | 1000 | 0 | |
| | 油拖网 | $4m^3/h$ | 套 | 2 | 1 | 1 | 原联防体共享，分别存放于南沙港区二期工程和南沙港区三期工程 |
| | 收油机 | 中高黏度油 | $m^3/h$ | 167 | 60 | 107 | 新增的溢油回收船兼用 |
| 应急材料储备 | 吸附材料 | 吸油毡 | t | 2 | 0 | 2 | 可协议共享小虎溢油设备库的应急物资 |
| | | 化学品吸收材料 | t | 2.4 | 0 | 2.4 | |
| | | 吸油拖栏 | m | 1100 | 0 | 1100 | |
| | 溢油分散剂 | 浓缩型 | t | 1.8 | 0 | 1.8 | |
| 临时存储能力 | 活动储存装置 | 污油舱 | $m^3$ | 344 | 120 | 244 | 新增的溢油回收船兼用 |
| | 固定临时存储 | 污水池 | 座 | 2000 | 2000 | 0 | 各码头后方污水 |
| 应急船舶能力 | 应急辅助船舶 | 围油栏布放艇 | 艘 | 1 | 1 | 0 | 原联防体共享 |
| | 溢油回收船 | 专业清污船 | 艘 | 2 | 1 | 1 | 补充配备，可协议共享小虎港区的溢油回收船 |
| 设备储存与运输 | 联防体设备库 | 码头前沿 | $m^2$ | 600 | 200 | 400 | 可协议共享小虎溢油设备库 |

3）黄埔港区和新沙港区码头联防体

广州港股份有限公司黄埔港务分公司、广州港份有限公司新港港务分公司、广州集装箱码头有限公司、广州港股份有限公司石油化工港务分公司、广州港新沙港务有限公司、广州市黄埔广电石油储运有限公司6家公司建立黄埔港区防治船舶污染海洋环境联防体，实施联防机制，以实现应急设备资源的优化、整合和统一调配使用，加强整体防治船舶污染海洋环境的能力。

黄埔港联防体码头的一级防备能力要求为 240t，同时考虑应对操作性化学品泄漏的要求，应急能力应具备 60t 的水平。

联防体共享设备需求及补充配备方案汇总见表 6.3-3。

联防体共享应急设备配置需求及补充配备方案　　表 6.3-3

| 应急能力 | 设备材料 | 规格型号 | 单位 | 评估要求 | 现有 | 补充配备 | 备注 |
| --- | --- | --- | --- | --- | --- | --- | --- |
| 围控与回收能力 | 围油栏 | 永久型 | m | 821.7 | 1850 | 0 | — |
| | | 应急型 | m | 2360 | 6760 | 0 | |
| | 油拖网 | $4m^3/h$ | 套 | 4 | 4 | 0 | 原联防体共享 |
| | 回收能力 | DXS100 | $m^3/h$ | 70 | 598 | 0 | 其中高黏度为 $352m^3/h$，中、低黏度为 $246m^3/h$ |
| 应急材料储备 | 吸附材料 | 吸油毡 | t | 14 | 9.27 | 4.73 | — |
| | | 吸油拖栏 | m | 2000 | 1470 | 530 | — |
| | | 化学吸附材料 | t | 1 | 0 | 1 | — |
| | 溢油分散剂 | 浓缩型 | t | 9.6 | 5.74 + 4.3 | 1.5 | 港航环保现有 6.16t，不建议增配，补充部分可与厂家协议配备 |
| 临时存储能力 | 移动临时存储能力 | 浮动油囊、清污船 | $m^3$ | 140 | — | 0 | 现拥有 4 艘防污清污专业船舶，远大于 $140m^3$ |
| | 固定临时存储能力 | 污水池 | $m^3$ | 840 | — | 0 | 联防体建有专门的污水接收与处理设施，远大于 $840m^3$ |
| 应急船舶能力 | 应急辅助船舶 | 围油栏布放艇 | 艘 | 1 | 1 | 0 | 原联防体共享 |
| | 溢油回收船 | 专业清污船 | 艘 | 1 | 2 | 0 | |

4）广州东江口港区应急联防体

由广州埃尔夫润滑油有限公司牵头，与广州保税区广保通码头储运有限公司、广州东江口码头有限公司、广州经济技术开发区东江口岸发展有限公司、广州经济技术开发区东江农贸公司、广州全通秀丽码头有限公司、益海（广州）码头有限公司共 7 家石化码头单位签订了联防协议组成了广州东江口港区应急联防体，人员队伍定期进行理论培训和实操演练，应急能力不断提升。

### 6.3.2　港口污染应急演习演练情况

广州海事局高度重视辖区石油化工码头防污染工作，多次指导联防体码头开展水上防污染应急演练，演练情况如图 6.3-1、图 6.3-2 所示。

图 6.3-1 广州港石油化工码头举行汽油泄漏火灾双盲演练(2019 年 2 月 13 日)

图 6.3-2 中石化小虎岛油库码头油品泄漏污染应急处置演练(2019 年 9 月 24 日)

### 6.3.3 风险事故应急设备

广州港辖区企业配备有专业的环保船舶和应急指挥车辆，按要求配备了较齐备的随行与个人装备，配备围油栏以及足够数量的消油剂、吸油毡、吸油拖栏、收油机、应急卸载泵、喷洒装置、清洁装置、轻便储油罐以及化学吸附剂、溢油分散剂等防污物资和设备，并定期委托专业的防污公司对码头的应急物资进行检查和维护。

黄埔港区莲花山作业区的番禺货运码头有专门的危险货物堆场以及危险货物泄漏处理区(日常用作雨水收集)，其中危险货物堆场可以分类堆存第 8 类和第 9 类危险品。

南沙港区有专门的危险品储存区域，针对储存的 3 类、4 类、5 类、6.1 类、8 类和 9 类危险货物，针对其不同的特性和可能产生的危害，制定了明确的应急方法，并在危险货物堆场设置了醒目的信息告知牌，如需要穿戴防护服和防护面具，进行堵漏等应急方法。

各港区风险事故应急设备如图 6.3-3 所示。

a) 广州港石油化工港务分公司应急物资仓库

b) 建翔码头微型消防站

c) 广州集装箱码头有限公司应急处置箱

d) 广州集装箱码头有限公司应急物资

e) 建翔码头泄漏物收集装置

f）番禺货运码头消防废水收集装置

g）番禺货运码头危险货物堆场

h）番禺货运码头危险货物泄漏处理区

图 6.3-3

i) 新沙港区一期工程配备的吸油机

j) 新沙港区13号泊位溢油应急物资仓库

k) 南沙港区一期工程联防体设备库(一)

l) 南沙港区一期工程联防体设备库(二)

m) 南沙港区重大危险源储存区域

n) 南沙港区三期工程应急物资

图6.3-3　各港区风险事故应急设备

以广东中远海运重工有限公司为例,该公司在东区(黄埔大桥东侧,位于老港作业区)和西区(黄埔大桥西侧,位于新港作业区)两个厂区分别有风险事故应急救援设备,设施和物资定点定量存放,并由专人进行管理。救援物资配置情况见表6.3-4。广州港股份有限公司石油化工港务分公司配备专业环保船3艘,船上的防污设施舱还配备有吸油毡、围油栏、溢油分散剂、化工品吸收剂等材料;同时配置辅助清污船7艘。

**广东中远海运重工有限公司救援物资配置情况表** 表6.3-4

| 序号 | 物资名称 | 规格 | 数量 | 存放地点 |
|---|---|---|---|---|
| 公司东厂区救援物资 | | | | |
| 1 | 围油栏 | 900型640m/750型600m | 1240m | 小五金仓库3楼存放 |
| 2 | 吸油毡 | 20kg/包 | 25包 | 防污专用房存放 |
| 3 | 拖油绳 | 10m/捆 | 10捆 | 防污专用房存放 |
| 4 | 化油剂 | 20kg/桶 | 10桶 | 防污专用房存放 |
| 5 | 洗衣粉 | 700g/包、15包/袋 | 60包 | 防污专用房存放 |
| 6 | 塑料桶 | — | 10个 | 防污专用房存放 |
| 7 | 麻绳 | — | 100m | 污水站存放 |
| 8 | 农用喷枪 | — | 10个 | 污水站存放 |
| 9 | 水勺 | — | 10个 | 污水站存放 |
| 10 | 长钩子 | — | 10把 | 防污专用房存放 |
| 11 | 网兜 | — | 5个 | 污水站存放 |
| 12 | 沙包 | — | 15袋 | 污水站存放 |
| 13 | 破布 | — | 2捆 | 污水站存放 |
| 14 | 木糠 | — | 3袋 | 污水站存放 |
| 15 | 作业船 | — | 1艘 | 交通船码头 |
| 公司西厂区救援物资 | | | | |
| 1 | 应急报警装置 | DH-200A型 | 5个 | 东西码头浮坞中控室<br>东江口两台门式起重机上 |
| 2 | 水力空气泡沫罐 | MPG-1000 | 7个 | 安监部 |
| | | MPG-3000 | 1个 | 坞平台 |
| 3 | 手推式泡沫灭火器 | — | 10台 | 安监部 |
| 4 | 背肩式泡沫灭火器 | — | 6台 | 安监部 |
| 5 | 各类灭火器 | 干粉、$CO_2$ | 若干 | 安监、物资部 |
| 6 | 正压式空气呼吸器 | RHZK-6.8/30等 | 12套 | 安监部、东江口、坞上消防屋 |
| 7 | 正压式空气呼吸器备用瓶 | — | 16瓶 | |

续上表

| 序号 | 物资名称 | 规　格 | 数量 | 存放地点 |
| --- | --- | --- | --- | --- |
| 8 | 复合型气体检测器 | MPLUS-4ABCD | 1台 | 安监部 |
| 9 | 复合型气体检测器 | XPO-317<br>XP-3118 | 13个<br>16个 | 安监部 |
| 10 | 复合型气体检测器 | MPRO-4ABCD-X-A | 4台 | 安监部 |
| 11 | 便携式复合型气体检测器 | MICROMAX | 2台 | 安监部 |
| 12 | 可燃气体检测报警器 | X12-328ID | 3个 | 安监部 |
| 13 | 气体检测仪 | BXC-02 | 3个 | 安监部 |
| 14 | 消防车 | 2.5t水/1.0t泡沫 | 1辆 | 黄埔区消防队 |
| 15 | 应急值班车 | 金杯面包车 | 2辆 | 本厂停车场/东江口消防队 |
| 16 | 登船梯 | — | 10把 | 码头 |
| 17 | 拖轮 | 拖一3200匹<br>拖二2700匹 | 2艘 | 1号坞坞首 |
| 18 | 工作船 | 交一、交二、供四 | 3艘 | 东西码头 |
| 19 | 起重机 | 10t、20t、30t、40t、25t | 5台 | 本厂码头/东江口码头 |
| 20 | 应急吊笼 | — | 4个 | 中码头、坞上、东江口 |
| 21 | 带缆艇 | 80匹 | 1艘 | 西码头 |
| 22 | 过滤式自救呼吸器 | XHZLC30 | 150个 | 厂区、安监部、东江口 |
| 23 | 罗伯逊担架 | HYDJ | 15付 | 安监部/东江消防队 |
| 24 | 防火服 | — | 2套 | 东江口消防队 |
| 25 | 消防战斗服 | — | 7套 | 东江口消防队 |
| 26 | 隔热服 | — | 10套 | 东江口消防队 |
| 27 | 救生绳 | 20m | 14条 | 消防箱 |
| 28 | 靠把 | — | 18套 | 坞平台 |
| 29 | 救生衣 | — | 620套 | 远交1号/远交2号 |
| 30 | 绝缘手套 | — | 50副 | 物资部 |
| 31 | 异径接口 | 65/50 | 38个 | 安监部 |
| 32 | 消防水鼓 | — | 22个 | 消防箱 |

续上表

| 序号 | 物资名称 | 规　　格 | 数量 | 存 放 地 点 |
|---|---|---|---|---|
| 33 | 消防箱 | — | 16 个 | 在修船舶/安监部 |
| 34 | 皮龙箱 | — | 32 个 | 在修船舶/安监部 |
| 35 | 灭火器箱 | — | 32 个 | 在修船舶/安监部 |
| 36 | 消防皮龙 | ϕ50mm、ϕ60mm | 若干 | 安监部、物资部 |
| 37 | 应急药品 | — | 若干 | 医务所 |
| 38 | 毛巾 | — | 若干 | 消防箱 |
| 39 | 防毒/尘口罩 | — | 100 个 | 物资部和东江口码头各 50 个 |
| 40 | 对讲机 | — | 50 台 | — |
| 41 | 防毒面具 | — | 114 个 | 办公楼、综合楼、单船 |
| 42 | 有毒气体报警器 | — | 50 个 | 码头和浮船坞有限空间作业场所 |
| 43 | 可燃气体报警器 | — | 42 个 | 综合楼，用于有限空间作业和可燃气体场所 |
| 44 | 警示带 | — | 50 卷 | 物资管理部仓库 |
| 45 | 应急发电机 | — | 2 台 | 资产管理部 |
| 46 | 吸油材料（吸油毡） | — | 1.4t | 船体车间北广场仓库 |
| 47 | 围油栏 | 2235 | 2000m | 码头 |
| 48 | 溢油分散剂 | — | 3.56t | 仓库 |
| 49 | 围油栏布放艇 | — | 12 艘 | 公司拖轮资源 |
| 50 | 收油机 | YSJ-50（高中低型） | 15 台 | 船体车间清油队仓库 |
| 51 | 溢油分散剂喷洒装置 | 黑猫 | 9 台 | 船体车间清油队仓库 |

### 6.3.4　现有应急力量的综合评价

根据以上有关广州港及联防体各码头的溢油应急体系、资源、能力等现状的分析可知，目前广州港建设和制定有较为完善的各项有关溢油应急体系和预案制度，广州港及广州海事局管辖范围内的临近港区具备一定的溢油应急设备等资源；广州辖区船舶污染应急体系基本结构合理，已具备一定的规模。辖区目前配备的应急船舶与设备类别较齐全，应急力量较强，可为本港区的船舶污染应急提供一定支持。

## 6.4 后续实施项目环境风险评价

根据区域的风险事故的历史状况及其他港口统计资料可知,港口易发生风险事故的区域主要位于码头区、航道区、锚地区、陆域储罐区等,事故类型主要有溢油、火灾和爆炸等。对于广州港后续实施项目,除了关注码头、航道及锚地可能发生的溢油风险外,还应重点关注 LNG 加注码头、LNG 应急调峰站及配套码头、危险品集装箱运输可能带来的泄漏、火灾及爆炸风险。

# 7 研究总结

## 7.1 广州港建设情况

经过十几年的发展建设,广州港各港区呈现出不同的发展态势,具体如下:

(1)内港港区以功能调整为主,强化了客运功能,弱化了货运功能,港区货物吞吐量占全港货物吞吐量的比重较小。自2006年版规划环评以来,港区新建了3个客运泊位,无新增货运泊位。

(2)2006年版规划黄埔港区仅包括老港作业区和新港作业区,目前黄埔港区正在进行规划调整工作,拟将莲花山作业区划归至黄埔港区。近年来,黄埔港区货物吞吐量总体维持在1.5亿t左右,黄埔港区规划范围内无新建项目,仅部分泊位进行了码头结构加固和技术改造,规划落实情况良好。后续老港作业区将逐渐退出货运功能,重点发展邮轮、客运、游艇及客滚等功能;新港作业区仍保留货运功能;莲花山作业区在保留现状货运基础上,新增岸线主要以滨海休闲客运功能为主。

(3)新沙港区发展比较稳定,货物吞吐量总体维持在6000万t左右,自2006年版规划实施以来,新沙港区新增3个泊位,即新沙港区11~13号泊位,新增岸线长度824m,码头工程已建成,尚未通过竣工验收。根据2018年版规划和《广州港新沙港区南部码头区规划调整方案》,新沙港区规划落实情况较好,执行内容能够遵循规划要求。根据规划,14号泊位未建。

(4)南沙港区发展迅猛,是广州港重点发展的港区,货物吞吐量保持较快增长态势,占广州港总货物吞吐量的一半以上。自2006年版规划环评以来,南沙港区各个作业区均有项目实施,四个作业区合计建设泊位(含已建和在建)97个,泊位长度20490m。

南沙港区规划方案做过二次调整,第一次调整于2016年得到了交通运输部和广东省人民政府的联合批复(交规划函〔2016〕627号),第二次调整于2021年得到广州市人民政府的批复(穗府函〔2021〕221号)。根据2018年版规划《广州港南沙港区规划调整方案》《广州港南沙港区小虎作业区LNG应急调峰站码头规划调整方案》,南沙港区规划落实情况良好,执行内容能够遵循规划要求。

南沙港区正在进行新一轮规划调整,根据现状开发情况与规划对比分析,沙仔岛约60%规划岸线已开发,今后仍以汽车滚装和客运码头功能为主;小虎作业区规划岸线已全部开发完毕,后续拟改造粤海码头建设LNG应急调峰站配套码头;芦湾作业区功能定位为邮轮、客运、海洋科技和港口应急保障码头,约40%规划岸线已开发,今后将有序推进货运码头转型升级;南沙作业区是今后重点发展的作业区,约18.3%的规划岸线已开发,近期拟建设南沙港区国际通用码头工程和南沙港区五期工程。

(5)广州港出海航道实施了三期工程和深水航道拓宽工程,将珠江口至南沙港区航道等级由上一轮规划环评阶段的5万吨级双向航道提高至10万吨级与15万吨级(不满载)双向航道。环大虎岛公用航道工程已于2021年开工,待工程竣工后,可将南沙港区至大虎岛航道等级由5万吨级双向航道提升至8万吨级油船及7万吨级散货船单向乘潮通航。

(6)与2018年版规划相比,广州港现状开发岸线已过半,实际货物吞吐量已超过规划预测值。

(7)自2006年版规划环评批复以来,各港区实施项目均严格执行了环境影响评价和竣工环保验收调查制度。

## 7.2 环境变化趋势评价结论

(1)评价范围内水质超标因子是无机氮和活性磷酸盐,自2016年以来评估海域活性磷酸盐和无机氮含量均呈现出上升的趋势,COD含量变化不大,石油类含量总体呈现降低趋势,但在2019年略有回升。

(2)评价范围内沉积物质量较好,大部分站位的监测指标符合沉积物质量一类标准,年际间波动幅度不大。

(3)叶绿素a含量年际间呈现出先下降后升高的趋势,季节变化不明显;浮游植物种类以硅藻占绝对优势,其次是甲藻和绿藻,细胞丰度、多样性指数等指标在正常范围内波动,年际间无明显变化规律;浮游动物种类以桡足类占优势,其次是幼体类和腔肠动物水母类,生物量均值及多样性指数呈现出逐渐降低的趋势;底栖动物种类以环节动物、节肢动物和软体动物占优势,春季调查底栖生物生物量均值呈现出波动性下降的趋势,秋季调查则呈现出逐年上升的趋势,底栖生物多样性指数均值春季呈现出先降后升的趋势,秋季则呈现出波动性下降的趋势,季节差异不明显;游泳动物以鱼类占优势,其次为甲壳类,质量密度呈波动性上升的趋势,主要优势种为棘头梅童鱼。

(4)评价区域内生物体质量较好,头足类均达标;鱼类、甲壳类和贝类的铬、汞、石油烃等监测项目均能达标，主要超标因子是铜和锌和铅，镉和砷在2012出现超标现象，近年来超标率呈下降趋势，2019年春季调查无超标现象，表明生物体质量整体有所好转。

（5）近年来珠江口生态系统一直处于亚健康水平，生态系统结构较为稳定。

## 7.3 广州港规划实施环境影响评价结论

（1）广州港规划实施对水动力环境的影响主要来自南沙作业区（龙穴岛）填海造陆工程，龙穴岛围填海实施后未改变伶仃洋涨落潮流往复流性质，涨落潮段平均流速变化基本在±0.10m/s以内，与规划环评结论一致。

（2）广州港规划实施对地形地貌与冲淤环境的影响主要来自南沙作业区（龙穴岛）填海造陆和航道工程，围填海工程实施前后该海域水深地形整体变化不大，龙穴岛东南侧近岸局部水域的水深变深，水深变化幅度 -0.3 ~ -0.5m，靠近东北侧的局部水域呈现淤积趋势，而东侧离岸较远的水域主要是受到广州港出海航道疏浚清淤的影响，造成龙穴岛东部离岸海域水深变化幅度相对较大。龙穴岛与万顷沙之间水道流速有所加大，对海床造成一定程度的冲刷。

（3）广州港出海航道三期工程和广州港深水航道拓宽工程施工期及试运营期各项监测指标均出现了一定程度的波动，与建设前相比，各项监测因子含量变化较小，未对工程附近海域水环境质量、沉积物环境质量产生明显影响，与规划环评结论一致。

（4）在规划执行过程中，能够遵照规划环评的要求对各类污水进行妥善处置，对水环境影响很小，与规划环评结论一致，但港区污水综合利用水平不高，尚有一定的提升空间。

（5）由于沙仔岛和龙穴岛的市政污水处理厂尚未建设，因此，沙仔岛作业区和南沙作业区由码头自建污水处理设施处理达标后排海，且均已取得排污许可。

（6）广州港出海航道三期工程和广州港深水航道拓宽工程施工期间对海域生态环境造成了一定的影响，施工结束后海洋生态逐步得到恢复，广州港深水航道拓宽工程试运营后与建设前相比，浮游植物、浮游动物及底栖生物的密度均有所上升，航道拓宽工程对所在水域的浮游植物、浮游动物、底栖生物密度及种类影响不大。

（7）龙穴岛围填海实施对区域内海洋环境和海洋生物资源造成了一定的损害，一定程度上改变了围填海区原有的湿地生态系统服务功能，但对围填海区外没有显著的影响。通过对比工程实施前、实施中和实施后同季节的海洋生物生态的调查数据，围填海工程实施对潮间带生物有一定影响，对其他生物生态要素影响不大。

(8)规划执行期间,内港港区以客运为主,黄埔港区、新沙港区对既有码头进行了多次技术改造,取得了良好的抑尘效果,南沙港区新建项目采取了物料封闭及干、湿除尘相结合的方式,有效减少了大气污染物排放。分析多年来港口所在区域环境空气常规监测数据,多数监测因子呈现出逐渐下降的趋势,说明港区运营对环境空气质量基本无影响,与规划环评结论一致。

(9)近年来,不论是港区厂界还是邻近敏感点,声环境都能达到相应标准要求,表明港区运营对声环境影响较小,但黄埔港区距城市生活区较近,随着今后黄埔港区功能调整,港区与城市生活区的矛盾将得到缓解。

(10)在规划执行过程中,能够遵照规划环评的要求对各类固体废物进行妥善处置,实现了危险废物安全处置率100%、生活垃圾无害化处理率100%和船舶固体废物接收率100%的环境指标。

(11)分析中国水产科学研究院南海水产研究所于2010年8月—2011年1月、2011年3月—2012年4月以及2017年8—12月、2018年2—4月对珠江口中华白海豚的观测资料可知,三次调查中华白海豚的目击分布范围变化不大,聚群大小平均值和平均分布数量在一定范围内波动,但变化不大,近期调查结果与历史资料相当,规划实施对白海豚基本没有影响。

## 7.4 广州港规划实施资源与能源消耗评价结论

广州港内港港区和黄埔港区(老港作业区和新港作业区)在2006年版规划环评阶段岸线已全部开发完毕;新沙港区在2006年版规划环评阶段开发岸线占规划总岸线的60%,在规划执行期间又开发了总岸线的22.9%,尚有17.1%的岸线未开发;南沙港区在2006年版规划环评阶段开发岸线占总岸线的13%,在规划执行期间开发了总岸线的31.4%,尚余55.6%的岸线未开发。

广州港内港港区和黄埔港区(老港作业区和新港作业区)在2006年版规划环评阶段已全部开发完毕;新沙港区在2006年版规划环评阶段开发土地占规划总面积的48.33%,在规划执行期间又开发了总面积的40.13%,尚有11.54%的区域未开发;南沙港区在2006年版规划环评阶段开发土地占总面积的12.69%,在规划执行期间开发了总面积的19.54%,尚余67.77%的区域未开发。

广州港各港区岸线利用指标在0.48~9.87m/万t吞吐量之间,能耗指标在1.20~2.00t标煤/万t吞吐量之间,水资源消耗指标在33.9~194.1t水/万t吞吐量之间,土地利用指标在263.2~489.8 $m^2$/万t吞吐量之间。岸线利用指标、能耗指标和水资源消耗指标均能满足规划环评指标要求,但再生水回用率与规划环评指标有一定的差距。

## 7.5 广州港实施环境风险评价结论

根据2008—2017年广州海事局辖区船舶交通事故情况统计，船舶交通事故发生次数呈逐年下降趋势，近年来基本稳定在年均14.9起，船舶交通事故相对船舶艘次频率为0.228次/千艘次，船舶交通事故相对船舶货运量频率为0.0005次/万t。事故等级从小到大呈金字塔形分布，小事故占大多数；碰撞事故是最主要的事故类型，约占50%；虎门大桥和沙角锚地附近水域是船舶事故的高发区。

广州港水域2008—2018年共发生码头和船舶污染事故14起，平均每年发生1.27起，其中操作性污染事故8起，操作性船舶污染事故频率为0.73次/年，均为小型溢油事故；海难性污染事故6起，其中重大溢油事故2起，化学品（甲醇）重大泄漏事故1起，海难性船舶污染事故频率为0.55次/年；操作性溢油污染事故均发生在码头前沿，操作不当是主要原因；海难性污染事故分别发生在航道和锚地水域，均为船舶碰撞导致的泄漏事故。

广州港建设和制定有较为完善的各项有关溢油应急体系和预案制度，广州港及广州海事局管辖范围内的临近港区具备一定的溢油应急设备等资源；广州辖区船舶污染应急体系基本结构合理，初步具备了5000吨级海上溢油事故的应急围控与回收清除能力，可为本港区的船舶污染应急提供一定的支持。为整合资源、优化配置，广州港小虎作业区、南沙作业区、黄埔港区和新沙港区企业自发成立了风险联防体。

在2019年，广州港建设了全国首个危险化学品动态信息管理平台，在国内首次实现危险化学品按照“来源可循、去向可循、全过程可控”的全链条管理，实现了危险品物流跟踪、危险品物料平稳、风险研判与安全公告在线发布等功能。

# 参考文献


[1] 王宁,周斌. 广州港总体规划环境影响评价实践[J]. 中国环境科学学会2013年学术年会,2013:2957-2961.

[2] 郑斌,陈有文,胡昕. 广州港南沙港区南沙作业区控制性详细规划研究[J]. 水运工程,2008(9):93-95.

[3] 丁志明. 广州港未来发展的重点和方向[J]. 广东造船,2007(1):16-18.

[4] 程军,朱云海. 南沙港区在珠三角港口群集装箱运输中的功能定位探讨[J]. 珠江水运,2005(3):12-14.

[5] 王超,张伶. 航道疏浚对珠江口附近海洋生态环境影响及预防措施[J]. 海洋环境科学,2001(11):58-66.

[6] 梁国昭. 广州港:从石门到虎门——历史时期广州港口地理变化及其对城市空间拓展的影响[J]. 热带地理,2008(5):247-252.

[7] 郑泽光. 影响船舶航行安全的因素及措施[J]. 广州港引航站,2021(12):102-103.

[8] 王巍,曲鹏翔,徐祥云,等. 上海港洋山港区主航道船舶安全航行的精细化管理[J]. 水运管理,2020(1):30-33.

[9] 孙佳怡,孙福. 海上船舶碰撞事故中的人为因素及预防措施[J]. 水运管理,2020(11):29-31.

[10] 朱永健. 基于SHEL模型谈人为因素对船舶航行安全的影响[J]. 水上消防,2020(4).

[11] 吴国卿. 浅析热带气旋(台风)对船舶安全航行的影响及其防抗对策[J]. 科学技术创新,2019(35):25-26.

[12] 张际标,姚兼辉,杨波,等. 雷州湾陆源入海污染负荷及其对海水水质的影响[J]. 海洋开发与管理,2015(6).

[13] 王秋璐,路文海,杨翼,等. 天津陆源入海污染状况及变化趋势研究[J]. 海洋开发与管理. 2015(12).

[14] 刘念,鹏泰,赵振业. 深圳陆源入海排污口现状及污染防治对策研究[J]. 环境科学与管理. 2015(1).

[15] 赵骞,杨永俊,赵仕兰. 入海污染物总量控制制度与技术的研究进展[J]. 海洋开发与管理. 2013(2).

[16] 张志锋,韩庚辰,张哲,等. 经济发展影响下我国海洋环境污染压力变化趋势及污染减排对策分析[J]. 海洋科学,2012(4).

[17] 李岚. 广州海域陆源入海污染物的来源及其分布特征研究[D]. 青岛:中国海洋大学,2008.

[18] 邓素炎,叶晖,罗松英,等. 入海排污口处红树林土壤重金属污染评价及来源解析[J]. 湖北农业科学,2022(7).

[19] 巩慧琴,朱沁夫. 滨海城市旅游承载力测度与提高路径研究[J]. 统计与管理,2021(10).

[20] 周文莹. 粤港澳大湾区湿地水鸟多样性及其栖息地适宜性研究[D]. 北京:中国科学院大学,2021.

[21] 郑利涛. 深圳大亚湾水质模拟与风险扩散预测研究[D]. 天津:天津大学,2019.

[22] 王友绍,王肇鼎,黄良民. 近20年来大亚湾生态环境的变化及其发展趋势[J]. 海洋热带学报,2004(11).

[23] 施益强,温宥越,肖钟湧,等. 基于MODIS数据的福建海域近10年净初级生产力时空变化研究[J]. 中国海洋大学学报(自然科学版),2015(8).